Waree Kindler

W

Tom Vater

# IN HEILIGEN HÖHEN

*Unterwegs zur Wiege des Ganges*

Wiesenburg

Bibliographische Information der Deutschen Nationalbibliothek:
Die Deutsche Nationalbibliothek verzeichnet diese Publikation
in der Deutschen Nationalbibliographie;
Detaillierte bibliographische Daten sind im Internet
über http://dnb.de abrufbar.

1.Auflage 2008

Wiesenburg Verlag
Postfach 4410, 97412 Schweinfurt
www.wiesenburgverlag.de

Alle Rechte beim Verlag

Lektorat: Uta Vater, Rainer Krack

Fotos: Aroon Thaewchatturat (www.aroonthaew.com), Tom Vater

Umschlaggestaltung und Layout:
Media-Print-Service Luff · 97456 Dittelbrunn

Druckorganisation:
A2 die Agentur · Seeweg 12 · 96164 Kemmern

ISBN 978-3-939518-76-1

Für Aroon

„Louie, Louie!"

„The Ganga above all (other rivers), is the river of India, which has held India's heart captive and drawn uncounted millions to her banks since the dawn of history. The story of the Ganga, from her source to the sea, from old times to new, is the story of India's civilization and culture, of the rise and fall of empires, of the great and proud cities, of the adventure of man, of the quest of the mind which has so occupied India's thinkers, of the richness and the fulfillment of life as well as its denial and renunciation, of ups and downs, of growth and decay, of life and death."

**- Jawaharlal Nehru (The Discovery of India)**

I have spoken the God on the mountain
I swam in the Irish Sea
I ate fire and drank from the Ganges
Now make prayer, have mercy for me.

**Tom Waits (Lucinda)**

# Inhalt

**Vorwort** .............................................17

**Einleitung** ...........................................29
Eine Stadt namens Hardwar

**Delhi** ................................................49
Mein Indien
Das Tor zur Hölle? - New Delhi Paharganj Main Bazaar
Das neue Indien

**Der Ganges** ........................................49

**Die Sadhus** .........................................57
Prayag (Allahabad, Uttar Pradesh), 26. Januar 2001
Das Leben der Sadhus
Boom Boom Baba
Akharas - Der freundliche Nachbarschaftskult
Sannyasi Swami Satyamitranand
Die Macht der Sadhus

**Hardwar** ............................................73
Die Stadt der Pilger
Das Wiedersehen
Ganga Aarti

**Rishikesh** ...........................................89
Götterdämmerung

**Tungnath** ..........................................103
Eine kurze Reise durch den Garhwal
Spaziergang Richtung Himmel
Der höchste Shiva-Tempel der Welt
Soloaufstieg zum Dach der Welt
Die Welt schmilzt dahin - Klimawechsel im Himalaya.
Talwärts
Männer und Frauen

**Mussoorie** ........................................139
Der Geisternebel des Raj
Mr. Prems Terrace Cottage
Mall Road - Das Drehen ist kostenlos
Der weiße Teufel des Garhwal - Frederick Wilson
Mr. Bond
Aitken brennt
Die Gantzers von nebenan
Ganesh Saili

**Uttarkashi** .........................................183
Zwölf Stunden Meditation und eine Pinkelpause
Ravi Giri
Das junge China
Shri Vir Das

**Darhali** ...........................................203
Auf den Spuren Raja Wilsons
Darhali
Mukhba
Atta Giri, Pirat der Sieben Seen

**Gangotri** ..........................................227
Den Bhagirathi entlang zum Tempel der Erlösung
Im heiligen Schoß des Himalaya
Das Global Village auf dem Dach der Welt

**Gaumukh** .........................................251
Die Urquelle
Der Weg in den Himmel

**Tapovan** ..........................................259
Die Wiese Gottes
Abstieg

# *Vorwort*

Schneebedeckte Berggipfel, unheimlich knackende Gletscher, wandernde Asketen und zahllose Pilger; Tempel, Schreine und Karawansereien, britische *Hill Stations*, dampfende Linsensuppe und im Tonofen gebackenes warmes Brot, abgelegene, Jahrhunderte alte Bergpfade, ab und zu eine Herde Bergziegen – und vor allem die heiligen Wasser des Ganges und seiner Neben- und Zuflüsse sind Thema dieses Buches.

Der heilige Fluss, der im Garhwal Himalaja in Nordindien auf dem Dach der Welt entspringt, soll die Seele reinigen und von den Sünden früherer Leben erlösen, bevor er zur *Ganga Ma*, der Mutter Ganga, wird, und durch Uttar Pradesh, Bihar und West Bengalen in Richtung Kolkata fließt.

Dies soll kein esoterischer oder spiritueller Reiseführer sein. Die Reise führt durch das heutige Indien, durch die Gegenwart des 21. Jahrhunderts, in der sich die Postmoderne und Jahrhunderte alte Traditionen in buntem, überwältigendem und berauschenden Chaos vermischen: durch ein Land, in dem Puppen des amerikanischen Schauspielers Richard Gere auf der Straße verbrannt werden, weil der alternde Playboy und engagierte Tibetaktivist im indischen Fernsehen eine Bollywood-Schauspielerin ein wenig zu heftig umarmt und geküsst hatte, ein Land, in dem andererseits niemand eine Miene verzieht, wenn am Straßenrand zahllose Bettler dahinsiechen

Der Weg den Fluss hinauf soll auch ein Weg in die historische Vergangenheit der Region sein, die ja noch vielerorts sichtbar, lebendig und mit der Gegenwart eng verflochten ist. Die Gegenwart des Garhwal wiederum ist mit dem Schicksal Indiens jeden Tag enger verbunden, denn die Jahrhunderte währende Isolation der Region wird durch die Invasion motorisierter Pilgerscharen und Touristen schnell zur historischen Vergangenheit. Vergangenheit, Gegenwart und Zukunft, so widersprüchlich sie auch sein mögen, existieren in Indien nebeneinander weiter.

So meinte auch die indische Schauspielerin und Aktivistin für Frauenrechte Shabana Azmi in einem BBC-Interview: „In Indien leben die Menschen im 17., 18., 19., 20. und 21. Jahrhundert." Auch der schottisch-indische Schriftsteller Bill Aitken beschreibt die ganz andere Weltsicht der Inder: „Die Welt, die wir im Westen sehen und anfassen, ist nicht wirklich für die Inder. Die materielle Perspektive des Westens ist uns Indern nicht genug. Für die Armen Indiens mag der Besuch eines Bollywoodfilms im Kino realer sein als das eigene harte Leben. Hindus haben außerdem nicht nur einen, sondern viele Götter. Das macht alles flüssig, dynamisch und frei vom Zwang der Logik. Darin liegt Indiens Stärke und Schwäche. Das erklärt die Pilgerscharen am Ganges."

Der Impetus, an die Quelle des Ganges zu reisen, kam von meiner Frau, der Ethnobotanistin und Fotografin Aroon Thaewchatturat. „Lass uns zur Gletscherquelle des Ganges laufen," meinte sie: „die Gletscher im Himalaya schmelzen aufgrund des Klimawechsels. Das will ich mir ansehen."

Mein erstes Abenteuer mit Aroon am Ganges begann mit einem Besuch der *Ganga Aarti*, der Flusszeremonie in Hardwar im Jahr 2003. Das skurrile Geschehen von damals möge als Einleitung für den folgenden Reisebericht dienen.

# *Einleitung*

## Eine Stadt namens Hardwar

Hardwar oder auch Haridwar ist eine Stadt in Nordindien, die sich am Gangesufer hinzieht.
Mit einer Bevölkerung von 300.000 ist Hardwar einer der heiligsten Orte Indiens, denn hier ergießt sich der Ganges - aus dem Himalaya kommend - in die Ebene und fließt mehr als 2000 Kilometer Richtung Osten in das Sunderbahns-Delta in der Bucht von Bengalen.

Glaubt man den Jahrtausende alten hinduistischen Mythen, so kämpften Götter und Dämonen einst um einen *Kumbh*, einen riesigen Kessel, der den Nektar der Unsterblichkeit, den *Amrita*, enthält. Heute ist dieser Trank aufgrund der allgemeinen Gier und des Materialismus aus der Welt verschwunden. Während die Götter und Dämonen in wilden Schlachten aufeinander einhieben, stieß einer der etwas nachlässigen Himmels- oder Höllensoldaten aus Versehen den Kessel um, und vier Tropfen der kostbaren Flüssigkeit fielen auf die Erde.
Erstaunlicherweise landeten diese vier Tropfen alle in Indien, einer davon in Hardwar.

Die anderen Tropfen trafen Allahabad (Uttar Pradesh), Ujjain (Madhya Pradesh) und Nasik (Maharastra).
Aus diesem Grund findet das größte Fest der Welt, die *Kumbh Mela*, in einem 12jährigen Turnus alle drei Jahre abwechselnd an einem dieser vier Orte statt.
Während der letzten *Maha Kumbh*, der größten der *Kumbh Melas*, in Allahabad im Jahr 2001 sollen mehr als siebzig Millionen Pilger anwesend gewesen sein, und am 24. Januar, dem *Mauni Amavasya*, dem Hauptbadetag also, sprangen zwanzig bis dreißig Millionen Menschen in die Fluten des Ganges, um die Seele zu reinigen.
Hunderttausende *Sadhus* (Asketen), der Dalai Lama und ein paar Hippies tauchten ein in den heiligen Fluss. Madonna hatte man gebeten, dem Spektakel fernzubleiben.
Aber auch zur *Kumbh Mela* in Hardwar versammeln sich Millionen Menschen.

In den Jahren zwischen den Melas geht es in Hardwar ebenfalls hoch her. Allabendlich findet auf dem *Har-Ki-Pairi Ghat* die *Ganga Aarti* statt - eine Zeremonie, die den heiligen Fluss ehren soll. *Har-Ki-Pairi* bedeutet soviel wie die „Fußspuren Gottes", denn Vishnu hat hier einen Fußabdruck hinterlassen; zudem sind hier der Tropfen *Amrita* zur Erde gefallen. Um die Sache noch etwas verwirrender zu machen, heißt die Gegend um den *Ghat* auch Brahmakund, so dass die drei hinduistischen Hauptgottheiten – Brahma, Vishnu und Shiva - hier alle verehrt werden können. Zur *Ganga Aarti* versammeln sich mindestens 20 000 Menschen.

Der *Ghat*, breite Stufen, die bis an den Wasserrand hinabführen, ist von riesigen Scheinwerfern theatralisch angeleuchtet. Die Pilger überqueren dicht zusammengedrängt die Brücken, die sich vor und hinter dem *Ghat* über das schäumende Wasser des Ganges-Kanals wölben. Manch einer springt in die wilden, fast sauberen Fluten, die vom Regen in Gangotri, weit oben im Garhwal Himalaya, wo die Gangesquelle liegt, angeschwollen sind, und versucht, sich an den zahlreichen Ketten, die in den untersten Stufen verankert sind, festzuhalten. Andere kaufen mit Ringelblumen und einer flackernden *Ghi*-Kerze gefüllte Körbe aus großen Blättern, die während der Zeremonie sanft ins Wasser gesetzt werden und ihre Reise in die Gangesebene in Richtung Kanpur, Allahabad und Benares beginnen.

Hunderte von Messingglocken klingen über den Fluss und *Bhajans*, hinduistische Gebetsgesänge, schallen aus riesigen Lautsprechern, die an den Flutlichtpfeilern des *Ghats* angebracht sind. Kleine Schreine und Tempel sind mit Ringelblumen-Girlanden behangen, und der starke Geruch von Weihrauch füllt die warme Luft.
Die Atmosphäre ist heiter und schlicht; geprägt durch Reinheit des Denkens, durch die Freude und den festen Glaube tausender Pilger, ohne Hintergedanken oder Fanatismus.

Die Stimmung ist so überwältigend, so angefüllt mit Hingabe und Gebet, dass Aroon und ich an verschiedenen Stellen des *Ghats* versuchen, etwas davon mit der Kamera einzufangen.

Ich stelle deshalb meine Tasche ab, schaue durch den Sucher, drücke auf den Auslöser und bemerke gleichzeitig, dass die Tasche weg ist - von Göttern, Dämonen fortgezaubert oder, was mir am wahrscheinlichsten scheint, von einem hageren, großen Mann mit einem Bleistift dünnen Schnurrbart und einem kleinen, vielleicht zehnjährigen Jungen geklaut. Die zwei hatten sich langsam an uns herangepirscht und auf den richtigen Moment gewartet. Dann verschwanden sie blitzschnell mitsamt der Tasche in der ekstatischen Menge.

Aroon beobachtet das Geschehen zwar aus einer Distanz von ein paar Metern, aber als sie mich erreicht, ist es schon zu spät.

Ich sprinte hinterher und verfolge die Diebe, Shivas Rache im Herzen, aber mein Versuch, die Flüchtigen im Chaos des *Ghats* zu verfolgen, führt zu nichts. Die Tasche ist im bunten, wirbelnden Indien bereits untergegangen, mitsamt einigen unserer wertvollsten Besitztümer.

Die diensthabende Polizei hat den gesamten Vorfall genau mitbekommen, und als ich schließlich schwitzend zum Tatort zurückkehre, versuchen zwei junge Beamte in frisch gebügelten Uniformen, ihre *Lathis* fest im Griff, herauszufinden, was sie denn da gerade gesehen, aber nicht verhindert haben.

Während ich noch immer den Blick über den *Ghat* schweifen lasse und überall hagere Männer mit Bleistift dünnen Schnurrbärten und kleine Jungen sehe, kommen die zwei Polizisten zu einer professionellen Entscheidung – ich habe ihren Boss zu sehen.

Da sich unsere Schuhe in der abhanden gekommenen Tasche befinden, laufen wir barfuß über die noch immer heißen Steine oberhalb des *Ghats* zur nächsten Polizeistation, wo uns Hauptkommissar Joshi willkommen heißt.

Hauptkommissar Joshi ist der höchstrangige diensthabende Offizier am *Har-Ki-Pairi-Ghat*, ein vierzigjähriger Zwei-Sterne-Kommissar mit einem Drei-Sterne-Schnurrbart und einer sehr, sehr leisen Stimme.
Mr. Joshi führt uns zunächst zurück zum Tatort.
„Wir müssen die Sachlage untersuchen, vielleicht sind die Kriminellen ja noch in der Gegend," flüstert der Mann.
Wir überqueren ein zweites Mal die von Menschen, Rikschas und Autos verstopfte Straße, die hinter dem *Ghat* entlang führt, und als wir am Ort des Verbrechens ankommen, muss ich den Sachverhalt Mr. Joshi im Detail noch einmal darlegen.
Mr. Joshi befiehlt daraufhin einigen seiner Untergebenen, über den gesamten *Ghat* auszuschwärmen und die Schuldigen, falls möglich, zu verhaften. Dann führt er uns zu seinem Polizeiposten zurück.

Wir sitzen zunächst alleine in einem heißen, luftlosen und winzigen Zimmer, das außer ein paar Stühlen und vier Fernsehern leer ist. Keiner der Fernseher funktioniert.
Nach einer langen Weile ist Mr. Joshi wieder da und erklärt mir, dass ich einen Diebstahlreport auszufüllen habe.
Ich ziehe einen Kugelschreiber aus der Hosentasche und schreibe auf, was passiert ist und was in unserer Tasche war: Eine Taschenlampe, zwei Messer, ein MD Player und ein Mikrofon, eine billige Kamera, eine Flasche Bisleri Wasser, ein Paar Sandalen und ein Paar Schuhe.
Mr. Joshi verschwindet wieder.
Die jungen Polizisten kehren mit dunklen Mienen von ihrer Mission zurück. Zu Helden des Tages sind sie nicht geworden. Es ist ihnen nicht gelungen, in einer Menge von Tausenden zwei Diebe zu fangen, die sie noch nie gesehen haben.
Ich vollende meinen Rapport und unterschreibe. Wieder vergehen zehn Minuten – nichts geschieht. Draußen geht die *Ganga Aarti* ihrem Ende entgegen.

Das Einzige, was sich in unserer kleinen Zelle bewegt, ist der Deckenventilator, der sich wie ein geistesgestörter Straßenhund um sich selbst dreht.
Nach einer Weile kommt Mr. Joshi wieder und führt uns auf die Straße.
„Wo sind denn Ihre Schuhe?" fragt er mich sehr leise und etwas irritiert.
Vielleicht hält er uns für Hippies, die einzigen Menschen, die in Indien barfuß herumlaufen, obwohl sie sich Schuhwerk leisten können.
Ich erkläre, dass unsere Schuhe in meiner Tasche sind.
„Oh," ist alles, was er dazu zu sagen hat.
Mr. Joshi hat den permanent melancholischen Gesichtsausdruck eines Mannes, der schon tausende von Niederlagen überlebt hat.
Er hält eine Auto-Rikscha an und bittet uns einzusteigen.
„Wir müssen zum Hauptquartier. Sie müssen mitkommen," flüstert er hinter mir.
Inzwischen ist über dem *Ghat* die Nacht eingebrochen. Mit der Hupe auf Vollgas rasen wir mit zwanzig Stundenkilometern durch die dichte Menge Pilger, die auf dem Weg nach Hause oder in die nächste *Dharamshala* sind.
Der Strom ist ausgefallen, und die Stadt ist in völliger Dunkelheit versunken. Der Fahrer fährt ohne Licht - dies ist eine uralte indische Tradition, dem Mythos verhaftet, dass dies die Autobatterie schont. Die halbverschlafenen Kühe hören das Knattern des Motors rechtzeitig und schwanken aus dem Weg. Von Haschisch betäubte *Sadhus* retten sich an den Straßenrand, und die Verkehrspolizisten salutieren vor dem rauchenden, donnernden Gefährt, in dem wir durch Hardwar rauschen.
Die Situation ist fast komisch.
Bis wir in Hardwars größter Polizeistation ankommen.

Wir treten durch das Haupttor in einen großen Hof ein. Polizisten, die gerade nichts zu tun haben, schnarchen in alten

Hängematten. Die meisten Büros sind geschlossen. Am anderen Ende des Hofes scheint sich in einem Raum etwas zu tun. Hier sitzen drei Vertreter der Staatsgewalt hinter gigantischen, ledergebundenen Folianten, die so aussehen, als ob die Briten sie hinterlassen hätten. Einer der Polizisten tut Dienst am einzigen Telefon im Zimmer. Ein paar Polizistinnen sitzen im Halbdunkel. Computer sind keine zu sehen. Diese unwahrscheinliche Szene wird von nur drei Kerzen erleuchtet und erscheint uns fast so fantastisch wie die *Ganga Aarti*.
Wir sind im Büro für die Aufnahme von Verbrechen gelandet. Hauptkommissar Joshi verschwindet in der Nacht. Ein Dreisterneoffizier behandelt nun unseren Fall, nimmt noch einmal meine Erklärung des Sachverhalts auf und befiehlt mir, alles nochmals aufzuschreiben. Es ist unerträglich heiß in dem kleinen luftlosen Raum. Hier kann ich dem Deckenventilator nicht zuschauen, denn der sieht aus, als ob er bereits vor Jahrzehnten den Geist aufgegeben hat. Außerdem gibt es ja keinen Strom.
Ich erkläre dem Beamten, dass ich einen wichtigen Polizeiinspektor in Hardwar kenne. Das ist dem Mann völlig egal.
Ich schreibe also noch einen Bericht über einen dürren Mann mit Bleistift dünnen Schnurrbart. Meine Beschreibung passt an einem normalen Abend in Hardwar auf etwa 50000 Männer.

Der Dreisterneoffizier hat es trotz der Hitze eilig. Er plustert sich auf und fährt die anderen Beamten, die alle einen niedrigeren Rang als er selbst haben, launisch an. Dann verlässt er, ohne uns eines weiteren Blickes zu würdigen, den Raum. Hauptkommissar Joshi ist allerdings zurück und studiert mein neues Dokument sorgfältig. Schließlich folgt er seinem Kollegen wortlos in den Hof, wo es zehn Grad kühler ist als im Büro. Wir laufen ihm hinterher. In der Dunkelheit murmelt mir der Dreisterneoffizier zu: „Hauptkommissar Joshi wird Sie jetzt zu ihrem Hotel begleiten. Wir werden eine Untersuchung einleiten."
Das klingt in meinen Ohren sehr gewichtig. Man wird ein weites

Netz werfen und die Bösewichte in kurzer Zeit verhaften. Ich fühle mich besser.

Inzwischen scheint mir der Hauptkommissar fast wie ein Freund oder zumindest wie jemand, der den Opfern des Verbrechens vielleicht falsche, aber ermutigende Hoffnungen macht, dass die Tasche auffindbar ist. Wir folgen Mr. Joshi auf die Straße, die noch immer von herumschlendernden Pilgern verstopft ist. Mr. Joshi hält eine zweite Auto-Rikscha an, wir klettern an Bord, aber schon nach hundert Metern befiehlt er dem Fahrer anzuhalten und flüstert: „Saft."

Ich lehne mich aus dem Fahrzeug, um zu sehen, was Hauptkommissar Joshi meint, als er mir auch schon ein Glas reicht. Und kurz darauf ein zweites.

Mr. Joshi hat die Rikscha am Stand eines Fruchtsaftverkäufers angehalten und uns auf zwei Gläser frischen Orangensaft eingeladen. Es ist halb zehn, und wir sind jetzt schon seit Stunden in den Händen der Polizei Hardwars. Der frische, kalte Saft ist köstlich. Eine halbe Stunde später stellen wir Mr. Joshi unserem Hotelbesitzer vor und verschwinden ins nächste Restaurant.

Am nächsten Morgen fragt mich mein Freund Rajiv nach einer Kopie des F.I.R.s, des sogenannten First Incident Reports, den man uns hätte aushändigen sollen. Aber wir haben natürlich am Vorabend nichts dergleichen erhalten. Das bedeutet, so Rajiv, dass auch keine polizeiliche Untersuchung stattfinden wird. Rajiv, ein geborener Optimist, rät mir deshalb, dieses Dokument erstellen zu lassen.

Wir nehmen eine Rikscha zurück zur Polizeistation und marschieren entschlossen durch das Tor in den Hof, der jetzt in der Sonne liegt. Hier hängen noch immer Polizisten, die gerade Pause haben, in ihren Hängematten und dösen vor sich hin. In dem Raum, in dem wir am Vorabend saßen, sind immer noch die gleichen Beamten beschäftigt. Die meisten anderen Büros sind noch immer geschlossen. Einer der Diensthabenden rafft sich schließlich auf, uns zu erklären, dass wir den F.I.R. nur an dem Polizeiposten erhalten werden, wo wir den Diebstahl zuerst gemeldet haben.

Im kleinen Polizeirevier am Har-Ki-Pairi Ghat freut sich Hauptkommissar Joshi, uns zu sehen. Er erzählt mir, mit dem nun schon vertrauten melancholischen Blick im Gesicht, dass er seine Männer schon im Morgengrauen auf die Suche nach unserer Tasche geschickt hätte. Als ich das delikate Thema F.I.R. erwähne, zeigt sich ein Hauch von Angst auf Mr. Joshis sonst so unveränderlichem Gesichtsausdruck, der sich nach ein paar Sekunden in mildes Unbehagen verwandelt und schließlich wieder zu der ihm eigenen Melancholie wird.
„Wirklich?"

Er führt uns in das leere Zimmer mit den vier Fernsehgeräten, bittet uns auf die beiden Stühle und verlässt den Raum. Heute gibt es Strom, aber die Fernseher funktionieren trotzdem nicht. Ich beobachte eine Weile den Deckenventilator. Nach zehn Minuten bringt uns ein junger Beamter in einer frisch gebügelten Uniform zwei Gläser warme, flaue Cola.
Mr. Joshi bittet mich in das Büro mit dem einzigen Telefon im Gebäude. Dort wartet ein Anruf auf mich.
Mr. Pratap ist Mr. Joshis Vorgesetzter.
„Es tut mir sehr leid, von diesem unglücklichen Zwischenfall zu hören. Ich bin heute leider im Krankenhaus, um meine Augen behandeln zu lassen und bin somit nicht im Dienst, sonst würde ich mich sofort persönlich um Ihren sehr ernsten Fall kümmern. Ich kann im Moment auch nicht absehen, wann ich wieder im Büro sein werde. Vielleicht wird das noch ein paar Tage dauern."
Ich versichere Mr. Pratap, dass uns das nichts ausmacht und dass ich lediglich eine Kopie des F.I.R.s will.
Völlige Stille am andern Ende der Leitung.

Nach einer Weile erklärt mir Mr. Pratap den Sachverhalt: „Sehen Sie, ich glaube nicht, dass das unbedingt nötig ist. Eigentlich hat es nur einen Sinn, einen F.I.R. auszustellen, wenn der Dieb verhaftet ist. Sonst wird die Zeit, die wir investieren müssen, um den F.I.R. auszustellen, die Untersuchung verlangsamen, wenn nicht gar aufhalten."
Ich teile Mr. Prataps pragmatische Sichtweise, aber bemerke, dass ich mich mit meiner Botschaft in Verbindung setzen müsse, falls ich keinen F.I.R. erhielte.
Mr. Pratap, der auf einmal irritiert klingt, bittet mich, das Telefon an Mr. Joshi weiterzureichen.
Mr. Joshi beantwortet prompt mehrere Fragen. Sein Gesichtsausdruck bleibt unergründlich. Nach einer Weile reicht er mir den Hörer zurück.
„Mr. Vater, Hauptkommissar Joshi wird Ihnen den F.I.R. ausstellen. Bitte ändern Sie doch Ihre Aussage, dass die Tasche gestohlen wurde, dahingehend, dass Sie dieselbe auf dem Ghat in der Menge verloren haben. Das würde uns viel Zeit ersparen."
Wieder ist Mr. Prataps fixem Gedankengang kaum zu widersprechen, aber ich versichere ihm, dass meine Frau den Diebstahl beobachtet hat und ein Verlust der Tasche auf keinen Fall den Tatsachen entspräche. Mr. Pratap bittet mich ein zweites Mal, das Telefon an Mr. Joshi weiterzureichen.
Mr. Joshi beendet das Gespräch und führt uns in das leere Zimmer mit den vier Fernsehern zurück. Nach einer weiteren meditativen Viertelstunde werde ich wieder in das Zimmer mit dem Telefon zurückgebeten.
Ein übergewichtiger Polizist sitzt neben Mr. Joshi und ist dabei, den F.I.R. auszufüllen. Das sieht alles sehr professionell aus, aber der voluminöse Mann will nicht, dass ich ihm auf die Finger schaue und verwehrt mir durch ständige und wahrscheinlich anstrengende Verrenkungen die Sicht auf das Formular. Ich sehe nur seinen runden Rücken.
Der F.I.R. ist auf Hindi. Diverse Durchschläge werden angefertigt.

Dann dreht der Polizist alle Blätter um, und Mr. Joshi diktiert meine erste Aussage auf Englisch. Die englische Version wird – von Hand – auf die Rückseite des F.I.R. und alle darunter liegenden Dokumente geschrieben.
Der wohlbeleibte Beamte fängt an zu schwitzen und arrangiert seine Blätter immer wieder aufs Neue. Der Prozess dauert länger als eine Herzoperation, solange, dass ich Zeit und Muße finde, das Bemühen zweier Fliegen, an der schmutzigen Wand neben mir zu kopulieren, zu verfolgen.
Irgendwann bricht der Strom zusammen, und ein Schwarm Moskitos greift die Polizeistation an. Genau wie der Deckenventilator kommt auch der Beamte ins Stocken und wischt sich die schweißnasse Stirn mit einem klatschnassen Handtuch.
Hauptkommissar Joshi, auf seine passive Art ein unerschütterlicher Mensch, macht seinem Untergebenen Dampf und liest und buchstabiert jedes Wort meiner Aussage.
Glücklicherweise ist diese recht knapp gehalten.
Nach einer Ewigkeit hat der übergewichtige Polizist alle Formulare ausgefüllt, springt nervös auf, zieht einen großen Stempel aus einer Schublade, knallt diesen auf meinen F.I.R., reicht mir das Dokument und salutiert, mit einer einzigen Bewegung, völlig außer Atem.
Ich bin mit Dankbarkeit und einem Gefühl der Erlösung erfüllt, wofür genau, das weiß ich nicht mehr.
Mr. Joshi tritt mit uns aus seiner Polizeistation.
„Kommen Sie heute Abend zur Ganga Aarti?"
Ich sage ihm, dass ich mir dessen noch nicht sicher bin.
Mr. Joshis Schnurrbart vibriert ein bisschen und fast lächelt der Mann.
„Viel Glück," flüstert er, während sein Gesicht wieder den ihm so eigenen Ausdruck annimmt.
Falls unser Hotel Strom hat, werde ich heute Abend den Deckenventilator beobachten, in dem beruhigenden Gefühl, dass die Polizeibeamten Hardwars gewissenhaft unseren Fall untersuchen,

den Dieben näher kommen und nur darauf warten, den richtigen Moment für eine Verhaftung zu erwischen.

# *Delhi*

# Mein Indien

Indien lebt immer im Umbruch.
Königreiche und Herrscher kommen und gehen, steigen auf oder verfallen. Mal wird diese gigantische Kultur von innen vorangetrieben oder gebremst, mal von Außenseitern bereichert oder zerstört.
Überall ist die Religion sichtbar, laut, bunt und weitgehend tolerant. Rund 80 Prozent der Bevölkerung sind Hindus. Dennoch ist es nicht allein die Religion, ob es sich nun um den Hinduismus oder den Glauben im Allgemeinen handelt, die das Land und die Nation Indien prägt.
Die Religion ist vielmehr integraler Bestandteil einer sich ständig wandelnden Mixtur – einer gigantischen Maschinerie, in der sich alle Räder in verschiedene Richtungen drehen und dennoch irgendwie in einer kosmischen, kaum erklärbaren Konstellation zueinander stehen. Für mich macht diese undurchschaubare Ordnung Indien zum interessantesten, faszinierendsten und frustrierendsten Land der Welt.

Ein Journalist in Kolkata sagte mir vor vielen Jahren mit der für indische Intellektuelle typischen resignierten Miene: „Indien ist ein reiches Land voll armer Leute."
Hunderttausende Dörfer, in denen Hunderte von Sprachen und Tausende von Dialekten gesprochen werden, sind über den Subkontinent verbreitet. Millionenstädte sprießen fast über Nacht aus dem Boden. Der nördliche Staat Uttar Pradesh, durch den der Ganges fließt, hat mehr als doppelt so viele Einwohner wie Deutschland.
Auch die Politik ist so spannend und verwirrend wie die Verbreitung der Sprachen auf dem Subkontinent. Einige Staaten haben kommunistische Regierungen, andere werden von der rechts-fundamentalen BJP (Bharatiya Janata Party) regiert, wieder andere von obskuren regionalen Parteien, die im nationalen politischen

Leben keine Rolle spielen.

Im Zentrum der Politik stehen seit der Unabhängigkeit die Kongress-Partei und die Gandhi-Dynastie, die - typisch für Indien - sowohl sozialistische als auch konservative Politiker und gelegentlich sogar Diktatoren hervorgebracht hat. Manchmal in ein und derselben Person.

Schon das Bildungswesen, das sich weitgehend dem Einfluss der Nation entzieht und vielmehr von regionalen Zuständen abhängig ist, zeigt, was für riesige kulturelle Unterschiede auf dem Subkontinent bestehen. In ein paar Staaten, wie Kerala und dem Panjab, liegt die Analphabetenquote sehr niedrig - um die zehn Prozent. Anderswo, in Rajasthan beispielsweise, können mehr als siebzig Prozent der Frauen nicht lesen und schreiben, und auch die Männer sind keine akademischen Überflieger. Arme gibt es überall.

Im 21. Jahrhundert hat sich Indien einem Wirtschaftswachstum um jeden Preis verschrieben, und der Fernseher ist in den letzten Jahren so wichtig und so selbstverständlich wie bei uns geworden. Und während es immer enger wird – 2007 lebten in Indien offiziell mehr als 1.1 Milliarden Menschen - wagt es kein Politiker, sich mit dem Problem der chronischen Überbevölkerung auseinander zu setzen.

Dieses heikle Thema ist die wirklich heilige Kuh Indiens, bei der selbst der Kapitalismus an seine Grenzen kommt. In einer modernen Wirtschaft haben nämlich die meisten Inder keine Chance am national-kulturellen Leben teilzunehmen – denn rund 77 Prozent der Bevölkerung leben von maximal zwanzig Rupien am Tag, einem halben Dollar etwa.

Aber die Religion und die Tradition in einer kinderreichen Familie, sowohl im Hinduismus als auch im Islam, verhindern gesellschaftliche Reformen.

Dazu kommt auch noch das Kastensystem, das jedem Hindu seinen Platz in der Gesellschaft zuweist. Das Wort Kaste ist aus dem portugiesischen Casta abgeleitet, was soviel wie Rasse bedeutet.

Das Kastensystem, das bereits in der *Rig Veda*, einem der ältesten, heiligen indischen Texte, erwähnt wird, ist durch zwei unterschiedliche einander ergänzende Aspekte definiert.

Die vier *Varnas*, etwa als Klassen oder Farben zu verstehen, sind die Brahmanen (Priester, Gelehrte), die Kshatriyas (Monarchen, Krieger, höhere Beamte), die Vaishyas (Landwirte und Händler) und schließlich die Shudras (Dienstleistende). Diese Gruppen unterscheiden sich vor allem in ihren Vorstellungen von Reinheit und Unreinheit. Je höher die Kaste desto reiner der Mensch.

Wo die Legitimation für diese soziale Hierarchie genau ihren Ursprung hat, ist umstritten, aber man geht davon aus, dass die hellhäutigen, womöglich arischen Einwanderer Indiens aus Zentraleuropa das System erfanden, um die Einheimischen des Subkontinents unterdrücken zu können. In den heiligen Schriften der Hindus wird das Kastensystem oft hinterfragt und kritisiert und ist keineswegs so eindeutig, wie das in Indien heute scheint.

Der zweite Aspekt des Kastensystems sind die *Jatis*, Untergruppen der *Varnas*, die sich ihrerseits wieder in Tausende von Subgruppen auflösen. Die *Jatis* sind möglicherweise als Klans zu sehen und dienen der beruflichen, ethnischen, sozioökonomischen und kulturellen Differenzierung.

Ganz unten in dieser Hierarchie finden sich die Unberührbaren, die normalerweise den untersten *Jatis* angehören.

Von Gandhi wurden sie *Harijan* genannt, im politischen Kontext heißen sie *Dalit*, vom Staat werden sie als *Scheduled Castes* oder *Scheduled Tribes* definiert.

Obwohl es in den letzten Jahrzehnten zu einer gewissen Emanzipation der Unberührbaren gekommen ist und sogar ein Mitglied der *Scheduled Castes* zum indischen Präsidenten gewählt wurde (K.R. Narayanan, 1997–2002), gehören doch viele Angehörige dieser Bevölkerungsgruppe noch immer zu den Ärmsten der Armen in Indien.

Das wird sich so schnell auch nicht ändern, denn das Kastensystem bestimmt immer noch weitgehend die Berufs- und Partnerwahl in Indien.

Wie ein Rajputen-Prinz mir erzählt hat: „Wir Hindus leiden an zu vielen gesellschaftlichen Verpflichtungen und Zwängen. Das ist unser größtes Dilemma, der Zwang so zu sein wie jeder andere." Anscheinend unvereinbare gesellschaftliche Entwicklungen laufen ohne große offensichtliche Widersprüche parallel nebeneinander her – jedenfalls für den Inder sind diese Widersprüche nicht sichtbar oder relevant. Im toleranten und überbevölkerten Indien kann und muss man viel unter einen Hut bringen.

Besonders am oberen Gangesufer, dem Ziel unserer Reise, ist ein Zusammenprall von vermeintlichem wirtschaftlichen Fortschritt und fundamentalem Glauben gut zu beobachten.

## Das Tor zur Hölle? - New Delhi Paharganj Main Bazaar

Viel, viel Wasser ist seit dem Zwischenfall am Har-Ki-Pairi-Ghat den Ganges hinuntergeflossen, und wir sind wieder auf dem Weg nach Hardwar, der einzigen Stadt Indiens, in der ich je beklaut wurde. Aber bevor wir am Gangesufer in das Gewimmel der Pilgerscharen abtauchen, gilt es, die Hitze Delhis zu überstehen.

Jet Airways ist Indiens erfolgreichste private Fluglinie und wurde uns in Bangkok heiß empfohlen. Jet Air ist das neue Indien, wo alles klappt und nichts schief geht, wo man viel Geld für erstklassigen Service hinlegt. So die Propaganda des neuen Indien. In der Tat ist der kleine Flieger nagelneu, jeder Sitzplatz hat einen eigenen Bildschirm, und das Essen ist auch nicht schlecht. Aber auch im neuen Indien muss an jeder Ecke gespart werden, und der neue Inder will vor allem den Profit, den wir Westler seit Jahrzehnten genießen, für sich, und zwar für sich alleine. Daher werden in der Economy Class auch so viele Sitzreihen wie möglich aneinander gequetscht, und für die Beine bleibt leider kein Platz. Neben mir steckt ein beleibter, aber sehr gemütlicher und freundlicher Sikh zwischen den Sitzen fest, der kurz die Hindustan Times aufschlägt, einen Artikel über die Unruhen im heimischen Panjab konsumiert und prompt mit dem Gesicht auf der Mattscheibe seines kleinen Monitors einschläft. Da helfen auch die Tanzeinlagen des Bollywood-Filmstars Shah Rukh Khan nicht.

Wir landen nach zehn Uhr am Indira Gandhi International Airport, und unser Gepäck braucht eine Stunde länger als wir, um in die Gepäckhalle zu gelangen.
Delhis internationaler Flugplatz hat einen ganz besonderen Geruch, den ich liebe, denn er hat sich in den letzten fünfzehn Jahren kaum verändert.
Eine kräftige Mischung aus Bodenwachs, Schweiß, *Bidis* (kleinen zigarettenartigen Rauchartikeln, die nur aus einem einzigen getrockneten Blatt des Tendustrauchs gerollt und mit einem bunten Faden zusammengehalten werden), Urin und diversen Aromen der indischen Küche heißt jeden Besucher des Subkontinents willkommen, bevor man den Grenzschutzbeamten vor sich hat. Dieses Odeur ist so etwas wie eine Frühwarnung, ein allem Kommenden vorauseilendes Signal: Gleich geht es los.

Bei der Einreise hat man ein Einreise- und ein Ausreiseformular auszufüllen.
Die Überschrift auf diesem Dokument lautet *Incredible India* – Unglaubliches Indien.
Ein kleiner Teil des Formulars wird dem Einreisenden mit dem gestempelten Pass in die Hand gedrückt. Diesen winzigen Coupon hat man unbedingt aufzubewahren, bis man den Zoll passiert. Bei meiner ersten Einreise vor Jahren hatte ich diesen scheinbar wertlosen Schein zwischen der Passkontrolle und Zoll verloren und wurde lange von einem geschäftstüchtigen Beamten aufgehalten. Ein zweites Mal sollte mir das nicht passieren, und so stecke ich den kleinen Schein, auf dem mein Name völlig unleserlich vermerkt ist, vorsichtig in meine Hemdtasche. Als wir endlich unser Gepäck eingesammelt haben, ist allerdings kein Zollbeamter zu sehen. Der wertvolle Zettel landet im Papierkorb

In der Gepäckhalle gibt es ein paar Schalter zum Geldwechseln und einen Colastand, der auch Nescafé verkauft. Rauchen ist im Flughafen inzwischen verboten (man nehme den Qualm der *Bidis* aus der oben beschriebenen Geruchspalette).
Nachdem man den Zoll, ob nun aktiv oder nicht, passiert hat, hat man ganz Indien vor sich. Mehr als tausend wartende Menschen sind in der Ankunftshalle versammelt. Es ist nicht ganz sicher, worauf oder auf wen diese Menschen warten, denn gleichgültig, zu welcher Tages- oder Nachtzeit man ankommt – sie heißen die Fluggäste willkommen.

Auf alle Fälle wirken diese Menschen keineswegs bedrohlich. Eigentlich ist es eher die schiere Masse von Leuten, allesamt übrigens Männer zwischen zwanzig und fünfzig, die den Neuankömmling in Delhi entweder beeindruckt oder beunruhigt. In Sekundenschnelle wird man sich bewusst, dass man nur Augenblicke von dem Moment entfernt ist, in dem es heißt, einzutauchen in dieses von Menschen wimmelnde, dynamische und immer wieder überraschende Indien. Ich habe schon gehört, dass manch ein Passagier in diesem kritischen Moment versucht hat kehrtzumachen, um auf den gerade gelandeten Flieger zurückzukehren.

Draußen ist es heiß. Der Staub und die glühende Hitze dringen sofort in alle Poren – wer ist auch verrückt genug, die indische Hauptstadt im Mai zu besuchen, im heißesten und schwülsten Monat des Jahres? Fast ganz Indien ist in den Wochen, bevor der Monsun ausbricht, unerträglich, und die Gemüter der Stadtbewohner erhitzen sich in dieser Zeit leichter als sonst, aber wir planen ja nicht, uns tagelang in der Zwölfmillionenstadt schmoren zu lassen.
Wir springen in ein wartendes Taxi, einen gelb-schwarzen Ambassador, eines der schönsten und solidesten Autos der Welt.
Die Ambassador werden seit 1948 in West Bengalen von Hindustan Motors hergestellt und sind ideal für die zerlöcherten Straßen

Indiens. Schwer, groß, langsam, aber widerstandsfähig sind diese sehr altertümlich scheinenden Fahrzeuge dem englischen Morris Oxford nachempfunden. Heute ist der Ambassador wahrscheinlich das einzige massenproduzierte Personenfahrzeug der Welt, dass noch genauso so aussieht wie ein Auto aus den 50er Jahren – von Aerodynamik hat der Ambassador noch nichts gehört, und einem Al Capone oder Bonnie und Clyde würde er alle Ehre machen. Für mich ist der Ambassador schon seit fünfzehn Jahren das Lieblingstransportmittel in Indien.

In Delhi fahren inzwischen alle Taxis und Rikschas mit Gas, was die Luft verbessert haben soll. Die Ambassador am Flughafen machen da keine Ausnahme.

Wir stehen in einer langen Schlange, und vor uns sind noch ein paar Familien dabei, riesige Koffer und Kartons in diverse Wagen zu quetschen.

„Hey Bhaisahib, kannst Du nicht um die Schlange rumfahren, wir wollen ja nicht die Nacht am Flugplatz verbringen."

Der Fahrer ist ein junger Typ, und ich schätze ihn richtig ein als Taxianarchisten, den man nicht lange auffordern muss, alle Verkehrsregeln der Welt zu brechen.

„Ok, Sanjay ist die Nummer Eins der Taxifahrer in Delhi," grinst er, drückt aufs Gas und bringt das schwere Gefährt ruckartig in Bewegung. Wir schießen (sofern man das bei diesem Fahrzeugmodell sagen kann, denn von Beschleunigung hat der Ambassador noch nichts gehört) an den anderen wartenden Wagen auf einer engen Überholspur vorbei und rammen unterwegs kurzerhand zwei Gepäcktrolleys.

Sanjay genießt die Gelegenheit, seinen ausländischen Fahrgästen zu zeigen, wie die Nummer Eins der Taxifahrer in Delhi sein Fahrzeug in der Hand hat, und der Wagen ist sowieso nicht seiner. Ein paar Dellen mehr oder weniger spielen offensichtlich keine Rolle. Mit quietschenden Reifen passieren wir schließlich das Flugplatz-

gelände und sind unterwegs Richtung Neu Delhi.
An einer Kreuzung schneidet uns ein schwer beladener Lastwagen den Weg ab, und Sanjay muss scharf bremsen. Der junge Mann zögert keine Sekunde und jagt dem Lastwagen hinterher. In einem waghalsigen Überholmanöver, bei dem es auch noch gilt, eine schlafende Kuh zu vermeiden, zieht der indische Schumi souverän an dem schwereren Gefährt vorbei, schraubt gleichzeitig das Fenster auf der Beifahrerseite runter (ja, in Indien wird meist links gefahren) und flucht lauthals auf den Fahrer, der prompt zurückbrüllt. Ein paar kurze Momente sind wir unfreiwillige Beifahrer eines Kopf-an-Kopf-Rennens, in dem es um Leben und Tod geht. Dann sind wir vorbei, und Sanjay dreht sich grinsend um: „Wo kommt ihr her? Seid ihr verheiratet?"
Nachdem die wichtigsten Fragen geklärt sind, kommt eine noch wichtigere gleich hinterhergeschossen: „Und wie viele Kinder habt ihr?"
Keine.
Sanjay hat zwei Kinder und ist unglücklich, denn beide sind Mädchen.
„Ich will vier Kinder, zwei Töchter und zwei Söhne."
Ohne Söhne ist der Vater im Hinduismus nicht vollwertig und findet kein *Moksha*, keine Erlösung.
Sanjays Denken ist einer der Hauptgründe, warum Indien an chronischer Überbevölkerung leidet, warum das Leben des Einzelnen - vor allem der armen sechzig Prozent der Bevölkerung - auf dem Subkontinent nichts wert ist und warum das Land so überwältigend und faszinierend ist. Das Individuum versinkt in der Masse.
Minuten später rumpelt der Ambassador wie ein angeschossenes Schlachtschiff in den engen Main Bazaar, wo wir eine Bleibe zu finden hoffen.

Paharganj Main Bazaar windet sich vom Bahnhof Neu Delhi bis zur Rama Krishna Ashram Marg Metro Station. In dieser engen

Straße drängen sich billige Hotels, *Dhabas* und Restaurants, dunkle, schummrige Bars, dubiose Arztpraxen, Reisebüros mit zweifelhaftem Renommee, Internet Cafés, Textilienhändler, Schneider und Souvenirshops, in denen es alles von *Chilams* bis zu modischen Plastiktaschen mit dem Bild des Filmstars Shah Rukh Khan, dem Gesicht des neuen Indien, zu kaufen gibt.
Paharganj ist der erste Anlaufpunkt für Tausende von westlichen Reisenden, denn nirgends in Delhi sind die Hotels so preiswert wie hier.

Vor all diesen Etablissements versuchen Hunderte, wirklich Hunderte von mehr oder weniger fliegenden Händlern ihr Glück – von Obstverkäufern zu mobilen Herrenfrisören, von Straßenverkäufern, die falsche Bärte feilbieten zu zweifelhaften, wohlgenährten Sikhs, die dem unbedarften Touristen die Zukunft aus der Hand lesen wollen, bis zu ausgemergelten, in Fetzen gekleideten Jugendlichen, die *Charas* und *Brown Sugar* (Haschisch aus dem Himalaya und Heroin aus Bihar) verchecken.

Trotz dreißig Jahren Massentourismus und Millionen Besuchern ist der Main Bazaar immer noch eine extreme, aufwühlende und verrückte Erfahrung für Besucher, die zum ersten Mal in Indien landen.
Vor fünfzehn Jahren kam ich hier das erste Mal an. Damals hatte mich der völlig kaputte Bus der Veterans Association, gefahren von einem alten Sikh, dessen weißer Rauschebart aus dem Fahrerfenster hinaus in die Nacht wehte, an der Rückseite des Bahnhofs abgesetzt. Auch der Reiseführer half nicht, ich war völlig verloren, mitten in der Nacht, mitten in Delhi, mitten im Nirgendwo, zum ersten Mal in Asien.
Hätte ich mich ausgekannt, so wäre ich einfach durch den Bahnhof marschiert und wäre auf der anderen Seite auf die Hotelstraße gestoßen.
Ich aber wusste gar nichts, und in dieser bitterkalten Dezembernacht stand ich nun todmüde und orientierungslos in einem Feld, auf dem nichts wuchs.
Auf dem Feld schliefen Kühe. Unrasierte Männer mit Schnauzbärten, in schmutzige Decken gehüllt, standen um brennende Öltonnen herum und rauchten *Bidis*. Ratten, so groß wie wohlgenährte Katzen, huschten im Halbdunkel herum, und keiner der herrenlosen Köter, die im Feuerschein lagen, schien ein Fell zu haben.
Waren den Hunden die Haare ausgefallen, oder hatte man ihnen das Fell bei lebendigen Leib abgezogen?

Das also war der Planet Indien, und mein Raumschiff hatte mich gerade abgesetzt - ohne große Zeremonie, Vorbereitung oder Warnung.
Ich hatte wirklich das Gefühl, in einer anderen Welt gelandet zu sein.
In meiner Tasche befanden sich ungefähr fünfhundert Mark Bargeld, die ich am Flugplatz in Rupien gewechselt hatte. Die größten Banknoten, die man mir gegeben hatte, waren hundert Rupien wert, und die Scheine wogen soviel, dass ich das Gefühl hatte, als

Millionär in den ärmsten Slum der Welt marschiert zu sein, bevor ich irgendwas gesehen hatte. Außerdem stank das Geld penetrant, und ich bekam Angst, dass die Leute um mich herum riechen könnten, wie viele Rupien ich genau in der Tasche hatte.
Sowohl die Kühe als auch die Männer im Feld sahen allerdings sehr freundlich aus. Zwar starrten mich alle an, aber irgendwie kam es mir nicht so bedrohlich vor.
Ein Mann kam schließlich auf mich zu. Irgendwie hatte er wohl erkannt, dass ich auf diesem Feld nicht zu Hause war, und er bat mich ganz höflich ein paar Rupien. Die ganze Zeit wackelte der Mann merkwürdig mit dem Kopf. Das war einerseits faszinierend und andererseits so traurig, dass ich ihm ein bisschen Geld gab.
Nach einer Weile hielt eine qualmende Auto-Rikscha. Es war auch für den Fahrer offensichtlich, dass das Feld nicht meine Endstation sein konnte.
Ich bat den Rikscha-Wallah mich ins Hare Krishna Guest House zu bringen – dieses Etablissement hatte mir ein Indien-Veteran der ersten Stunde als superpreiswert empfohlen.
Nach kaum zehn Minuten eisiger Fahrt, bei der ich völlig durchgerüttelt wurde, kamen wir in der Tat vor besagtem Guest House zum Stehen. Ich gab dem Nachtportier ein kleines Bündel Geldscheine, und nach dem obligatorischen Ausfüllen von mehreren Formularen (Indien liebt Formulare, die Eisenbahn alleine hat mehr als 12000) bekam ich mein Zimmer.
Das war eine Überraschung.
Ich hatte zwar schon in spottbilligen Gasthäusern in Marokko und Griechenland übernachtet, aber der Standard meines ersten Zimmers in Indien war in Nichts damit zu vergleichen. Wie viele Menschen mögen in diesem Zimmer schon gestorben sein, war der erste Gedanke, der mir durch den Kopf ging.

Der Fußboden und das Bad waren blank geschrubbt, aber dennoch hatte man das Gefühl, durch tiefen Schmutz zu laufen. Die mattgelben Wände waren mit unzähligen Flecken in tausend

Schattierungen übersät, genauso wie das halbzerfetzte Laken, das über die hauchdünne vergammelte Matratze gezogen war.
Außer dem Bett gab es in dem winzigen Raum nur einen kleinen, wackligen Tisch, auf dem ein Aluminiumwasserkrug und ein Telefon standen, mit dem man die Rezeption anrufen konnte. In das Badezimmer musste man sich zwischen diesen beiden Möbelstücken hindurchzwängen.
An einer der Wände hing ein zersprungener Spiegel. Im Bad hingegen war keiner .
Das Zimmer besaß ein schmales, vergittertes Fenster. Aus einem ebenfalls vergitterten Fenster im Nachbarhaus dröhnte ein Fernseher. Die beiden Häuser hatten nicht mehr als dreißig Zentimeter Abstand. Aus dem Nachbarzimmer ertönten – kaum vernehmbar – die sanften Klänge einer Sitar. Im Flur roch es nach Weihrauch.
Ich hatte das Gefühl, in ganz kurzer Zeit genügend skurriles Leben, Leiden und Chaos erlebt zu haben, um ein Buch darüber schreiben zu können. Mein ganzes Leben, meine Einstellungen und Ansichten änderten sich in diesem Augenblick, was mir zu dem Zeitpunkt allerdings nicht bewusst war.

Im Morgengrauen versuchte ein deutscher Hippie, mir im Hotelflur einen Klumpen *Charas* zu verkaufen. *Charas* ist der in Indien geläufige Name für Haschisch, das aus der Hanfpflanze *Cannabis sativa* gewonnen wird und im Klima der Himalaya-Vorgebirge und in der Schweiz sehr gut gedeiht.
Der langhaarige, ungewaschene Landsmann sah fast so aus wie die Leute auf dem Feld vor dem Bahnhof und warnte mich vor den Sünden Goas, den Risiken von offenen Wunden im heißen Indien (es war schweinekalt) und der unglaublichen Korruption der örtlichen Polizei.
Der alternde Münchner war ein einziger Monolog. Nach seinem einige Minuten anhaltenden Wortschwall, die mir wie eine LSD zerstörte Ewigkeit schienen, ließ er mich mit einem verschwörerischen Ausdruck auf seinem vernarbten, sonnenverbrannten und

doch irgendwie glücklichen Gesicht wissen, dass er auf dem Weg nach Hause sei, um den Teufel zum Kampf herauszufordern. Nach sechs Stunden in Indien kam mir der Mann ganz normal vor.

Ein paar Stunden später auf dem von Menschen wimmelnden Main Bazaar schob sich ein gigantischer schwarzer Schatten durch die Menge auf mich zu.
Ein Elefant, geritten von einem jungen, sehr dunkelhäutigen *Mahut*, der seinen leuchtend rosa Turban stolz und mit so viel Liebe wie möglich trug, schien förmlich durch die Menschenmassen zu schweben. Der kleine *Mahut* stieß dem Elefanten immer wieder seinen *Angkush*, einen langen Messinghaken, zwischen die Ohren, um das Tier in Bewegung zu halten. Direkt vor meiner Hoteltür hielt der Elefant allerdings störrisch an und begann zu urinieren. Innerhalb von Sekunden war die Straße überschwemmt. Außer mir schien dieses Wunder der Natur sonst allerdings niemand zu beeindrucken, und die Passanten, die versuchten, sich an dem Elefanten vorbeizuzwängen, machten keine großen Anstrengungen, um den Fluten zu entgehen.
Willkommen in Indien, dachte ich mir.

In den letzten fünfzehn Jahren hat sich erstaunlicherweise nicht viel im Main Bazaar geändert. Die Straße ist nicht sauberer oder sicherer geworden. Der Verkehr ist etwas chaotischer als zuvor, aber riesige Kühe durchstöbern auf der Suche nach einem schmackhaften Stück Plastik noch immer Tag und Nacht die Müllberge, die sich auf der Straße anhäufen und gelegentlich in Brand gesetzt werden. Die heiligen Kühe hinterlassen dampfende Fladen, in denen Kinder während des Diwali-Festes manchmal Feuerwerkskörper anzünden und explodieren lassen.

Fahrrad- und Auto-Rikschas kämpfen noch immer um Platz zwischen den Müllhaufen, die pausenlos von Straßenkindern nach etwas Brauchbarem durchkämmt und offenbar nie beseitigt werden – wohin auch, der Rest der Stadt hat seine eigenen Müllhaufen.

In diesem Chaos gehen Touristen fast unter. Umnebelte Aussteiger mit langen verfilzten Haaren trinken heißen *Chai* – süßen Milchtee - in billigen Cafés und machen Deals, während sie die etwas saubereren Touristen mit argwöhnischen Blicken verfolgen. Das berühmt-berüchtigte Kastensystem der Hindus hat auch viele dieser Indienreisenden infiziert. Die Hippies bleiben unter sich wie Millionäre in einem Golfclub in Florida.
Junge, harte Israelis versuchen vergeblich, ihre schweren Enfield Motorräder durch den dichten Verkehr zu bugsieren. Europäerinnen auf ihrem ersten Rucksackurlaub mit frischen sorglosen Gesichtern kaufen sich komplette indische Garderoben – meist einen *Salwar Kamiz* (weite Pyjamahosen, ein dazu passendes langes fließendes Hemd und einen Schal), bunte Armreifen aus Plastik und einen *Tilak*, einen kleinen runden Plastikaufkleber, den Inderinnen wie Make-up auf der Stirn tragen. So verwandeln sich Studentinnen, die Töchter wohlsituierter Familien aus Bottrop und Mannheim, binnen weniger Tage in erfahrene, mit den Slums der Welt vertraute Indienkennerinnen. Ein paar westliche Junkies, die ihre Pässe und Flugscheine auf dem Schwarzmarkt verhökert haben, betteln sowohl Inder als auch Touristen an. Die Welt steht in Indien jederzeit Kopf.

Obwohl der Paharganj Main Bazaar Anlaufstelle für Billigreisende aus aller Welt ist, dreht sich hier längst nicht alles um Touristen. Dicke Russinnen mit roten Backen kaufen Berge von Lederjacken und Acryl-Pullovern, um diese irgendwie in die Heimat zu verschiffen und sie dort zu verhökern. Neben den Touristenläden finden sich auch Drucker, Weihrauchmärkte und glitzernde Geschäfte, die eine riesige Auswahl an Küchenutensilien aus Messing und Blech verkaufen.
*Sadhus* scheinen auch immer unterwegs zu sein und werden skeptisch von schwarz gekleideten Rabbis betrachtet, die von Tel Aviv nach Delhi gereist sind, um die Seelen und Leben der schon erwähnten jungen Israelis zu retten, die den Sold ihres dreijährigen

Wehrdienstes in den Wind schießen. Am Straßenrand lassen sich junge Inderinnen wunderschön filigrane, kupferfarbene Henna-Muster auf die Haut zeichnen.
Die fliegenden Händler machen den traurigsten Eindruck – sie bieten kleine Bündel Wäscheklammern, billige Feuerzeuge, kaum funktionierende Trommeln oder Landkarten Indiens und der Welt an. Auf diesen Karten ist Deutschland noch geteilt.
In den weißgekachelten *Dhabas*, den unzähligen kleinen Straßenrestaurants, malochen Hunderte von dürren Nepalesen, während ihre Bosse, schwergewichtige Sikhs, das lange Haar unter opulenten Turbanen und Haarnetzen verstaut, den ganzen Tag Geld zählen oder in die Leere des Subkontinents starren.

Viele Inder hassen den Main Bazaar.
„Zu viel Dreck, zu viel Verbrechen," warnt mein Freund Rajiv mich immer wieder. Er hat recht – Paharganj Main Bazaar ist voller Taschendiebe, Trickbetrüger und Drogenhändler – und obwohl der Sextourismus glücklicherweise noch keinen Einzug in Nordindien gefeiert hat, ist eine Straße weiter eines der größten Rotlichtviertel Delhis zu finden.
Dennoch erscheint mir der Main Bazaar eher wie ein bizarrer Karneval als die Hölle auf Erden. Diese kaum zwei Kilometer lange Straße präsentiert dem Neuankömmling viele der Widersprüchlichkeiten Indiens, die man während der Reise auf dem Subkontinent immer wieder antreffen wird.
Aber die Straße hat auch ihre eigene, ganz besondere Energie. Vielleicht sind es die Unmengen Rupien, die durch den Main Bazaar fließen, vielleicht ist es die Freiheit, die für alle, die sie sich leisten können, mit dem Chaos kommt und die Gegend in eine Zeitschleife aus den sechziger Jahren verwandelt, in der die Freaks mit den biederen Urlaubern um Platz kämpfen und die ausgewogene Mittelklasse der westlichen Welt binnen weniger Stunden verführt oder korrumpiert wird – eben weil das hier möglich ist.
Aus Nostalgie checke ich nach all den Jahren noch immer in den

Hotels des Main Bazaar ein und erinnere mich gerne an diese ersten Momente in der Hauptstadt Indiens – die Menschenmengen und den urinierenden Elefanten.

## Das neue Indien

Am Morgen ist Delhi schon heiß, obwohl schwere, dunkle Wolken über der Stadt hängen. Auf dem Dach meines Hotels, sechs Stockwerke über der Stadt, hat sich die Welt versammelt. Hippies, spirituelle Sucher, Kleinkriminelle, Geschäftsleute, Möchtegernschriftsteller und Indienfans sitzen in Korbstühlen, schlürfen *Chai*, den schon erwähnten süßen Milchtee, und diskutieren immer das gleiche Thema – Indien.
Ein paar ältere, imagebewusste New-Age Italienerinnen zeigen sich lautstark die bunten Blusen, die sie gerade erworben haben. Ein junger, sehr großer und ungelenker Deutscher, bunt gekleidet wie ein Pfau, flüstert verschwörerisch einer nicht mehr ganz jungen, nicht wirklich Blonden aus Kanada etwas ins Ohr. Ein ausgebrannter, sonnengebräunter Australier und ein Schotte diskutieren, ob die Regierung die Ausländer aus Goa werfen wird. Ein paar französische Mädchen, gerade mit dem Studium fertig, spielen Karten, die eine gestresst und missmutig, die andere fröhlich und voller Lust aufs Leben. Ein junger, gutaussehender Franzose, der aussieht, als ob er vielleicht indische Eltern hat, gesellt sich zu den zwei jungen Frauen, und Mademoiselle Missmut verwandelt sich binnen Sekunden in eine lachende, strahlende Prinzessin. Die Israelis, junge Männer und Frauen, die gerade ihren Militärdienst hinter sich haben, sind am lautesten und kiffen den müden Kellnern herausfordernd ins Gesicht.

Auf dem Bambusdach sitzen große Bussarde und beobachten die Gassen weit unter uns auf der Suche nach Frühstück; sie hoffen auf eine kleine Ratte oder die Eingeweide einer Kuh, die in der Nacht von einem betrunkenen Lastwagenfahrer überfahren wurde und jetzt auf einer Straßenkreuzung in der Morgensonne verwest. Ein paar wohlgenährte Katzen, die zum Restaurant gehören, suchen schon den besten Platz im Schatten - in einer Stunde wird es unerträglich sein.

Vor ein paar Jahren musste man sich noch mit der Rikscha-Mafia im Main Bazaar herumschlagen, wenn man in Delhi irgendwohin wollte.
Die neue Metro hat dieses Problem gelöst. Die pünktlichen, sauberen und selbstverständlich proppevollen Züge fahren auf Betonpfeilern hoch über der Straße, gelegentlich auch unter der Erde. Vom Main Bazaar zu Connaught Place, dem alten britischen Geschäftszentrum in Neu Delhi, sind es nur ein paar Minuten, und die Fahrt kostet ganze sechs Rupien, dass sind zehn Cent.
Leider sind die Buchläden sonntags alle geschlossen, nur die Kleider-Boutiquen und internationalen Schuhgeschäfte sind geöffnet. Der Lee Shop verkauft teure Klamotten im Tarnkleidungslook, die den Markennamen *Kurtz* in fetten Buchstaben aufgedruckt haben. Die kapitalistische Postmoderne hat Indien endlich erreicht. Hurra.
Die jungen Menschen, die sich hier versammeln, um zu konsumieren, tun ihr Bestes, um wie Bollywood-Stars auszusehen – überdimensionale Sonnenbrillen und enge, verwaschene Jeans sind ganz wichtig – und tragen ihre funkelnagelneuen 500-Dollar-Handies so offen wie möglich. Das ist ja wie zu Hause. Der populärste Treff ist McDonalds.

Die Postmoderne auf dem Subkontinent hat auch ihre guten Seiten. Ein Opfer des neuen Indien ist der Schnurrbart.
Vor zehn Jahren noch lag die Oberlippenbartträgerquote in Indien bei um die neunzig Prozent.
Aber Shah Rukh Khan und seine Kollegen der Bollywood-Elite sind alle glattrasiert. Salman Khan, Abhishek Bachchan und Hrithik Roshan sind, wenn man den indischen Tratschblättern glaubt,

alle so sehr vom Westen und dem westlichen Kino beeinflusst, dass der Schnurrbart einfach nicht mehr cool genug ist. Selbst Sanjay Dutt, der alte Haudegen, ist allenfalls gelegentlich unrasiert.
Wie groß der Einfluss dieser Stars ist, sieht man daran, dass fast jeder nordindische Jugendliche, der ein paar Rupien in der Tasche hat und etwas auf sich hält, nun ebenfalls glatt rasiert ist.
Die Filmstars Tamil Nadus im Süden Indiens tragen dagegen noch immer dicke Schnauzer, und die Fans bleiben dem althergebrachten Look entsprechend treu.
Wie bei uns sind Persönlichkeiten aus der Unterhaltungsbranche hierzulande pausenlos auf den Titelseiten der Zeitungen und in aller Munde. Bollywood produziert im Jahr fast so viel Filme als Hollywood, denn das potentielle Publikum ist gigantisch.

Und was hat das alles mit dem Ganges zu tun? Wo bleibt da das Indien, das wir im Westen kennen und lieben, das Indien des kolonialen Rudyard Kipling, der das Dschungelbuch schrieb, das Indien der großen Religionen, das Indien der tausend Götter, das Indien des heiligen Flusses?
Sind die Bollywood-Superstars vielleicht die neuen Götter Indiens? Werden die Pilgerscharen im Himalaya im Angesicht dieser urbanen Popkultur irgendwann irrelevant? Oder besteht, wie so oft in Indien, kein Widerspruch zwischen dem Leben der Stars und dem Leben der Bevölkerung, das sich weitgehend um Tempel, Glauben und Aberglauben, aber auch ums banale Unterhaltungskino dreht?

Das Angebot der Gehsteigbuchhändler im Connaught Place spiegelt den nationalen Umbruch perfekt wieder – hier kämpfen Romane von John Grisham, George Orwell, Dominique LaPierre, Salman Rushdie und Ruskin Bond sowie diverse Ausgaben von Hitlers Mein Kampf, Lehrbücher von Krishnamurti, Sexratgeber und die neuste Ausgabe des Männermagazins Maxim – die brave indische Ausgabe – um Platz und Käufer.

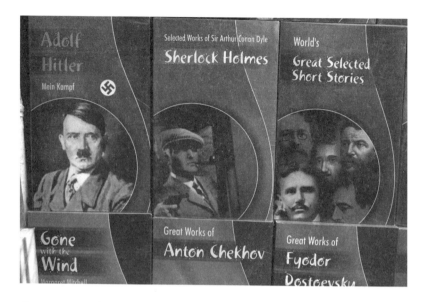

Das neue Indien, das alte Indien. Im Mai ist es in Delhi zu heiß, um über dieses wahnsinnig komplexe Land weiter nachzudenken, und wir flüchten in das luftgekühlte Ambiente eines neuen Coffee-Shops im äußeren Ring des Connaught Place.

Im Costa Coffee, einem Starbucks ähnlichen Laden, schimpfen reiche *NRI*s (Non-Resident-Indians) mit amerikanischem Akzent auf die jungen, uniformierten und gestressten Arbeitskräfte, wollen etwas Spezielles, etwas Besonderes, wollen zeigen, dass sie aus Kalifornien sind, wo das Geld vom Baum fällt, und eine *Doggy Bag* bitte, um die Reste der Croissants und Muffins, die man jetzt nicht geschafft hat, mitzunehmen.

Das neue Indien. *Ganga Ma* ruft.

# *Der Ganges*

Zum ersten Mal erblickte ich den Ganges allerdings nicht in Hardwar, sondern aus einem Abteilfenster, als ich auf meiner ersten Indienreise in einem sehr langsamen Expresszug über eine alte Eisenbahnbrücke östlich von Varanasi rumpelte.
Varanasi, das auch Benares genannt wird, die heilige Hindustadt in Uttar Pradesh, soll mehr als 3000 Jahre alt sein und sieht aus, als ob sie in ein Hieronymus Bosch Gemälde passen würde.
Allerdings ist Varanasi auch eine Universitätsstadt und ein Zentrum des Studiums der Indologie und des *Sanskrit*. Und nur zehn Kilometer entfernt, in Sarnath, hielt Buddha seine erste Predigt. Seit dem 8. Jahrhundert war Varanasi die Stadt Shivas, aber im 11. und 13. Jahrhundert wurden fast alle Tempel von Moslems geplündert und zerstört und heute stehen kaum noch Gebäude, die älter als zweihundert Jahre sind.
Für den neugierigen Besucher ist Benares dennoch das mittelalterliche Abenteuer schlechthin.
Wie der amerikanische Schriftsteller Mark Twain feststellte: "Benares ist älter als die Geschichte, älter als Traditionen, sogar älter die Legende. Und es sieht noch einmal doppelt so alt aus, wie alle drei zusammen."

Kommt man mit dem Zug an, so muss man eine Rikscha (Varanasi hat eine besonders geschäftstüchtige Rikscha-Mafia) in die Altstadt nehmen.
Von der Kreuzung Godaulia aus geht es nur zu Fuß zu den unzähligen Guest Houses, Hotels und *Ashrams* weiter, die sich oberhalb der *Ghats* und in engen dunklen Gassen aneinanderquetschen. Die *Ghats* werden täglich von den mehr als 60.000 Pilgern genutzt, die ihr heiliges Bad in Varanasi nehmen. Mehr als neunzig *Ghats* soll es dem nördlichen Flussufer entlang über sieben Kilometer verstreut geben.
Die Altstadt ist von Affen bevölkert, die auf alles Essbare Jagd machen, was der arglose Tourist in der Hand haben mag. Während meines ersten Aufenthalts wurde einem Freund von mir, der sich

eine seiner Ledersandalen hatte flicken lassen und sich das Werk des Schuhmachers auf seinem Hotelbalkon ansah, das gerade reparierte Schuhwerk von einem besonders aggressiven Individuum aus der Hand gerissen. Der Affe biss auch gleich fest in die Sohle und spuckte einen Klumpen Leder in die Straße hinunter, bevor er die Sandale achtlos vom Balkon fallen ließ.

Schon auf dem Weg durch die Gassen der Altstadt, die sich labyrinthisch wie auf einem Bild von M. C. Escher endlos um sich selbst zu winden scheinen und voller winziger Geschäfte und Tempel sind, wird man von der Religion überholt.
Familien tragen ihre verstorbenen Verwandten, in Tücher gewickelt auf Bahren durch die Stadt zum Manikarnika Ghat am Fluss. „Ram nam chatya hai", rufen die Träger. Der Name Rams ist die Wahrheit.
Die Reichen werden hier nach hinduistischem Brauch auf hölzernen Scheiterhaufen verbrannt, die Armen kommen in der Nähe auf einen elektrischen Grill.
Holz gibt es in einem Umkreis von hundert Kilometern nicht mehr – es wird auf Booten den Ganges hinauf nach Varanasi gebracht.

Ich bin damals einer dieser Leichenprozessionen gefolgt und kam auch bald am Manikarnika Ghat an, wo in fünfzehn ausgehobenen Gruben Tote verbrannt wurden. In den *Ashrams* um die zahlreichen *Ghats*, die sich am Flussufer aneinander reihen, warten tausende alter Männer auf den Tod – denn wer in Varanasi am Gangesufer verbrannt wird entzieht sich dem ewigen Kreis der Wiedergeburt.
*Sadhus* und Kinder werden mit einem Stein um den Bauch direkt im Fluss versenkt. Die *Sadhus* sind zu heilig, die Kinder zu rein, um verbrannt zu werden.
Nach der Regenzeit ist der Ganges in Varanasi fast einen Kilometer breit und mehr als fünfzehn Meter tief, dennoch ist es keine

Seltenheit, eine Leiche im Wasser treiben zu sehen.
Vor Jahren erblickte ich während einer Recherche für einen Film am *Sangam* in Allahabad einen Toten, der sich in einer Pontonbrücke verfangen hatte. Der junge Mann trug keine Kleidung und schien auch schon von im Fluss lebenden Tieren angenagt worden zu sein. Mein Rikscha-Wallah, der die Leiche zuerst gesehen hatte, lachte sich halbtot, als ich die Polizei rufen wollte. „Ganga gibt, und Ganga nimmt."

Dreiundzwanzig Stunden täglich werden am Manikarnika Ghat Menschen verbrannt. Nur eine Stunde nach Mitternacht ist zu Shivas Ehren, der auch mal schlafen muss, Pause.
Von einem Balkon oberhalb des Ghats offenbart sich eine unglaubliche Szene. Nur mit einem *Dhoti* bekleidete, in Schweiß gebadete Männer halten die Scheiterhaufen in Brand, Söhne lassen sich neben ihren verstorbenen Vätern den Kopf rasieren, Hunde rennen zwischen den Gruben hin und her und versuchen, sich hier und da ein Stück Fleisch zu schnappen.
Im Morgengrauen werden prustende Wasserbüffel ein Stück stromaufwärts gebadet.
Direkt neben den Scheiterhaufen putzen sich die Pilger zum Sonnenaufgang die Zähne und trinken das Gangeswasser - die Zahl der Kolibakterien im Gangesabschnitt bei Varanasi liegt teilweise bei 1.5 Millionen pro 100 Milliliter - der indische Standardwert für Badegewässer liegt bei 500.
Diese sensationellen Werte scheinen sich allerdings aufgrund einer 1985 gestarteten Regierungsaktion langsam zu verbessern. Dennoch wird wohl nur ein gläubiger Hindu es wagen, hier zu baden oder zu trinken.
Der Besucher, der all dies betrachtet, wird ständig von mittellosen *Sadhus* und angeblichen Fremdenführern angesprochen: *Bakshish, Bakshish*, Indien braucht *Bakshish*.
Eine Urerfahrung also.
An einem kalten Dezembermorgen mietete ich ein Boot - der Ru-

derer war ein unglaublich dünner, schweigsamer Mann - und überquerte den heiligen Fluss. Der Wasserstand war nicht sehr hoch. Hier und da lag eine dünne Nebelwolke über dem träge dahinfließenden Fluss, und um das Boot herum tummelten sich Delphine, während der Rauch der Scheiterhaufen von den Ghats aufstieg.

Ab und an schwankte eine brennende Kerze auf einem winzigen Korb, eine kleine Opfergabe, am Boot vorbei.

Die Überfahrt schien mir unglaublich düster-romantisch, im dekadenten Sinne Shelleys oder Byrons. Totenstille, braunes Wasser, blinde Delphine. Was nach der anderen Seite des Flusses aussah war eigentlich noch Teil des Flussbetts, ein kilometerbreiter Streifen schmutzigen Sandes. Weit in der Ferne konnte ich ein paar Bäume erkennen. Das musste das tatsächliche Ufer sein. Es war zu weit, bis dorthin zu laufen, und ein paar mittellose Kinder begannen, mich mit Steinen zu bewerfen. Ich flüchtete mich in die Sicherheit des Bootes zurück.

Varanasi liegt ungefähr auf halbem Weg zwischen dem Ursprung des Ganges im Garhwal Himalaya im Norden und Kolkata (früher Kalkutta) und dem Delta in der Bucht von Bengalen im Osten Indiens.

Der Ganges ist nur 2523 Kilometer lang, viel kürzer also als der Nil, der Amazonas, Yangtse oder die Donau beispielsweise, und selbst in Indien sind der Indus und der Brahmaputra länger.

Aber in der nationalen Psyche und dem Glauben der Hindus ist der Ganges oder Ganga Ma – Mutter Ganges - der einzig wichtige Fluss im Land. So wichtig, dass mancher gläubige Hindu das Wort Ganga auch für andere Flüsse benutzt. Zudem leben mehr als 500 Millionen Menschen an oder nahe den Ufern des heiligen Flusses und sind von dessen lebensspendenden Fluten abhängig.

Aber das war nicht immer so. Der Ganges wird erst recht spät in der *Rig Veda* erwähnt, dem ältesten Teil der *Veden* (entstanden

1200 bis 500 vor Christus, aber erst im fünften Jahrhundert nach Christus aufgeschrieben), Indiens heiligen Schriften, welche die Grundlage hinduistischen Denkens bilden.

Die heiligste Flusskreuzung in Indien liegt in Allahabad. Hier fließen der Ganges und der Yamuna sowie der mythische Saraswati-Fluss zusammen.

Vielen Indologen zufolge soll es vor sechstausend Jahren einen wirklichen Saraswati gegeben haben, der allerdings mit dem Ganges nichts zu tun hatte und möglicherweise aus dem Himalaya im nordwestlichen Staat Himachal Pradesh in den Panjab floss, um sich weiter südlich mit dem Yamuna zu vereinigen.

Eine andere Theorie besagt, dass der Saraswati möglicherweise der Yamuna war und nach Gujarat und dort ins Meer geflossen ist. Deswegen spricht man heute auch von der Indus-Saraswati-Kultur, statt nur von der Kultur des Industals, die sich über das heutige Pakistan und Teile Nordindiens und Afghanistans erstreckte und mehr als fünf Millionen Einwohner hatte.

Ob mit oder ohne den Saraswati, die Induskultur, auch Harrappa genannt, war neben Ägypten und Mesopotamien eine der frühesten städtischen Zivilisationen.

Diese Kultur mag bereits vedisch gewesen sein.

Da der Saraswati ca. 2000 Jahre vor Christus austrocknete oder aufgrund eines Erdbebens fortan in den Ganges floss und die Induskultur um 1800 vor Christus verschwand, wandten sich die vedischen Schriften schließlich dem Ganges zu.

Durch Indien fließen auch andere in den *Veden* erwähnte, heilige Flüsse. Der Yamuna, der in der Nähe der Gangesquelle entspringt, am Taj Mahal vorbeifließt, ist heute leider unglaublich verschmutzt. Mehr als 3000 Millionen Liter Abwasser fließen allein in Delhi jeden Tag in den Yamuna.

Der Narmada, der einzige heilige Fluss Indiens, der von Osten nach Westen fließt, ist seit 1961 Schauplatz eines erbitterten

Kampfes zwischen Bürgern, Politikern und Geschäftsinteressen um ein umstrittenes Dammprojekt.

Gerade an den heiligen Flüssen des Landes also findet eine Auseinandersetzung zwischen dem alten Religionsgefüge und dem neuen wirtschaftlich kapitalistisch orientierten Indien statt. Im heutigen Indien ist eine Kuh eben nur so lange heilig, bis sie in einer Lederfabrik in Kanpur zu einer Handtasche und einem Paar Schuhe verarbeitet wird.
Der Ganges, vor allem in der Gebirgsregion, in der er entspringt, macht da keine Ausnahme.

# Die Sadhus

## Prayag (Allahabad, Uttar Pradesh), 26. Januar 2001

Die Polizei hat das *Sangam*-Gelände, eine weite Sandbank, die am Zusammenfluss von Ganges und Yamuna liegt, geräumt.
Zwanzig bis dreißig Millionen Pilger tauchen hinter hölzernen Barrikaden wie ein einziges gigantisches Lebewesen aus dem Nebel auf, der sich im Morgengrauen über die Flüsse schleicht. Die Gläubigen haben sich nach einer Jahrhunderte alten Tradition versammelt und sind hier, um für eine bessere (persönliche) Zukunft zu beten.

Das Wasser, ob im Ganges oder im Yamuna, ist eiskalt, es hat nicht mehr als sechs Grad. Die Lufttemperatur liegt bei drei Grad. Die Polizisten zittern in ihren dünnen, schwarzen Lederjacken, aber das liegt nicht nur an der Kälte.
Die größte Menschenansammlung, welche die Welt je gesehen hat, die *Maha Kumbh Mela*, erreicht ihren Höhepunkt.
Dröhnende Lautsprecher schmettern Ansagen und Gebete über den *Sangam*. Die Menge wird immer größer, Tausende finden keinen Platz mehr und stehen schon im eiskalten Ganges. Hinter den Holzbarrikaden ist der *Sangam* menschenleer. Ein organisatorisches Wunder. Staubwolken fetzen über die Leere hinweg, und der Druck der Masse scheint so groß, dass die Sandbank jederzeit überlaufen werden könnte. Alle, die hier versammelt sind, warten auf den wichtigsten Moment in ihrem Leben, der nur ein paar Minuten entfernt ist. Die Spannung ist unerträglich, göttlich, erotisch, so konkret wie die Manifestation eines Hirngespinstes oder einer Drogenvision.
Die größte Show der Welt geht gleich los, und die Polizei ist für Ordnung verantwortlich - im Angesicht der Menschenmengen ein absurdes Unterfangen.

Ein Reiter auf einem riesigen Schimmel erscheint auf der etwa einen Kilometer breiten Kuppe des *Sangams*. Der Reiter schlägt zwei

Trommeln, aber am Wasserrand ist nichts davon zu hören. Die Stille an den Flussufern verschluckt alles.

Der nackte Reiter ist von Kopf bis Fuß mit Asche eingerieben. Der Asche von Toten. Seine langen, verfilzten Haare fallen ihm über die nackten, grauen Schultern. Sein abgezehrtes Gesicht ist unter dem langen, ebenso verfilzten Bart kaum zu erkennen.

Zwei weitere Reiter, genauso wild und asketisch wie der erste, tauchen neben dem Trommler auf, lange Speere in der rechten Hand. Einen Moment lang scheinen die drei auf der Kuppe zu zögern, dann ziehen sie wie indianische Kinohelden ihre Zügel straff und reiten in Richtung Wasser.

Die Menge hinter den Barrikaden drückt mehr und mehr, um von dem Spektakel einen Blick zu erhaschen. Vor den Pilgern laufen Polizisten mit *Lathis* auf und ab und schlagen hier und da auf die allzu enthusiastischen Gläubigen ein.

An der *Sangam*-Kuppe versammeln sich weitere nackte, graue Wesen aus dem Morgengrauen, erst einige wenige hier und da, nach und nach immer mehr.

Hunderte, dann Tausende mit Asche bedeckte *Naga-Sadhus* schwärmen nun über den *Sangam* aus in Richtung der heiligen Fluten. Diese nackten Asketen sind schwer mit mittelalterlichen Waffen ausgerüstet. In der kalten Dämmerung blitzen Schwerter, *Trishulas* und Speere.

Aus der Ferne sehen diese heiligen Männer aus wie furchteinflössende Piraten, die aus der Hölle auferstanden sind, um die Welt zu zerstören. Die leichengraue Haut der *Naga-Sadhus* deutet schon darauf hin, dass diese Männer der normalen Welt auf Wiedersehen gesagt haben. Sogar anderen *Sadhus* sind die *Nagas* fern. Für die *Nagas* ist die Asche der Toten eine Manifestation des Urstoffes, eine Erinnerung an Tod und Ewigkeit.

Am Wasserrand kommt die Armee der *Nagas* zum Stehen. Die Zeit für das heilige Bad muss genau stimmen. Die Menge hinter den Barrikaden wartet gespannt. Die Polizei ist der Panik nahe. Lange wird man die Pilger nicht mehr zurückhalten können.

An der Sangam-Kuppe erscheinen noch mehr *Sadhus*, Tausende mehr.

In safrangelbe Tücher gewickelt reiten diese *Sannyasis* normalerweise auf Elefanten auf den *Sangam*. Nachdem aber ein paar der Tiere 1956 ausgerastet waren und mehrere tausend Pilger den Tod fanden, sind sie durch Traktoren, Jeeps und Lastwagen ersetzt worden.

Die Oberhäupter der dreizehn *Akharas*, der Mönchsorden, denen viele der heiligen Asketen angehören, haben sich zu einer unordentlichen, motorisierten Prozession zusammengeschlossen und werden von Black Cats, Sicherheitskommandos der Polizei, begleitet. Diese Bodyguards tragen schwarze Uniformen, Bandanas und Maschinengewehre.

Die *Sadhus* um die Fahrzeuge herum sind ungeduldig und wollen den Nagas an die Flussufer folgen.

Sicherheits-*Sadhus*, in gelbe Roben gekleidet, helfen der überforderten Polizei und setzen ihre *Lathis* gegen die ungeduldigen Pilger ein, die versuchen, die Barrikaden zu durchbrechen.

Am Ufer stehen die *Nagas* in Reih und Glied und warten auf den wichtigsten Moment ihres Lebens. Die Jungen halten die Alten, Schwachen und Kranken. Diese Gestalten, die außer ihrem Glauben und ihren Waffen alles aufgegeben haben, frieren in der Kälte jämmerlich.

Dann kommt das Signal von einem in safrangelbe Tücher gewikkelten Priester. Die Nagas verlieren keine Sekunde und springen, rennen und fallen in die schnellen, braunen Fluten, als die ersten Sonnenstrahlen dieses surreale Chaos in sanften Orangetönen baden.

Während die *Nagas* jauchzend in den Fluten des Ganges und Yamuna verschwinden, bewegen sich auch die anderen *Sadhus* in Richtung Wasser.

Die Pilger können nicht länger zurückgehalten werden.

Die Polizei gibt auf, und der *Sangam* wird von allen Seiten von Menschen überrannt. *Sadhus*, Pilger und Polizisten werden wie

von einer monumentalen Welle gepackt und in den Fluss gedrückt.
Die *Nagas* freuen sich wie Kinder, sobald sie im Wasser sind. Die eben noch so bedrohlich aussehenden Schwerter werden zu Spielzeugen und glitzern harmlos in der Sonne. Das kalte Wasser wäscht die Asche aus der Haut von zwanzigtausend Männern.
Die jüngeren *Sadhus* rennen an mir vorbei auf eine Sandbank im Fluss und beginnen, mit unmöglichen Yoga-Positionen anzugeben.
Die älteren Asketen stehen bis zur Hüfte im Wasser, tief ins Gebet versunken. Andere sitzen der Sonne zugewendet im Sand, im Schatten ihrer Dreizacke. Die Energie, die diese Menschen in den Fluss geleitet haben, ist ansteckend. Dreißig Millionen Menschen folgen dem Beispiel der *Sadhus* und nehmen das heilige Bad. Ich auch.
Willkommen im 21. Jahrhundert.

*Hauptbadetag während der Maha Kumbh Mela, Allahabad, 2001*

# Das Leben der Sadhus

Niemand weiß, wie viele *Sadhus* heute durch Indien ziehen. Die einzige Zählung findet alle zwölf Jahre während der *Maha Kumbh Mela*, dem großen Fest an den Ufern des Ganges und Yamuna in Allahabad, statt, dem „Tag der Asketen" sozusagen.

*Sadhus* lassen sich in drei verschiedene Gruppen einteilen, die wiederum zahllose Untergruppierungen haben. Die Unterschiede drücken sich in der Philosophie und der Lebensweise, in den geschichtlichen Ursprüngen und in der Kleidung, Ausrüstung, Hautbemalung und Ausdrucksweise der *Sadhus* aus. *Sadhus* folgen generell Shiva, Vishnu oder gehören dem Advaita Orden an, der gleich fünf Gottheiten gleichzeitig verehrt – Shiva, Vishnu, Ganesh, Durga und Surya.

Die prominenteste und bekannteste Gruppe sind die *Sannyasis*, die dem Gott Shiva folgen, meist safrangelbe Tücher tragen, deren Haar völlig verfilzt ist und die Unmengen *Cannabis sativa* in *Chilams*, einfachen trichterförmigen Tonpfeifen, rauchen.
Die *Nagas* sind eine Untergruppe der *Sannyasis*, die meist, aber nicht immer der *Juna Akhara* angehören, jenem monastischen Orden, der angibt, die größte Mitgliederzahl zu haben. Insgesamt gibt es sechs *Akharas*, welche die Sannyasis repräsentieren.

Ursprünglich folgten wohl alle *Sadhus* Shiva. Heute gibt es sieben weitere *Akharas* - darunter die *Bairagi*, *Udasin* und *Nirmal Sadhus*, deren Anhänger keine Anhänger Shivas sind.
Die größten *Akharas* behaupten, hunderttausende Mitglieder zu haben.
Alle dreizehn *Akharas* haben ihr Hauptquartier in Hardwar und nehmen großen Einfluss auf das öffentliche Leben, sowohl in der Stadt selbst als auch im ganzen Land. Alle geschäftlichen Aktivitäten, vor allem Bodenspekulationen (Hardwar ist eine Boomtown, und Morde sind in Zusammenhang mit Landverkäufen keine

Seltenheit) der *Akharas* sind steuerfrei.

*Akharas* treten allerdings selten offen als politische Akteure auf, aber einige bekannte *Sannyasis* sind eng mit den fundamental rechtsradikalen Elementen der BJP (Bharatiya Janata Party) verbunden, die von 1997 bis 2004 in Indien an der Regierung war. Pilot Baba, ein früherer Pilot der indischen Luftwaffe, der seine Erleuchtung durch eine göttliche Vision während eines Flugs fand, ist zum Beispiel offener Gegner eines Kompromisses des kontroversen Ayodhya-Problems, das Nordindien seit Jahren plagt und immer wieder zu blutigen Unruhen führt.

Ayodhya, eine kleine Stadt in Uttar Pradesh, ist der Geburtsort des Gottes Rama. Außerdem stand hier bis 1992 eine Moschee aus dem 15. Jahrhundert, angeblich genau über einem Hindu-Tempel, an der Stelle, an der Rama das Licht der Welt erblickt haben soll. Ein bewaffneter Pöbel von Hindu- Fundamentalisten und *Sadhus*, angefeuert von führenden Politikern der BJP, zerstörte die Moschee. Moslems und Hindus wurden gegeneinander ausgespielt, und Krawalle, bei denen Tausende ums Leben kamen, flammten in ganz Indien auf.

Das ideologische Ziel der BJP ist ein hinduistischer Staat, in dem Christen, Moslems und Buddhisten die Vorherrschaft der Hindus akzeptieren müssen. Massaker von Hindus und Moslems folgten dem Ayodhya-Zwischenfall in Mumbai und Gujarat. Für kurze Zeit war Indiens traditionelle Toleranz gegenüber allen Religionen der Welt gefährdet. Dann wachten die Wähler auf und warfen die BJP aus der Regierung. Indien erwies sich einmal mehr als eine der gesündesten Demokratien der Welt.

Um zum *Sadhu* zu werden, muss man seine weltliche Identität aufgeben, seine Familienbindungen für immer zurücklassen und zu einer lebenslangen Reise aufbrechen, um sein Selbst zu finden. Hindus und andere großzügige Seelen unterstützen diese Lebensweise, die von Zehntausenden in Indien gewählt wird, mit Almosen und Kleingeld.

Viele dieser heiligen Asketen werden zu Nomaden und folgen ganz bestimmten, während ihrer Initiation auferlegten Regeln, die meist vorschreiben, wie lange sich ein *Sadhu* in einem Dorf oder einer Stadt aufhalten darf. Andere sind immer am gleichen Ort zu finden – alleine in einer Höhle vielleicht oder in einem *Ashram*.
Andere *Sadhus* wiederum entscheiden sich für einen härteren Weg des Asketentums, dem *Tapas*. Diese Disziplin verlangt gelegentlich Selbstverstümmelung und lange körperliche Verkrümmungen.
Während der *Maha Kumbh Mela* im Jahr 2001 saß ein Asket, Baba Amar Bharati, tagein, tagaus vor seinem Zelt in dem riesigen mittelalterlichen Camp der *Juna Akhara*. Sein *Chilam* wurde rund um die Uhr von westlichen und einheimischen Anhängern gefüllt, und er verlangte fünfzig Dollar für Interviews mit der internationalen Presse. Den *Chilam* selbst bereiten konnte er nicht, da Baba Amar Bharati seit fünfundzwanzig Jahren den rechten Arm in die Höhe streckte. Der Arm war inzwischen verkrüppelt.
Wie sinnvoll oder sinnlos seine Segnungen und Ratschläge für den konstanten Pilgerstrom, der den ganzen Tag an ihm vorbeikroch, gewesen sein mögen, ist schwer zu sagen.
Andere, noch konsequentere *Sadhus* zogen vor riesigen Zuschauerzahlen Jeeps durch Allahabad. Die Fahrzeuge waren an die Geschlechtsteile der *Sadhus* gebunden.

## Boom Boom Baba

Boom Boom Baba sitzt auf einer Sandsteinplattform über den *Ghats* von Varanasi, den heiligen Stufen, an denen alljährlich Millionen Pilger ihr heiliges Bad nehmen.
„Ich bin ein Naga. Ich bin sehr gefährlich. Aber ich werde für dich beten und eine Puja machen."
Boom Boom Baba sieht genau richtig für den Job des *Naga-Sadhus* aus. Er ist ganz in schwarze Tücher gehüllt, sein Gesicht ist mit Asche beschmiert, das Haar verfilzt und der Bart ist lang und wild. Der Mann sieht aus wie Charles Manson nach einem Urlaub auf Jamaika.

Eine kleine Gruppe weniger beindruckender *Sadhus* und ein paar Westler sitzen um den gefährlichen Mann herum.
Die typischen Gebrauchsgegenstände des *Sadhus* liegen auf einem schwarzen Stück Stoff vor Boom Boom Baba: Sein *Danda*, ein Stock mit einem kleinen Dreizack am Ende, der zu Ehren Shivas getragen wird; ein *Kamandalu* oder Wassertopf aus Messing; seine Bettelschale, eine italienische Übersetzung der *Mahabharata* und ein riesiger *Chilam*.
Boom Boom Baba besitzt außerdem eine Reihe von Tierschädeln und einen kleinen schwarzen Sack, in dem sich, wie er behauptet, die Asche der Toten von einem der nahegelegenen *Ghats*, an denen Leichen verbrannt werden, befindet.
Dieser *Sadhu* ist ganz klar im Weisheitsgeschäft tätig. Klugerweise hat er den perfekten Ort für seine spirituellen Unterweisungen gewählt.
Die *Ghats*, die in Benares zum Gangesufer hinabführen, werden als so heilig angesehen, dass eine hier stattfindende Verbrennung der sterblichen Überreste den Menschen sofort aus dem Zyklus der Wiedergeburt erlöst.
Boom Boom Baba beginnt ein *Bhajan*, ein Gebetslied anzustimmen. Die Musikpolizei ist nirgends zu sehen.
Auf einmal bricht er sein halbherziges Gebrumme ab und fordert sein Publikum auf: „Du oder du, irgendjemand muss mir Charas geben. Ich brauche Charas."
Ein ausländischer Hippie teilt sein Haschisch gerne und zieht ein paar kleine Bollen der braunen, öligen Substanz aus der Hosentasche.
Boom Boom Baba nimmt dem überraschten Touristen gleich die ganze Ladung ab und gibt sie an einen jungen Inder in orangefarbenen Kleidern weiter, der das *Charas* schnell anbrennt und zerkrümelt, bevor er es Boom Boom Baba zurückreicht.
Der *Naga-Sadhu* stopft seinen *Chilam*, zündet ihn an und verschwindet prompt in einer dicken, graugrünen Rauchwolke.
„Bom Bolenath," ruft er über den Fluss, hustet wie ein abge-

wrackter Gaul auf seiner letzten Reise und reicht den *Chilam* weiter.

Als der großzügige Spender aus dem Ausland schließlich zum Zug kommt, ist vom *Charas* nichts mehr übrig. Aber das ist egal. Boom Boom Baba repräsentiert die Weisheit des Ostens.

Oder geht es hier nur um die Show, die Unterhaltung?

Boom Boom Baba ist dabei, seine Yogakünste zu zeigen. Mit großer Mühe gelingt es dem *Sadhu*, seine Beine hinter die Ohren zu zwingen und auf den Händen zu stehen. Dabei läuft er knallrot an.

„Bom Bolenath, Bom Shiva," hustet er wie verrückt und fällt erschöpft in sich zusammen.

Die Touristen und weniger wichtigen *Sadhus* sind von dem Schauspiel beeindruckt. Aber Boom Boom Baba macht schon den *Chilam* für die nächste Runde fertig.

Ich frage ihn, ob er die *Kumbh Mela* schon einmal besucht hat.

Der *Naga-Sadhu* spuckt vor mir auf den Boden und antwortet, ohne mich anzusehen, mit einem aggressiven Ton in der Stimme: „Ich habe keine Zeit für die Kumbh Mela. Zu viele Leute kommen mich hier in Benares besuchen. Ich kann unmöglich weg."

Ich frage ihn, welcher *Akhara* er angehört, aber er schüttelt nur den Kopf und ist von meiner Frage keineswegs begeistert. Die kleineren *Sadhus* und kriecherischen Hippies schauen mich beunruhigt und etwas irritiert an.

„Ich bin ein Naga-Sadhu. Ich habe die Kräfte eines Yogi. Ich kann dir das alles genau zeigen, auf der anderen Flussseite. Wir können uns da morgen früh treffen. Oder lass uns zusammen den Fluss überqueren."

Das klingt wie eine Herausforderung zum Duell.

Boom Boom Baba hat seinen kleinen schwarzen Sack aufgeschnürt und schaufelt graue Asche in seine Hand. Der Mann ist jetzt aufgrund meiner Fragen völlig außer sich und knurrt mir zu: „Ich mach jetzt eine besondere Puja. Gib mir fünfzig Rupien."

Die Inder rühren sich nicht.
Die Hippies rücken das Geld heraus.
„Liest du denn in deiner Kopie der Mahabharata?" frage ich, nicht allzu vorsichtig.
Boom Boom Baba starrt mir in die Augen. Er versucht unser Treffen in einen Kampf des Willens zu verwandeln. Er nimmt eine Handvoll Asche aus seinem Sack und knallt diese mit voller Wucht auf den Kopf eines geringeren *Sadhus*, der neben ihm sitzt. Dann dem nächsten und dem nächsten. Niemand wagt es dem wütenden Mann aus dem Weg zu rücken. Bevor sich die Hippies zurükkziehen können, reibt er auch ihnen das verbrannte Fleisch irgendeines alten Mannes ins Haar.
„Boom Boom Baba, ich bin Boom Boom Baba."
Ich stehe auf, um aus der Schusslinie zu kommen und um die Gegenwart dieses enigmatischen Heiligen zu verlassen.
Boom Boom Baba ruft mir hinterher: „Morgen, auf der anderen Flussseite. Ich habe yogische Kräfte. Bring Charas, bring Whisky. Boom Boom Baba mag Whisky."
Ich fühle mich außerstande, ein Versprechen abzulegen.

## Akharas – Der freundliche Nachbarschaftskult

*Akharas* wurden zwischen dem 8. und 17. Jahrhundert als militante Regimenter aus hinduistischen Söldnern ins Leben gerufen, um den Glauben vor anderen Religionen zu schützen. Radikale Sturmtruppen also, die auch gelegentlich aufeinander losgingen oder den Briten Widerstand leisteten.
Monastische Orden von weiblichen *Sadhus* entstanden später, und auch heute sieht man nicht viele sogenannte *Sadhvis*.
Sind die *Sadhus* also der letzte Seufzer einer überholten archaischen Kultur, oder findet in Indien eine fortlebende, dunkle Renaissance statt? War es ein uralter Impuls, der eine Gesellschaft schuf, die so tolerant ist, dass sie einen Platz für Menschen freihält, die weder materiell, noch sozial, weder künstlerisch noch spirituell

verpflichtet sind, zum Gemeinwohl etwas beizusteuern?
Von *Sadhus* wird nicht wie von christlichen Priestern oder Pfarrern, buddhistischen Mönchen, jüdischen Rabbis oder moslemischen Mullahs erwartet, eine Lehre unterrichten oder weitergeben zu können.
*Akharas* zahlen keine Steuern und sind in Hardwar Grundbesitzer. Die Oberhäupter der *Akharas* verlassen ihre *Ashrams* nur umringt von Leibwächtern, die der Staat zahlt. Der Einfluss dieser Organisationen auf nationaler politischer Ebene ist nicht zu unterschätzen. Indien mag eine Demokratie sein, aber *Akharas* sind das Symbol eines anderen Indien, in dem die hinduistische Mehrheit Privilegien genießt, die keiner anderen Bevölkerungsgruppe gewährt werden.

Die Tradition des wandernden Heiligen ist keine auf Indien beschränkte Erscheinung. Reisende Musikanten und Minnesänger durchquerten Europa im Mittelalter. Auch Sufi-Philosophen lebten nomadisch und verbreiteten Musik, Gedichte und den Glauben in der moslemischen Welt.
In Indien findet derzeit eine Renaissance dieser uralten Tradition statt. Während die Globalisierung Fuß fasst, und die alten Familientraditionen und Kastenhierarchien sich langsam lockern, während Indien zu einer kapitalistischen Wirtschaftsmacht wird, entscheiden sich mehr und mehr junge Männer für das Leben des *Sadhus*, frei von Verantwortung, dem Druck zu heiraten, dem Druck ins System zu passen.
Das *Sadhu*-Dasein bietet einen Ausweg und manchmal sogar eine geschäftliche Grundlage.
Bis vor einigen Jahren fand sich ein *Sadhu*, der sich Tourist Baba nannte, auf dem Durbar Square, im Herzen der nepalesischen Hauptstadt Kathmandu. Sein safrangelbes Tuch war immer perfekt sauber und gebügelt, und dazu trug er einen mit Leopardenfellmuster bedruckten *Dhoti*. Schon von weitem war dieser imposante, stolze Mann nicht zu übersehen. Tourist Baba hatte sich

zum esoterischen Tour-Guide gemacht, und bot Besuchern Tempeltouren und illegale Substanzen an. Tourist Baba war fast so etwas wie ein mobiles Reisebüro.

In Indien ist der Preis von *Charas*, dem Haschisch, das die *Sadhus* konsumieren, gewaltig in die Höhe geschossen. Die heiligen Männer können sich ihre Freiheitsdroge nicht mehr leisten, weil Hippies aus dem Ausland sie aus dem Markt gedrängt haben. Aus diesem Grund hängen auch immer mehr *Sadhus* mit Ausländern herum, vor allem in den spirituell-touristischen Schmelztiegeln des Manali-Tals in Himachal Pradesh, in der kleinen Heiligenstadt Pushkar in Rajasthan und natürlich an den Ufern des Ganges in Rishikesh und Benares. Und manch einer der jungen Westler, der lediglich vom Ausstieg aus der eigenen vermeintlich korrupten, kriegs- und geldbesessenen Gesellschaft träumt, versucht sich am *Sadhutum*, wirft seinen Pass in den Ganges und lebt in Höhlen, Wäldern und Touristencafés. Die *Juna Akhara* soll mehr als zweihundert ausländische *Naga Sadhus* unter ihren Mitgliedern haben. Sind das „Plastik-Babas" oder steckt mehr dahinter?

## Sannyasi Swami Satyamitranand

Swami Satyamitranand ist das Oberhaupt eines der größten Tempel in Hardwar, des Bharat Mata Mandir. Er ist *Sannyasi* und ein Mitglied der *Niranjani Akhara*. Der *Swami* ist auch ein international bekannter Dozent, der weltweit über Hinduismus und Philosophie spricht.
Sein *Ashram* bietet Essen für die Armen, ein Physiotherapiezentrum, Hilfe für Behinderte, Hilfe im Falle von Naturkatastrophen, ein Altersheim und Unterkünfte für Pilger. Außerdem finanziert der *Ashram* die Veröffentlichung diverser religiöser Publikationen.
Swami Satyamitranand erklärt das Leben des *Sadhus*: „Der Sannyasi lebt in völliger Freiheit. Er trägt keinerlei Verantwortung und ihm steht seine Lebenszeit zur Verfügung, um sich selbst zu reali-

sieren. Vor ungefähr 1300 Jahren, im 8. Jahrhundert also, fand der Bhagwan Adi Shankara (ca. 788-820), auch Shankarcharya genannt, dass die Bevölkerung sich ohne die Hilfe von Sadhus nicht weiter auf die Entwicklung der Gesellschaft konzentrieren könne. Er gründete sechs Akharas, sechs Sadhu-Kulte und - anderen Berichten zufolge - vier Klöster in Indien.

Die erste Pflicht eines jeden Sadhus ist es, das innere Selbst, das Atma, zu erkennen. Wenn der Sadhu dieses Ziel erreicht hat, kann er beginnen, der Gesellschaft beizustehen. Sannyasis leben als Einsiedler, manche leben im Schatten eines Baums, andere in Höhlen. Vor mehr als tausend Jahren gründeten Sannyasis schon Schulen, die Sanskrit unterrichteten.

Das bedeutet, dass Sadhus der Gesellschaft nicht viel nehmen. Lediglich das Böse nehmen sie auf sich. Die Weisheit hat nun einmal keinen Preis. Wenn Sie keine Weisheit, keinen Intellekt besitzen, sind Sie für Ihre Gesellschaft, für Ihre Familie und sogar für sich selbst wertlos."

Der *Swami* ist allerdings auch den eigenen Kollegen gegenüber kritisch: „Die Sannyasis sollten eigentlich die heiligen Texte kennen, die Brahmasutra, die Bhagavad Gita und die Upanishaden. Es ist sehr traurig, dass neunzig Prozent aller Sadhus Analphabeten sind und dass sie den ganzen Tag Charas konsumieren. Das wird von unseren großen Lehrern nicht empfohlen. Es ist schwer zu sagen, wie dieser Absturz begonnen hat. Aber diese Sadhus sind keine guten Beispiele für die Gesellschaft, und man sollte ihnen nicht folgen."

Der Swami sieht eigentlich ganz andere Voraussetzungen für das Leben eines *Sadhus*: „Wenn Sie realisieren, dass die Welt sterblich ist, dass die Welt eine Illusion ist, dann können Sie zum Sannyasi werden. Dann ist es Zeit, die hinduistischen Texte zu lesen, aber als Mensch, nicht als religiöser Fanatiker. Sadhus sind keine Fundamentalisten. Das Denken der Sannyasi ist wie ein riesiger Ozean. Jeder ist willkommen und kann tiefer und tiefer eintauchen, um den Puls dieses Sannyasi-Ozeans in sich zu spüren."

Auch für die *Akharas* hat Swami Satyamitranand nicht viel übrig: „Ich habe keine regelmäßigen Kontakte zu meiner Akhara. Die Oberhäupter dieser Institutionen sollten ihre Ideologie modernisieren, dann können wir das System ändern. Eigentlich sollte es die Pflicht der Akharas sein, neue Institutionen zu gründen – Schulen und Ausbildungszentren für ihre Sadhus. Aber die Akharas kümmern sich nur um ihre Ländereien und Geschäftsinteressen und sammeln Geld ein. Und Hymnen rezitieren sie. Ein paar Akharas haben Schulen für Blinde und Camps für Behinderte geöffnet, aber weiter gehen diese Aktivitäten nicht."

Swami Satyamitranand ist ein Optimist: „Alles ändert sich blitzschnell. All diese Institutionen denken jetzt, sie hätten sich schon lange reformieren sollen. Mehr und mehr Camps für Pilger werden gegründet, wo Yoga und Meditation angeboten wird. Ich bin mir sicher, dass sich das Sannyasitum in den nächsten zehn Jahren zu neuer Größe und Brillanz entwickeln wird."

## Die Macht der Sadhus

Während der *Kumbh Mela* in Allahabad kommen Fragen, was nun ein echter *Sadhu* oder ein „Plastik-Baba" ist, nicht auf. Es geht um offenbar Wichtigeres.

Ein kaum bemerkenswerter und eigentlich unbedeutender Zwischenfall am Rande des Melatrubels hat tausende von *Sadhus* in Rage versetzt.

Im Camp der *Juna Akhara* macht ein skandalöses Gerücht die Runde – in einer Zeltstadt für Touristen, Kilometer weit weg am Rande des gigantischen *Melageländes*, soll sich ein ausländisches Mädchen „oben ohne" in der Sonne gebräunt haben.

Die *Sadhus* sind außer sich. Das heiligste Fest der Hindus, eine Versammlung für Gebete und die Vergebung von Sünden ist beschmutzt worden. Die wütenden Heiligen verlangen, dass diese Zeltstadt, die einzige relativ komfortable Unterkunftsmöglichkeit während des Festes, sofort geschlossen wird. Sonst, so die *Sadhus*,

gäbe es keine weiteren Badetage, und die Pilger könnten alle nach Hause gehen.
Ein Bluff, aber was für ein Bluff.
Stunden später tauchen der Staatsminister, der Distrikt-Kommissar, der Chefinspektor der Polizei und eine ganze Armee kleinerer Bürokraten, Würdenträger und Leibwächter im Camp der *Juna Akhara* auf, um die Repräsentanten der *Sadhus* zu beschwichtigen. Während der Staatsminister seine Schuhe ausziehen muss, im Sand zwischen den bekifften Heiligen herumläuft und sich in alle Richtungen verbeugt, stellt Casio-Baba sein altes Keyboard an und spielt eine verzerrte, anarchische und irritierende Melodie, die er mit seiner ebenfalls nicht allzu musikalischen Stimme begleitet. Neben ihm steht ein *Sadhu* an eine Schaukel gelehnt. Dieser Mann hat die letzten sieben Jahre im Stehen verbracht. Ein weiterer Heiliger, der seine Augen hinter einer Spiegelbrille versteckt, versucht seinen Penis um eine Eisenstange zu wickeln.
Vor dem Hintergrund der sehr ernsthaften und ausufernden politischen Diskussion des Ministers und eines winzigen *Sadhus*, der mit einer Flöte im Gesicht des Politikers herumfuchtelt, ist dies ein unvergessliches Spektakel.
Das Leben der *Sadhus* mag mit der Suche nach Weisheit nichts zu tun haben. Vielmehr ist es die Randerfahrung der *Sadhus*, der Schritt ins Unbekannte, die Reise durch unsere Welt und doch außerhalb unserer Welt, welche diese Menschen so außergewöhnlich macht und uns eine philosophische, wenn auch schwer nachvollziehbare Alternative zum alltäglichen Leben vorgaukelt.

*Naga Sadhus auf dem Weg zum heiligen Bad, während der Maha Kumbh Mela, Allahabad, 2001*

# Hardwar

# Die Stadt der Pilger

Hardwar hat sich in den Jahren seit unserem letzten Besuch unaufhaltsam entwickelt, und an jeder Straßenecke schießen neue Hotels und *Ashrams* aus dem Boden.
Mitte Mai ist die Stadt voller Pilger, die hier ihren *Char Dham* beginnen. Der Verkehr ist sagenhaft, und es ist kaum möglich, die vormals recht ruhige Hauptstraße, die Railway Road, zu überqueren.
Hardwar liegt kaum vierhundert Meter über dem Meeresspiegel, und im Mai ist es unerträglich heiß. Aber man kommt ja, um kurz der *Ganga Aarti* beizuwohnen und dann weiter in die Berge, immer vor der Schneeschmelze her, zu den vier heiligen Quellen des Garhwal zu reisen, die alle auf über 3000 Metern liegen.
Wer an diesen Quellen badet und betet, der wird von weltlichen Schmerzen erlöst, das wissen Pilger, die aus ganz Indien anreisen.

Der erste Stop des *Char Dham Yatra*, der Pilgerfahrt von Hardwar zu den vier Quellen, ist normalerweise Yamunorti, die Quelle des Yamuna, im westlichen Garhwal.
Es folgen Gangotri, die Quelle des Bhagirathi, darauf Kedarnath, die Quelle des Mandakini, und schließlich Badrinath, durch das der Aleknanda fließt, der in Tibet entspringt.
Der Mandakini stößt in Rudraprayag auf den Aleknanda, welcher sich in Devprayag schließlich mit dem Bhagirathi vereint und zum Ganges wird.
Mindestens drei Hauptflüsse und viele, viele Nebenflüsse und Rinnsale vereinigen sich also im Garhwal und werden zum Ganges.
Die heiligste der Quellen, die des Bhagirathi, liegt nahe Gangotri, unserem Ziel.
Badrinath ist derzeit nach einem Landrutsch von der Außenwelt abgeschnitten. 45.000 Pilger sitzen am Tempel oder entlang der Straße in Richtung Rishikesh fest.

*Prayag* bedeutet übrigens Zusammenfluss.
Neben den vielen Prayags im Garhwal wird aus diesem Grund auch Allahabad, wo sich der Yamuna, Ganges und Saraswati treffen und wo alle zwölf Jahre die größte der *Kumbh Melas*, die *Maha Kumbh* stattfindet, von Hindus als *Prayag* bezeichnet.

Seit im Jahre 2000 der Staat Uttaranchal, Hauptstadt Dehra Dun, von Uttar Pradesh, Indiens größtem Staat, der immer bevölkerungsreicher und unregierbarer wird, unabhängig geworden ist, versucht die staatliche Touristenbehörde das Pilgergeschäft, das ohnehin schon gigantisch ist, weiter anzukurbeln.
Dabei ist Uttaranchal einer der schönsten Staaten Indiens. In den zwei Distrikten Garhwal und Kumaon leben nur rund neun Millionen Menschen – also deutlich weniger als in Delhi – meist in kleinen Dörfern auf ca. fünfzigtausend Quadratkilometer verstreut. Die Menschen sprechen Hindi als Zweitsprache, die Dialekte der zwei Distrikte habe zu Hause den Vorrang, und das Leben dreht sich weitgehend um die Landwirtschaft.
Die Pilger werden von den Einheimischen wie Touristen aufgenommen. Man sieht sie als Einnahmequelle und ist froh, dass die Saison nur ein paar Monate andauert.

Vor fünfzig Jahren brauchten die Pilger zu Fuß, auf dem Rücken eines Pferdes oder gar in einer *Palki*, einer von vier Trägern geschleppten Sänfte, für die *Char Dham Yatra* drei bis vier Monate. Immerhin waren das fast tausend Kilometer über holprige Bergwege, Sturzbäche und Geröllhänge. Tausende überlebten die Reise aufgrund des ungewohnten Klimas und der wahnsinnigen Strapazen nicht.
Heute wird die Reise zu den Göttern per Bus oder Jeep bewältigt und dauert kaum zwei Wochen. Die Zahl der Pilger steigt von Jahr zu Jahr, und Hardwar ist so etwas wie ein spirituelles Sammelbecken geworden. Schlecht fürs Geschäft ist das ja nicht.

Aber die Priester, die in Hardwar das Sagen haben, waren schon immer geschäftstüchtig. Als der britische Ingenieur Proby Thomas Cautley 1840 den Ganges vor Hardwar in einen Kanal abzweigen wollte, stellten sich die Brahmanen zunächst quer. Verständlicherweise schien das Verlegen des Laufes der Göttin, der Mutter Ganges, wie eine Gotteslästerung.
Der gewitzte Engländer aber schlug vor, lange Ghats entlang des Kanals zu bauen, an denen Pilger ihre Gebete verrichten könnten. Zudem – so erläuterte er - würde der Wasserfluss im Kanal ja viel sicherer und kontrollierbarer sein. Die Priester dachten darüber nach und erkannten schnell den finanziellen Vorteil des Unterfangens. Nachdem der Kanal, der von einer kastenlosen Minderheit ausgehoben wurde, 1854 fertiggestellt war, wurden neue *Dharamshalas* entlang des Kanals errichtet. Seitdem zieht die Stadt immer neue Pilger an und wurde zu dem religiösen Disneyland, das sie heute ist.
Der Gangeskanal war übrigens ein Erfolg für die Engländer und bewässert bis heute mehr als 9000 Quadratkilometer Agrarland in Uttaranchal und Uttar Pradesh.

Westliche, spirituell angehauchte Touristen wandern eher nach Rishikesh - nicht, weil man dort die Erleuchtung schneller findet, sondern weil die Beatles den kleinen Ort fünfundzwanzig Kilometer flussaufwärts 1968 besuchten und berühmt machten, und auch weil Rishikesh etwas ansehnlicher als Hardwar ist.
Für den indischen Pilger ist Hardwar jedoch von viel größerer Bedeutung. Neben der allabendlichen *Ganga Aarti* finden sich in Hardwar unzählige Tempel und *Ashrams*. Und das ist wohl schon Jahrtausende so, denn Hardwar wird bereits in den *Veden* (1200 bis 500 v. Chr.) und *Upanishaden* (Schriften, die teilweise zu den *Veden* gehören) erwähnt. In diesen heiligen Schriften wird die Stadt Mayapuri genannt.
Archäologische Funde bestätigen das und weisen auf eine dreieinhalbtausend Jahre alte Terrakottakultur hin.

Der Name Hardwar oder Haridwar setzt sich aus den Worten *Hari* (Sanskrit: Gott) und *Dwar* (Sanskrit:Tor) zusammen. Der Unterschied zwischen Hardwar und Haridwar hat auch religiöse Ursprünge. *Har* symbolisiert Shiva, *Hari* symbolisiert dagegen Vishnu. Es kommt also ganz auf die individuelle Ausrichtung des Glaubens an, wie man die Stadt nennt.
Nicht zuletzt ist Hardwar auch der Sitz der dreizehn *Akharas*, der monastischen Orden oder Interessensverbände der *Sadhus*.

Schon vor dem Bahnhof von Hardwar ist die Hölle los. Tausende von Pilgern warten darauf, irgendwohin verfrachtet zu werden. Die meisten sehen aus, als ob sie keine Ahnung hätten, wo sie sind, als ob die Reise aus dem vertrauten Dorf in die Weite Indiens vielleicht doch ein Fehler war.
Dürre, sonnenverbrannte Dörfler aus Rajasthan sitzen im Schatten und rauchen *Bidis*, während reiche, schwergewichtige Familien aus dem industriellen Gujarat laut nach Transport rufen.
Mädchen in hautengen Jeans aus Delhi und Mumbai versuchen, den ihre Moral mit Argusaugen überwachenden Eltern zu entkommen, während *Sadhus* ihre wenigen Habseligkeiten schultern und sich auf den Weg zu einem *Ashram* oder Tempel machen.
Auf der Straße geht es ähnlich geschäftig zu: Fahrrad- und Auto-Rikschas, Pferdekarren, Autos, Jeeps, Busse, Kühe, Hunde und Menschen. Am besten alles zur gleichen Zeit. Die Railway Road wird von lauten, farbenfrohen Swami-Prozessionen zum völligen Stillstand gebracht. Die Kühe laufen und liegen überall herum und besinnen sich immer wieder auf das gottgegebene Recht, den Verkehr abzuwürgen.
Der immer schlimmer werdende Verkehr ist eigentlich der einzige Fortschritt in der Stadt.
Die Globalisierung, die Moderne, von der viele Städte Indiens so ergriffen und fasziniert sind, bedeutet hier nichts. Hardwar gärt seit Jahrhunderten in der Religion, und das macht die Stadt irgendwie attraktiv und faszinierend, auch für einen Agnostiker.

Die spirituelle und kommerzielle Energie ist mitreißend.
Und wie in Niederbayern und Süditalien, wie in Dallas, Ryadh und Jerusalem wird die Religion hier ernst genommen. Bis 1940 durften keine Moslems in Hardwar leben oder in der Stadt übernachten.
Heute leben zwar 30 000 Moslems hier, aber die nächste Moschee ist acht Kilometer weit weg in Japalpur. Soweit geht die Toleranz des orthodoxen Kerns des Hinduismus nicht.
Alkohol, Drogen und Prostitution sind ebenfalls strikt untersagt, die Sadhus dürfen allerdings machen, was sie wollen. Tun sie auch.
Das Essen in den zahllosen *Dhabas* und Restaurants ist „Strictly Indian" und streng vegetarisch.
Auch der Verzehr von Eiern, Knoblauch und Zwiebeln ist streng verboten.
Die Verbote ergeben sich aus der traditionellen Teilung des Essens in drei *Gunas*, die Kräfte, aus denen die Urmaterie zusammengesetzt ist
*Gunas* haben ihre Wurzel im *Samkhya*, einem der ältesten philosophischen Systeme indischen Ursprungs, und werden in der *Baghavad Gita* genau vorgestellt.
Diesen Schriften zufolge verehren Menschen, bei denen die erste der drei *Gunas*, Sattva, vorherrscht, die Götter und essen milde, saftige Speisen, also Gemüse, Obst, Getreide und Nüsse.
Die zweite *Guna* Kraft, Rajas, beherrscht Menschen, die Dämonen und Halbgötter verehren und gerne scharfe Speisen essen.
Kaffee, Knoblauch, Zwiebeln und schwarzer Tee sind rajasisch.
Die dritte *Guna*, Tamas, findet sich in hoffnungslosen Menschen, die Geister und Gespenster verehren und Gerichte verzehren, die nach gar nichts schmecken. Fleisch, Fisch, Alkohol und Eier sind die Speisen jener Menschen, welche von der dritten Kraft erfüllt sind.
Da Hardwar als sattvische Stadt gesehen wird, schon weil so viele Brahmanen hinfahren, gibt es (theoretisch zumindest) keine tamasischen oder rajasischen Gerichte.

Keine Frage also, in welche Gruppe die Kunden von McDonalds gehören. Aber einen McDonalds gibt es in Hardwar natürlich nicht.
Ich frage mich, wer entschieden hat, Kaffee als Rajasisch zu bewerten, denn in den *Veden* stand sicher nichts von Kaffee, der zum ersten Mal in Äthiopien im 9. Jahrhundert nach Christus erwähnt wird.
Im heiligen Pilgerort Gangotri, in dem die gleichen Regeln wie in Hardwar gelten, betreibt ein *Swami* einen *Ashram*, in dem es entgegen den *Gunas* Zwiebeln gibt.
Wie erklärt sich das?
Die Zwiebeln werden von dem Swami, der hier anonym bleiben soll, heimlich sackweise in den Pilgerort und seinen *Ashram* geschmuggelt. Dem Swami sind die *Gunas* offensichtlich nicht so wichtig, denn er ist *Ayurvediker* und im *Ayurveda*, der traditionellen indischen Heilkunst, spielen Zwiebeln eine wichtige Rolle.
Wieder einmal zeigt sich das indische Religionsgefüge flexibel.

## Das Wiedersehen

Rajiv Roshan ist der Superheld Hardwars - und unsere erste Anlaufstelle.
Rajiv und ich haben 2001 als Aufnahmeleiter an einem deutschen Dokumentarfilm über die *Maha Kumbh Mela* in Allahabad mitgearbeitet und uns seitdem sporadisch hier und da in Indien wiedergesehen.
Der Zweiundvierzigjährige ist Besitzer einer Reihe Kinos und einer Reiseagentur, Roshan's Travel.
Rajivs Familie, allesamt gläubige Hindus, stammt ursprünglich aus Lahore im heutigen Pakistan, wo sein Großvater schon Kinos betrieb.
Zur Zeit der *Partition*, der blutigen Teilung des britischen Kolonialreiches im Jahre 1947, aus der Indien, West- und Ostpakistan (später Bangladesh) entstanden und in deren Chaos fast fünfzehn

Millionen Menschen ihre Heimat verließen, mussten auch die Roshans ihre Sachen packen und nach Indien fliehen. Sie hatten Glück, denn sie entkamen den Hindu-Moslem-Massakern im Panjab, in denen bis zu einer Million Menschen starben. Die Roshans ließen sich in Hardwar nieder.
Rajiv ist glücklich mit Sukanya verheiratet und hat zwei Kinder, den schelmischen neunjährigen Sohn Sunil und die aufgeweckte vierzehnjährige Tochter Anjali.

Rajiv war in seinem früheren, jüngeren Leben Rallyefahrer und geht heute im Garhwal zum Heli-Skiing. Zudem ist er als Aufnahmeleiter für diverse europäische Dokumentarfilmproduktionen aktiv. Vor ein paar Jahren adoptierte er einen verwaisten Elefanten namens Yogi, der nun in einem Hanffeld im Rajaji National Park ein glückliches Leben führt.
Rajiv ist ein hinduistischer Nationalist, was vielleicht etwas mit der unglücklichen Flucht der Eltern aus dem heimatlichen Lahore zu tun haben mag.
Dennoch mag ich den Mann. Rajiv hat immer einen Plan parat. Er kennt den Garhwal wie seine Westentasche, organisiert er doch seit Jahren Trekking-, Fluss- und Skitouren in Uttaranchal.
Rajiv ist auch das perfekte Bindeglied zwischen indischer Vergangenheit und Gegenwart. So patriotisch er sein mag, so weltoffen und begeistert ist er, wenn er Besuchern die schönsten Seiten des Garhwal zeigen kann. Und als Aufnahmeleiter fürs Fernsehen unternimmt er auch Reisen in den dunkelsten Untergrund der indischen Gesellschaft – in die Bordelle Mumbais oder zum Fest der Eunuchen Indiens in Tamil Nadu. Rajiv kennt sich aus.

Wir treffen Rajiv in seinem Büro, Roshan's Travel. Rajiv sieht kerngesund aus, sein von Unternehmungsgeist getriebenes Leben steht ihm ins Gesicht geschrieben. Er lädt uns zum Mittagessen nach Hause ein, wo wir die gesamte Roshan-Familie im Wohnzimmer antreffen.

Das Familienoberhaupt ist Rajivs vierundachtzigjähriger Vater, der mit seinem militärisch knapp gehaltenen Schnurrbart die Rolle des Patriarchen perfekt erfüllt. Rajivs Bruder ist neunundzwanzig und unverheiratet, was dem älteren Bruder Sorgen bereitet.
Ein Familientrip ist geplant, denn Rajiv ist schon wieder mit einem Fuß in den Bergen.
„Wir planen einen kurzen Trek nach Tungnath, dem höchsten Shiva-Tempel der Welt. Ich bin gerade dabei, einen Werbeclip für Uttaranchal Tourism zu produzieren, und Tungnath ist der beste Ort, wo wir einen Monal, einen ganz seltenen Vogel, filmen können."
Der *Monal,* zu deutsch Glanzfasan genannt, ist ein wunderschönes Tier, das auf einer Höhe von rund dreitausend Metern zu Hause ist. Der dichte Federmantel des *Monal* ist knallig blau und in den karg bewachsenen steilen Abhängen des Himalaya von weitem zu sehen. Das hat den Vogel im 19. Jahrhundert zu einer beliebten Beute britischer Jäger gemacht, und heute ist der *Monal*, immerhin das Symbol Nepals und Uttaranchals, einen Seltenheit geworden.
„Außerdem will ich die Kinder filmen, wie sie den Berg hochtrekken, das kommt dann auch noch in den Film. Ich nehme eine Zwei-Mann Kamera-Crew und eine Digi-Beta Kamera aus Delhi mit."
Mit von der Partie ist auch der sechzehnjährige Gopal, der derzeit rebellierende Sohn von Rajivs Schwester, der seinen Namen in fetten gotischen Buchstaben auf den linken Arm tätowiert hat.

In Rajivs Büro treffen wir Naresh, einen ungefähr fünfzigjährigen Fotografen aus Delhi, der sich auf Bilder der Tier- und Pflanzenwelt Indiens spezialisiert hat.
Auch Naresh will den *Monal* fotografieren und hat seine eigene kleine Crew mit dabei – seinen neunzehnjährigen Neffen und Assistenten Babu, seine siebzehnjährige Tochter Urvashi und seine neunzehnjährige Freundin Manjula.
Naresh ist ein großer Mann. Mit seinem grauen Bart und langsam

absackenden Wohlstandsbauch, seinen abgewetzten Polohemden und teuren Trekkinghosen, seiner Nikon D200, die er ganz lässig über die Schulter hängen hat, vermittelt er jedem, der sich in seiner Anwesenheit befindet, dass man einen großen Künstler und einen Vollprofi vor sich hat.

Dieser Eindruck wird noch vertieft, als er uns eine Reihe seiner Bilder auf Rajivs Computer zeigt. Unglaublich schöne und farbige Eindrücke von Tigern im Corbett Nationalpark, von Pilgern in Allahabad, von Sadhus in Hardwar, von ein paar leichten Mädchen in Thailand.
Naresh war schon überall und verliert auch keine Zeit, weitschweifig von den hunderten Reportageaufträgen zu erzählen, an denen er über viele Jahre hinweg gearbeitet hat.
„Meine Agentur verkauft meine Bilder für tausende Dollar."
Nareshs Ausrüstung ist die beste und teuerste, die sich ein Fotograf nur wünschen kann. Viele der Fotografen, die man in Asien trifft, sind hemmungslose Angeber und Egozentriker, die nur wenig gute Arbeit produzieren, aber Nareshs Bilder der halbnackten Frauen beim Gebet am Ganges in Allahabad sind wie ein Gedicht, einfach wunderschön. Ich bin beeindruckt.
Um diesen positiven Eindruck ein wenig zu erschüttern, lässt Naresh seinen Assistenten Babu, der selbst Fotograf werden will, aber eigentlich zu harmlos und weltfremd ist, wie einen Sklaven herumrennen, und spricht mit seiner Tochter im Befehlston. Mit der attraktiven Manjula spricht er gar nicht.
Nachdem er sein persönliches Feuerwerk beendet hat, wendet er sich an mich.
„Wo haben Sie denn in Indien schon gearbeitet?"
Ich erzähle ihm von dem Film über die *Kumbh Mela* in Allahabad, an dem ich mit Rajiv gearbeitet habe.
„Da war ich natürlich auch, das konnte man ja nicht verpassen. Mein Buch über die Maha Kumbh Mela in Allahabad ist fast fertig. Das wird ein Bestseller. Was haben Sie denn noch gemacht?"

Ich erzähle Naresh von meinem Buch über Rajasthans fürstliche Hotels.
„Die Rajputen, das sind meine besten Freunde. Maharaja Gaj Singh in Jodhpur kenne ich schon seit Jahren."
Natürlich war Naresh schon Jahre vor mir dort, hat an einer besseren Story gearbeitet und immer die richtigen Leute getroffen. Auch Charles Sobhraj, Südasiens berüchtigtsten Massenmörder, mit dem ich 2004 im Gefängnis von Kathmandu ein Interview führte, kennt er schon seit Jahren.
„Ich kenne Charles natürlich. Ich hatte regelmäßig Kontakt mit ihm, nachdem er 1997 aus dem Tihar Gefängnis (in Delhi) entlassen worden war. Eigentlich sollte ich mit ihm nach Frankreich zurückreisen, um eine lange Magazin-Story zu fotografieren. Leider rief er mich im letzten Augenblick an, weil er die Rechte an einen Fernsehsender verkauft hatte, und so ist diese Reise nie zustande gekommen. Aber er hat mich damals noch vom Flugplatz in Delhi angerufen, um mir wichtige Informationen über eine geplante Flugzeugentführung, von der er in Tihar gehört hatte, zu übermitteln. In Tihar kannte Sobhraj einfach alle und hatte jede Menge Insiderinformationen."
Später am Abend sitzen wir zusammen, und ich frage Naresh, was denn sein Eindruck von Charles Sobhraj gewesen sei.
„Sobhraj war ein unheimlich cleverer Typ. Er konnte seinen Akzent und seine Persönlichkeit immer wieder völlig verändern. Ich glaube, meine Frau, eine Journalistin, hat auch einmal ein Interview mit ihm gemacht."

Charles Sobhraj ist in Indien bekannter als Elvis Presley. Ein Rajputen Prinz erzählte mir vor einigen Jahren, wie Eltern in Rajasthan ihren Kindern drohen, dass Sobhraj nachts käme, um sie zu fressen, wenn sie nicht gehorchen. Mehr als zwanzig Menschen soll Sobhraj um die Ecke gebracht haben. In Thailand ist er als der Bikini-Killer bekannt, weil seine Opfer in Pattaya am Strand gefunden worden waren. Ich fand Sobhraj tragisch, beängstigend

und sehr gefährlich, aber vor allem hatte ich das Gefühl, einen völligen Versager vor mir zu haben, der angeblich unzählige Menschen beklaut und den größten Teil seines Lebens hinter Gittern verbracht hatte. Denn wegen Mordes wurde Sobhraj erst 2004 verurteilt, kurz nach meinem Interview.
Auf alle Fälle sind die Eskapaden des in Saigon geborenen, charismatischen, mit Edelsteinen handelnden Psychopathen Sobhraj jedem Inder, der lesen kann, bekannt.
Die neunzehnjährige Freundin Manjula ist sehr schweigsam und schaut mich mit großen, mandelbraunen Augen an, während ich mich mit dem berühmten Naresh unterhalte. Eine Spur der permanenten Langeweile ist in ihrem Gesicht zu erkennen.

## Die Ganga Aarti

Nachdem wir uns also alle ein bisschen kennengelernt haben, laufen wir in die Stadt, um die *Ganga Aarti* zu besuchen.
In Hardwar ist das Wasser des Ganges noch immer blau, gletscherblau, zumindest im Mai.
An einem Sommerabend versammeln sich im Schnitt 30.000 Menschen auf den Ghats der Stadt für die *Ganga Aarti*, die Fluss-*Puja*, die Zeremonie zu Ehren von *Ganga Mai*, der Mutter Ganges.
Jung und alt, hohe und weniger hohe Kasten, mit Asche eingeriebene Heilige, Gläubige und Wahnsinnige versammeln sich am Rande des brodelnden, dahinbrausenden Wassers und warten geduldig auf den glitschigen Stufen, bis die *Puja* beginnt.
„Wie heißen Sie bitte, Sir?", fragt mich ein junger Man mit einem offiziell aussehenden Quittungsblock in der Hand und versucht, mir den Weg zu versperren.
„Wir sind von der Ganga Support Group..."
Naresh ruft mir über die Schulter zu: „Ignorieren."
Ich weiche dem Mann aus, der wie ein Basketballspieler versucht, mich am Weitergehen zu hindern und mir schließlich wütend

hinterher ruft: „Sie müssen eine Spende abgeben, wenn Sie auf den Ghat wollen. Sie müssen 100 Rupien spenden."
Ich schaue mich um, und keine der Pilgergruppen, die an uns vorbeilaufen, schenken dem Mann oder seinen zahlreichen Kollegen, die in der Menge herumwimmeln, die geringste Beachtung.

An den *Ghats* baden die Menschen. Der Gangeskanal fließt hier mit gewaltigem Tempo, und schwere Ketten sind in die Stufen eingelassen, an denen sich die Gläubigen festhalten können, um nicht in den Strom gerissen zu werden.
Die Pilger klammern sich voller Angst an diese Ketten, halten die Luft an und tauchen in die eiskalten Fluten ein. Die Alten tauchen schweigend unter und zitternd wieder auf, die Jungen springen schreiend auf die *Ghats* zurück oder lassen sich waghalsig ins Wasser fallen, um ein Stück den Kanal hinunterzutreiben. Kinder eben.
*Pandits*, seriös aussehende, sehr geschäftstüchtige Brahmanen, sitzen auf kleinen, steinernen Podesten, umgeben von Familien und Pilgergruppen, allzeit bereit, gegen ein stolzes Entgeld, Zeremonien, die der Reinigung von Sünden dienen oder bei den Verbrennungen üblich sind, durchzuführen, denn die wenigsten Pilger verstehen genug Sanskrit, um diese Rituale selbst zu vollziehen.
Die *Pandits* haben große, in roten Stoff gebundene Bücher neben sich, die Familienchroniken enthalten. Die Pilgerfamilien kommen auch nach Hardwar, um ihren *Pandit* zu finden, der bei jedem Besuch eines Familienmitglieds den Familienstammbaum, der womöglich hunderte von Jahren zurückgeht, aktualisiert.
Die Hauptfunktion der *Pandits* in Hardwar ist es, diese Chroniken auf dem neuesten Stand zu halten.
Am *Hauptghat*, dem Har-Ki-Pairi, stehen die Pilger auf beiden Seiten des Kanals dicht aneinandergepresst. Die *Pandits* tragen große Messingtabletts, beladen mit Kerzen und rotem Farbpuder, und streifen durch die Menge, immer bereit, Besucher für ein paar Rupien zu segnen.

Das ganze hinduistische Indien ist hier versammelt.
Stolze Rajasthanis mit neonfarbenen Turbanen auf dem Kopf drängeln sich zwischen wohlhabenden Familien aus Bengalen, Mumbai oder Gujarat hindurch. Halbwüchsige Jungen in Stretch-Jeans und Polohemden, die Kragen hochgeschlagen, versuchen, mit ihren Handys Schnappschüsse von ihren Freunden zu machen, und kleine Kinder aus Hardwar, in Fetzen gehüllt, rennen in der Menge herum, vielleicht auf der Suche nach etwas Essbarem oder leichter Beute.
Aroon findet schließlich direkt am Fluss einen alten Tisch, auf dem sie stehen kann, um über die Pilger hinwegzuschauen, aber als die Zeremonie beginnt und die Priester sich auf der gegenüberliegenden Seite des Kanals versammeln, zwingt ein aufgeregter Vater seine drei Töchter ebenfalls auf diesen Aussichtspunkt, und bei der Schubserei ist kein Foto zu machen.
Die *Ganga Aarti* verläuft lautstark. *Bhajans* knallen aus zahlreichen Lautsprechern, die Menge ist fasziniert und glücklich. Tausende von Opfergaben werden auf kleine Flöße, die aus einem einzigen Blatt gefertigt sind, geladen, mit einer Kerze versehen und auf die Reise den Fluss hinunter geschickt.
Die Priester schwenken große, brennende Karaffen voller *Ghi* auf und ab. Man spürt sofort, wie verzaubert vor allem die einfachen Dorfmenschen sind, die wahrscheinlich zum ersten Mal in ihrem Leben, tausende von Kilometern von der Heimat entfernt, dieses sanfte, wunderschöne Spektakel erleben.
Zwanzig Minuten später ist auch schon alles wieder vorbei, und die Menge wird von *Lathi* schwingenden Polizisten von den *Ghats* in die Stadt und zu ihren *Dharamshalas* getrieben.
Auf den *Ghats* verkaufen fliegende Händler kleine, in der Dunkelheit leuchtende Spielzeuge und Anhänger. Dieser Handel ist illegal, und die Polizei tut ihr Bestes, um die jungen Händler über die *Ghats* und Brücken in Richtung Stadt zu jagen.
Gerade als wir den Har-Ki-Pairi Ghat verlassen, hält ein junger Polizeibeamter einen der schwerbeladenen Händler an und versucht,

den Mann zu verhaften. Der Verkäufer kapituliert sofort vor dem Bambusstock des Beamten, aber innerhalb von Sekunden taucht ein muskulöser, gewalttätig aussehender Mensch aus der Menge auf, tritt zwischen die beiden Männer und brüllt den Polizisten wütend an.

Der Polizist droht mit seinem Stock, aber das macht diesen *Gunda* - so nennt man Kleinkriminelle in Indien - nur noch gefährlicher. Dieser fängt nun an, den Polizisten vor sich her zu schubsen, welcher aber seinen Fang nicht aufgeben und loslassen will. Der *Gunda* zieht einen Ausweis aus der Hosentasche und brüllt weiter auf den Polizisten ein.

Der Händler versucht, sich so klein zu machen wie möglich, starrt ausdruckslos vor sich hin und wartet ab, was passiert. Der *Gunda* schubst den Polizisten immer weiter vor sich her und hält ihm wütend den Ausweis ins Gesicht. Gleich wird der Polizist aufgeben. Er sieht sich um, aber seine Kollegen sind weit und breit nicht zu sehen. Tausende von Pilgern laufen kreuz und quer um uns herum, und mit einem resignierten Gesichtsausdruck lässt er den Händler schließlich los, der sofort im Mahlstrom untertaucht und verschwindet.

Der *Gunda* lacht dem Polizisten ins Gesicht, plustert sich auf und marschiert davon.

# *Rishikesh*

*Die Shivanand Jhula Brücke in Rishikesh*

Wenn Hardwar dem Besucher wie Disneyland vorkommen mag, ist Rishikesh, fünfundzwanzig Kilometer den Ganges aufwärts, der wohl größte religiöse Supermarkt der Welt.
Wie Hardwar ist Rishikesh ein Ausgangspunkt für die *Char Dham Yatra* und die Heimat diverser Heiliger, Weiser, Asketen und Propheten. Und schließlich ist Rishikesh auch noch die wichtigste Yogastadt der Welt.
Das liegt an den Beatles.
1968 besuchten John, Paul, George und Ringo (zusammen mit ihren Frauen, sowie Mia Farrow und Donavan) Maharishi Mahesh Yogi, und seitdem kommen tausende mehr oder weniger esoterisch gesinnte Westler jedes Jahr in die Stadt.
Die Beatles waren letztendlich vom Maharishi nicht sonderlich begeistert, zumal dieser wohl genauso viel Interesse am Geschäft wie am Meditieren hatte. Vielleicht haben die *Fab Four* den Maharishi von vornherein missverstanden, denn in Indien besteht, wie sich auch heute in Rishikesh zeigt, kein Widerspruch zwischen Geldmacherei und der Suche nach Erleuchtung.
Immerhin war der Trip in den Osten für die Beatles kein völliger Verlust, denn viele Lieder, die später auf dem *White Album* erschienen, entstanden in Indien.
*Sexy Sady*, ein Lennon-Song, der zunächst *Maharishi* hieß und mit den Worten beginnt: „Sexy Sadie, what have you done? You made a fool of everyone…", bezieht sich direkt auf die Zeit der Beatles in Indien

Als ich vor zehn Jahren erstmals nach Rishikesh kam, war dieses Zentrum des hinduistischen Glaubensgeschäftes eine recht ruhige Angelegenheit.
Zwischen Swarg Ashram und Laxman Jhula, der alten britischen Hängebrücke, die ein Stück oberhalb der Kleinstadt über den Ganges führt, lagen Apfelplantagen und ein paar Hütten, in denen *Sadhus* lebten.
Junge Hippies pflückten reife Cannabispflanzen vom Wegrand, und Heilige gaben sich so heilig, wie sie wollten.

Heute ist Rishikesh ein Teil des neuen Indien.
Schon als wir auf der Westseite des Flusses durch einen Basar laufen, sind wir von tausenden indischen Urlaubern umringt. Hunderte von kleinen Geschäften erstrecken sich hier flussaufwärts. Es gibt einfach alles, was der religiöse Urlauber sich wünschen kann. Vielleicht liegt das jedoch gar nicht an den Attraktionen Rishikeshs. Ich habe das Gefühl, dass einfach so viele Leute in die Berge kommen, dass jeder Ort zwischen Hardwar und Gangotri, wo es etwas zu sehen oder zu kaufen gibt, von Massen überflutet ist.

Und so ist für einen Großteil der Besucher die Hauptattraktion Rishikeshs nicht einer der zahlreichen *Ashrams*, die mit immer größeren Bauten talaufwärts siedeln, sondern Chotiwalla. Und man kann sich gar nicht sicher sein, welcher Chotiwalla genau der Anziehungspunkt ist, es gibt nämlich zwei.
Chotiwalla ist ein dicker, kleiner Mann mit Glatze, aus der am Hinterkopf wie eine Antenne ein dünnes, zusammengeklebtes Haarbündel herausragt. Zudem ist der Kopf des Chotiwalla lila bemalt und mit Blumen verziert. Dieser Mann sitzt den ganzen Tag vor dem Chotiwalla-Restaurant und lässt sich fotografieren.
Das Restaurant wurde 1958 von zwei Brüdern gegründet, deren geschäftliche Wege sich vor einigen Jahren getrennt haben. Seitdem gibt es zwei Restaurants und zwei Chotiwallas. Das Essen ist auch angemessen exotisch. Neben nord- und südindischer Küche und diversen Gerichten aus dem Panjab gibt es auch *Continental Food* – zum Beispiel Kartoffelbrei mit Käse.

Auf den Rishikesh *Ghats* tummeln sich fast so viele Menschen wie in Hardwar, und alte, verrunzelte Frauen versuchen, den Leuten, vor allem den paar Westlern, die in der Menge fast untergehen, Schalen mit Opfergaben zu verkaufen. Aber im Gegensatz zu Hardwar sind die Touristen grundsätzlich eben Touristen, und so herrscht eine Rummelstimmung, die durch Hunderte von bettelnden *Sadhus* noch verstärkt wird.

Mit einem Schnellboot kann man fünf Minuten lang den Ganges hinauf- und hinunterrasen oder mit einem Schlauchboot über die Stromschnellen oberhalb und unterhalb der Stadt hüpfen. Die Laxman Jhula Brücke ist durch Fußgänger, heilige Kühen und Affen den ganzen Tag verstopft. Die Beatles sind schon lange weg, und das organisierte Chaos von Hardwar ist sympathischer als die von Touristen überflutete Stadt der Hippie-Erleuchtung, und so reisen wir ab, ohne auf den Sonnenuntergang zu warten.
Wie sagte John Lennon doch: „Es gibt keinen Guru. Du musst an Dich selbst glauben. Du musst zu Deinem eigenen Gott in Deinem eigenen Tempel finden. Alles hängt von Dir selbst ab, mein Freund."

## Götterdämmerung

Wir besuchen den *Ashram* der Sri Sri Anandamayi in Kankhal, einem alten Stadtteil von Hardwar, der einige Kilometer von den *Ghats* und dem Pilgertrubel entfernt ist.
Der Puls hier schlägt anders, langsamer.
Alte Frauen und Männer sitzen den ganzen Tag in den Türen ihrer kleinen Häuser, die meist aus dem 19. Jahrhundert stammen. Verfallene Residenzen des Landadels, sogenannter *Thakurs*, verziert mit wunderschönen Wandmalereien, spiegeln eine kulturell reichhaltige Vergangenheit wieder, die dem orthodoxen Hinduismus zum Opfer gefallen ist. Eingangstore und Türen sind in moslemischem Stil gebaut, aber das will hier niemand wahrhaben.
Sri Sri Anandamayi war eine Frau aus Bengalen, die das Glück hatte, erleuchtet geboren zu werden, und so nie Zweifel an ihrem Berufsweg haben musste.
Mata Sri Sri Anandamayi, ihr wirklicher Name ist Nirmala, geboren 1896, wuchs in Bengalen auf und hatte schon als Kind göttliche Visionen. Nirmala heiratete im Alter von knapp dreizehn Jahren. Sie zog allerdings erst mit achtzehn mit ihrem Mann unter ein Dach und verweigerte diesem ein Sexualleben. Jedes Mal, wenn

der Mann sie anrührte, bekam Nirmala Schwächeanfälle und verfiel in einen todesähnlichen Zustand. Der Mann kapitulierte schließlich und wurde einer ihrer Schüler.
Angeblich verfiel Anandamayi Ma in Trance, wenn sie religiöse Gesänge hörte und schrumpfte oder wuchs spontan während dieser Anfälle. Sie begann Kranke zu heilen und lebte ein Jahr alleine in einem Shiva Tempel in Dehra Dun.
Anandamayi Ma beschrieb sich selbst als eine von der eigenen Identität befreite Verbindung zur großen Leere, der *Mahashunya*, aus der das Chaos des spontanen göttlichen Schaffens in die Welt hinausprudelt. Sie war der Meinung, dass das Selbstverständnis eines Individuums, die Identität also, eine Krankheit ist.
Allerdings erkannte Anandamayi Ma frühzeitig ihren eigenen starken Charakter, der sie zu einem außerordentlich eindrucksvollen Individuum machte. So wirkte sie auch auf ihre Schüler, denn diese bauten *Ashrams* zu ihren Ehren.
Anandamayi Ma ernannte sich selbst zum Guru und sprach einerseits oft von ihrer spirituellen Entwicklung, während sie andererseits gleichzeitig darauf bestand, dass sie sich spirituell seit ihrer Kindheit nicht weiter entwickelt hätte.
Anandamayi Ma ist 1982 gestorben, und heute wird der *Ashram* von einem Franzosen, der den Namen Vijayananda angenommen hat, geleitet.
Mata Sri Sri Anandamayis Ashram sieht aus wie jeder andere moderne *Ashram* in Indien. Die Gebäude machen einen resignierten Eindruck, die Architektur erinnert irgendwie an ein Kühlhaus oder einen Schlachthof, sieht man einmal davon ab, dass es in den Gebäuden noch heißer ist als draußen.
Bei Mata Sri Sri Anandamayi ist alles weiß und gekachelt. Ein Schrein mit einer lebensgroßen, mit Tüchern und Blumen geschmückten Marmorstatue steht in einem Gebäude, das an einen *Stupa* erinnert. Die Kuppel ist mit Bildern aus dem Leben der Frau ausgemalt, ganz ähnlich den Bildergeschichten von Göttern, die in Tempeln in ganz Indien zu finden sind. Eine Audienz- oder Me-

ditationshalle, wo die Erleuchtete ihre Besucher unterrichtete, dient auch als Galerie für zahlreiche Porträts von Sri Sri Anandamayi, in Öl gemalt oder als Fotografie.

Marmortafeln sind in die Wände eingelassen, die uns darüber informieren, wann von wem wie viel hier gespendet wurde.

Im Hof ist ein Souvenirladen, wo man Literatur, Postkarten etc. erstehen kann. Der unrasierte Priester, der hinter der Theke schläft, wacht auf, als ich einige Bücher durchblättere und drückt mir weitere Bände in die Hand.

Leider kommt ein Interview mit Vijayananda, dem französischen *Swami*, nicht zustande, aber Rajiv schlägt vor, zur *Juna Akhara* zu fahren, um zu sehen, ob Andeshwanand Giri in Hardwar ist. Überall in Hardwar hängen riesige Anschlagtafeln mit dem Bild des Führers der *Juna Akhara*.

Die *Juna Akhara* ist der größte monastische Orden der *Sadhus*. Niemand weiß genau, wie viele der heiligen Asketen sich der *Juna Akhara* verbunden fühlen.

Am Eingangstor ist schon die Hölle los – Gedrängel, zu viele Autos, aber keine *Sadhus*. Hardwar ist eigentlich immer von *Sadhus* überschwemmt, zu jeder Jahreszeit müssen wohl tausende Asketen in der Stadt herumlungern.

Viele dieser Heiligen gehören der *Juna Akhara* an, die sich rühmt, besonders viele *Naga Sadhus*, Indiens nackte, mit Asche beschmierte Ultraasketen, zu ihren Mitgliedern zu zählen. Von den *Naga Sadhus* ist allerdings im Hauptquartier auch nichts zu sehen. Hier weht ein anderer spiritueller Wind, ein sanfter, beruhigender Wind.

Das Hauptquartier der *Juna Akhara* liegt in einem wunderschönen, gepflegten Garten – der Rasen ist gemäht, die Hecken sind geschnitten, nicht ein Krümel liegt herum. Das Gelände hat koloniales Flair. Die staubige Hitze der Straße ist Welten entfernt.

Vor dem Hauptgebäude ist eine Bühne mit Scheinwerfern und großen Lautsprechern aufgebaut, ein paar hundert Leute sitzen ge-

spannt wartend auf dem Rasen. Leuchtgirlanden blinken hier und da, und Kinder tollen zwischen ihren Müttern herum. Die Mehrheit der Anwesenden, Zuschauer kann man sie ja nicht nennen, sind Frauen. Ein paar Sicherheitsbeamte sind präsent, teils in Uniform, teils in Zivil, alle sind bewaffnet.
In der Halle hinter der Bühne steht ein großer *Shivling*, das Phallussymbol Shivas, der von einem indischen Präsidenten eingeweiht wurde und sicher eines der Wunder der Welt ist, denn dieser mattsilbern glänzende Shivling ist aus solidem Quecksilber.
Rajiv erklärt, dass das Quecksilber mit Hilfe von Kräutern und Pujas verfestigt wurde.

Ich hatte Andeshwanand Giri im Jahr 2000 für einen Film über die *Maha Kumbh Mela* interviewt.
Damals hatte mich der Mann nicht beeindruckt, seine Antworten auf präzise Fragen waren eher vage, und die Tatsache, dass er uns auf einem kleinen Thron, der mit einem Leopardenfell überzogen war, empfing, hatte mich nicht beeindruckt. Allerdings passten seine Assistentinnen, die hübsch anzusehen waren, aber einen fanatischen Gesichtsausdruck hatten, außerordentlich gut ins Bild. Auch damals war von den *Sadhus* nichts zu sehen. Andeshwanand Giri hatte ein tolle Glatze, und dicke Büschel schwarzer Haare wuchsen ihm aus den Ohren, aber all das half nicht, das mangelnde Charisma auszugleichen.
Ich hatte das Gefühl, dass der Mann irgendwie zwischen Vergangenheit und Gegenwart gefangen war und nicht wusste, wie er sich wenden sollte. Er war zu weltabgewandt, um präzise Antworten fürs Fernsehen geben zu können, aber nicht weltabgewandt genug, um mit den wilden Anhängern der *Juna Akhara* in Verbindung gebracht werden zu können.
Nach dem Interview mit Andeshwanand Giri suchten wir damals auch noch die *Niranjani Akhara* auf. Der Führer dieser monastischen Gemeinschaft hatte ganz klar entschieden, wie er mit der Wirklichkeit umzugehen habe. Charismatisch wie ein Wegelage-

rer, schlecht gelaunt, mit langen Rauschebart und dickem Bauch, dazu umringt von finster dreinblickenden *Sadhus* mit langen Speeren, beantwortete er alle Fragen, so schnell er konnte.
Nach zwanzig Minuten waren wir wieder auf der Straße, und der Mann hatte es geschafft, kein einziges Wort, dass irgendwie in ein Interview gepasst hätte, von sich zu geben. Selten hatte ich das Gefühl, dass einem Interviewpartner alles so völlig egal war. Der Mann von der *Niranjani Akhara* war mir sympathisch.

Neben dem Hauptgebäude der *Juna Akhara* ist eine kleine Schranke, an der weitere Polizisten und Sicherheitsbeamte die Pässe kontrollieren. Wie bei einem Rockfestival braucht man einen laminierten *Backstage Pass*, um an den Polizisten vorbei zu gelangen. Diese Pässe sind schwer zu bekommen, man muss Monate warten, denn Zutritt in das innere Sanktum der *Akhara* bedeutet eine Audienz mit dem Swami.
Die Leute, die durchgewinkt werden, sind allesamt wichtig – Bürokraten, Geschäftsleute, Politiker. Rajiv kennt fast jeden, der um uns herum in der Schlange steht, und so werden auch wir durch gelassen.

Hinter dem Hauptgebäude der *Akhara* liegt ein weiterer gepflegter Rasen. Die kleine Audienzhalle von Andeshwanand Giri ist nur für seine engsten Mitarbeiter und wichtigsten Gäste zugänglich; da hilft auch der *Backstage Pass* nichts, und Bürokraten, Geschäftsleute, Politiker lassen sich auf einem Teppich, der auf dem Rasen vor einer Sitzschaukel ausgebreitet ist, nieder.
Der Verkehrslärm ist hier fast nicht mehr zu hören; es wird dunkel; die Moskitos surren um uns herum - die totale Idylle. Ein paar ältere Damen sitzen auf Stühlen. Nach ein paar Minuten, in denen ich Bäche schwitze, werden weitere Stühle herangeschleppt, und ein paar *Sadhus* und zwei Männer in weißen *Dhotis* und *Kurtas* setzen sich und fangen leise und verschwörerisch an zu diskutieren. Der fettere der beiden Männer hält sich an seinem Handy

fest, und nach und nach stehen die Männer um mich herum auf, treten auf ihn zu, überreichen die in Indien so wichtige Visitenkarte und verbiegen sich, um unterwürfig auszusehen. Der übergewichtige Zeitgenosse ist extrem unsympathisch, und das ist kein Wunder.
Rajiv flüstert mir zu: „Das ist ein ganz wichtiger Stratege der VHP."

Die VHP (*Vishwa Hindu Parishad*), auf englisch *World Hindu Council*, wurde 1964 gegründet und entwickelte sich aus der RSS (*Rashtriya Swayamsevak Sangh*), auf englisch *National Volunteers Union*, heraus.
Die RSS wurde 1926 gegründet und ist eine nationalistische hinduistische Organisation. Die RSS ist der Meinung, dass Hinduismus keine Religion, sondern eine Lebensweise ist. Kein Wunder also, dass die Organisation - trotz vielfältiger sozialer Dienstleistungen - seit der Unabhängigkeit Indiens schon dreimal verboten wurde, das erste mal nach Gandhis Ermordung, das letzte Mal nach dem Abriss der *Barbri Masjid*, der Moschee in Ayodhya, unter der sich angeblich ein Tempel des Gottes Ram befindet.
Der umstrittene Abriss der Moschee durch RSS- und VHP-Banden und radikale *Sadhus* führte in weiten Teilen Indiens zu einem Blutbad, das von der damaligen nationalen Regierung der BJP (1998-2004), dem politischen Arm der RSS, heimlich unterstützt wurde. Aus diesem Grund halten viele indische Journalisten und Akademiker die RSS und VHP für faschistoid.
Das ist allerdings eine ziemlich akademische Frage, da diese Organisationen ja eigentlich nur eine Herrschaft der Hindus in Indien anstreben, die diese seit der Unabhängigkeit Indiens aufgrund der Tatsache, dass mehr als 80% der Inder Hindus sind, ohnehin schon weitgehend innehaben.

Das macht beide Gruppen nicht weniger gefährlich. Die RSS und VHP glauben, dass alle Moslems in Indien in Wirklichkeit Hindus sind, die vor Jahrhunderten zwangsweise konvertiert sind. Beide Organisationen verlangen, dass Indien zu einem hinduistischen Staat wird.

Weder die RSS noch die VHP repräsentieren den Hinduismus offiziell. Eine Art Vatikan sind sie nicht, und die meisten Hindus haben mit diesen radikalen, aber mächtigen Randgruppen nichts zu tun. Im eigentlichen Sinne sind dies keine religiösen, sondern sozial aktive und politische Organisationen, der Hamas in Palästina beispielsweise nicht unähnlich.

Die Unruhen in Gujarat, die 1992 fast tausend Menschenleben forderten - die meisten Toten waren Moslems - wurden vom Führer der VHP Ashok Singhal gerechtfertigt, hätten sie doch mit dem Segen Rams stattgefunden.

Aber wegen der VHP sind wir ja nicht gekommen. Nachdem sich alle Anwesenden beruhigt haben, und eine von Andeshwanand Giris durchsetzungsfähigen Assistentinnen alle Anwesenden auf ihre Plätze gewiesen hat, geht an der kleinen Audienzhalle auch schon die Tür auf. Zunächst marschieren drei oder vier korpulente *Sadhus* mit perfekten Dreadlocks und teuren Handys über den Rasen und verschwinden in der Dunkelheit, zweifellos auf dem Weg zu wichtigem *Sadhu*-Business.

Andeshwanand Giri folgt ein paar Minuten später und stellt sich vor seine Schaukel. Alle stehen auf, aber die Assistentinnen ermahnen uns, sitzen zu bleiben.

Im ersten Moment sieht es aus, als ob Andeshwanand Giri sich kein bisschen verändert hat. Er sieht kein Jahr älter aus, ist nicht dicker geworden und ist in die gleichen safrangelben Tücher gehüllt wie vor acht Jahren.

Aber erste Momente sind eben erste Momente.

Andeshwanand Giri leuchtet wie die Sonne. Er setzt sich nicht auf seine Schaukel, sondern macht die Runde, die Hände leicht zum traditionellen *Namaste* zusammengefaltet, die Schritte selbstsicher, die Augen auf den Gesprächspartner gerichtet.

Die Augen sind glasklar.

Die Haare im Ohr sind verschwunden. Die Brille ist modisch und sieht teuer aus. Sein persönlicher Assistent, ein hart aussehender Mann mit Vollglatze, der ein bisschen an Yul Brunner erinnert, steht ihm zur Seite.
Auch der Mann von der VHP ist aufgesprungen, aber niemand achtet mehr auf die Statisten.
Andeshwanand Giri hat aufgepasst und sein Handwerk gelernt. Den Leopardenteppich hat er gegen ein paar Leopardenfellpantoffeln ausgetauscht, aber die sind aus Kunstfell und sehen eher harmlos aus. Seine Gesten sind selbstsicher, und er hat für jeden ein offenes Ohr. Jeder der Anwesenden flüstert seine Anliegen und Bitten, Wünsche und Fragen, und der Führer der *Juna Akhara* konzentriert sich anscheinend ohne Anstrengung auf seine Gäste. Die Selbstsicherheit dieses Mannes macht ihn zu einem mächtigen Politiker, einem Mann, der hunderttausend *Sadhus* hinter sich hat und der auf internationaler Ebene lehrt. Aber auch die Nähe zu Gott will gelernt sein, und Andeshwanand Giri ist ein Meister seines Faches geworden.
Schließlich bin ich an der Reihe, mich vorzustellen. Ich sage ihm, dass er keinen Tag älter aussieht als vor acht Jahren. Er kann sich natürlich nicht an mich erinnern, aber die Antwort kommt in Sekundenschnelle: „Auch Sie sehen immer noch sehr gut aus, kommen Sie mich doch morgen oder übermorgen besuchen, wenn ich nicht so viele Leute wie heute abend am Hals habe."
Kein *Darshan*, kein *Prasad*, keine Floskeln. Er nickt mir zu, und das Lächeln, und was für ein tolles Lächeln, gilt dem nächsten Besucher. Ich bin beeindruckt.
So muss Macht aussehen – souverän und leicht wie eine Feder. Der Mann von der VHP sinkt neben Andeshwanand Giri ins Gras. Ich frage Rajiv, wie nahe die beiden sich stehen.
„Die Politiker kommen her, er geht sie nicht besuchen."
Wir werden in ein Nebengebäude geführt, in dem wir Tee und *Prasad* serviert bekommen. In der Küche hinter dem langen Korridor, in dem wir sitzen, rollt eine Gruppe singender Frauen den

Teig für *Chapatis*, die dann von zwei Männern auf einem Ofen gebacken werden. Ein halbnackter Mann mit einem dicken Bauch bereitet den Teig in einer kreischenden Teigmaschine vor. Zwei weitere Männer kochen riesige Mengen Kartoffeln.
Bevor ich von der Hitze bewusstlos werde, gehe ich nach draußen.

*Sri Andeshwanand Giri, das Oberhaupt der Juna Akhara*

Wir setzen uns vor die Bühne, wo inzwischen fünfhundert wohlhabende Fans von Andeshwanand Giri versammelt sind. Eine Band heizt bereits mit *Bhajans* ein. Nach einer halben Stunde erscheint der Führer der *Juna Akhara*. Alle stehen auf, und die Leibwächter schauen nervös in die Menge. Ein Mädchen singt alleine einen *Bhajan*, während Andeshwanand Giri es sich auf seinem Sofa bequem macht. Alles ist perfekt koordiniert. Gott ist zum Showgeschäft geworden, nur die Fans sind auf ihre Weise ruhiger und gleichzeitig schwärmerischer als bei einem Rockkonzert. Wir entkommen in die Nacht.

Am besten zitiere ich hier einen indischen Freund, der anonym bleiben soll: „Das Religionsgeschäft ist völlig verkocht in Indien. Swami ist ein profitabler Berufsweg geworden. Wer weiß, wie diese Leute vor hundert Jahren waren, aber heute geht es um Geld und Einfluss."
Andeshwanand Giri hat sein Fach gemeistert.

# Tungnath –
## Zum höchsten Shiva-Tempel der Welt

# Eine kurze Reise durch den Garhwal

Um fünf Uhr sind wir auf den Beinen und laufen durch die milchig-rosafarbene Morgendämmerung, die gerade die Gassen hinter Rajivs Haus erreicht, zum Ganges hinunter. Einige Geschäfte machen gerade auf, und die Besitzer sprühen Wasser auf die Straße, um den Staub am Boden zu halten. Ein paar Schweine sind auch schon unterwegs, zweifellos auf dem Weg zu einer bevorzugten Müllhalde.

Die *Ghats* quellen schon über von Pilgern im Morgengebet, tausende Gesichter haben sich den Göttern zugewandt, die Hände in die aufgehende Sonne gestreckt. Alte, zerknitterte *Sadhus* sitzen auf der Laltarao-Brücke, bereiten den ersten *Chilam* vor und spucken geräuschvoll auf die Straße, während unablässig Jeeps und Busse vorbeiströmen, beladen mit Pilgern, auf dem Weg in die Berge. Die Stimmung ist unwirklich, verzaubert – ungeachtet der Abgase und des Staubes.

Rajiv holt uns ab, und wir fahren zu einem *Ashram* in den Außenbezirken von Hardwar, wo der Fotograf Naresh wohnt. Cannabisbüsche wachsen wie Unkraut um das Anwesen und entlang der Rishikesh Road, und der süßliche Geruch der Pflanzen hängt schwer in der Luft.

Heute gehen Hardwar und Rishikesh, die beiden vor langer Zeit entstandenen Pilgerzentren am oberen Ganges, fast völlig ineinander über – sie sind zu einer von religiöser Inbrunst vibrierenden „Überstadt" geworden.

Die Rishikesh Road ist jeden Tag ein einziger langer Stau. Wir reisen in zwei Geländewagen (SUVs), Naresh fährt seinen eigenen Mahendra, während Rajiv den zweiten Wagen samt Fahrer gemietet hat.

Einheimische und *Sadhus* laufen am Straßenrand, wo sie aber kaum Platz finden, denn Jeeps, Busse, Last- und Privatwagen – von hustenden Marutis (einer Art Fiat, komplett mit Rost und

Beulen) zu teuren, dezent summenden Mahendra-Geländewagen - nutzen jeden Zentimeter der zerlöcherten Straße.
Ganz Indien scheint auf dem Weg in die Berge. Kein Wunder, denn in Hardwar, das nur 250 Meter über dem Meeresspiegel liegt, ist es fast so heiß wie in Delhi.
Auch Rishikesh ist noch zu heiß, und wir halten erst ein paar Kilometer oberhalb der Stadt.
Die steilen Felsen auf beiden Seiten des Ganges sind von Mischwald bewachsen, die Bäume scheinen direkt aus den Felsen zu sprießen. Der Ganges, vom letzten Regen angeschwollen, spendet ein wenig Kühle.
Gopal, der sechzehnjähriger Rebell aus Delhi, erklärt stolz, wie er auf seine Tätowierung kam: „Ich hab' mir lange Gedanken darüber gemacht, in welcher Schrift und Sprache ich meinen Arm verzieren soll. Am Schluss schwankte ich dann immer zwischen Urdu und Englisch. Als Hindu in Delhi kann ich ja schließlich nicht mit meinem Namen auf Hindi rumlaufen. Wie würde das denn aussehen? Das wäre völlig uncool."
Ich frage den jungen Punk, was seine Eltern denn gesagt hätten, als er nach Hause kam.
„Was konnten die schon sagen? Sie waren überrascht, glaube ich."
Sunil, Rajivs neunjähriger Sohn, quengelt und verlangt nach Süßigkeiten, und er bekommt sie auch. Der kleine, selbstbewusste Junge ist der inoffizielle Star unserer insgesamt zwölfköpfigen Gruppe. Als Rajivs Erben erweisen ihm alle weiblichen Mitglieder den größten Respekt und achten darauf, dass er gut versorgt ist mit allem, wonach er verlangt, und keine schlechte Laune bekommt. Sunil weiß das natürlich.

Nachdem wir Rishikesh passiert haben, windet sich der National Highway 58 durch die Vorgebirge des Garhwal Himalaya in Richtung Devprayag, dem dramatischen Zusammenfluss des Bhagirathi-Flusses, der von Gangotri herabfließt, mit dem Aleknanda, der nördlich von Badrinath in Tibet entspringt.

Die Kleinstadt Devprayag hängt wie ein Schwalbennest an den nördlichen Steilwänden der Bergschluchten, durch die der enge schmale Bhagirathi und der etwas breitere Aleknanda schäumen.
An dieser Flusskreuzung wird der Ganges offiziell zum Ganges.
Kleine, kastenförmige Häuser stehen dicht aneinandergedrängt wie eine Herde Bergziegen über den zwei so verschiedenen Flüssen. Dazwischen ragen Tempel und *Dharamshalas* über den flachen Dächern empor. Während die steilen Flussufer nördlich von Rishikesh teilweise noch dicht bewaldet waren, ist der Berg oberhalb Devprayags völlig kahl und erinnert an den Kopf eines alten Elefanten, auf dem nur ein paar borstenartige Haare stehen. Das nimmt dem Ort ein wenig von seiner Dramatik.

Der Blick von der Straße auf die Flüsse hinunter ist allerdings atemberaubend.
Der Bhagirathi ist schmal, dunkelblau und wild, während der breitere Aleknanda, der schon weiter nördlich von recht großen Flüssen gespeist wird, ein schlammiges Grün aufweist.
Unterhalb des Zusammenflusses dominiert der Farbton des Aleknanda.
Wir überqueren den Bhagirathi ein wenig weiter flussaufwärts, aber wenden uns dann nach Osten und fahren am Aleknanda entlang Richtung Rudraprayag, wo sich siebzig Kilometer weiter nördlich der Mandalkini-Fluss, der von Kedarnath herabfließt, und der Aleknanda vereinen.

In den heiligen Schriften der Hindus gibt es mehrere Schilderungen, welche die Geburt des heiligen Flusses beschreiben, und jede dieser Geschichten existiert in zahllosen Varianten.
Die geläufigste wird von dem Dichter Maharshi Valmiki in dem Sanskrit-Epos *Ramayana* (die heutige Version ist wahrscheinlich im 2. Jahrhundert nach Christus entstanden) erzählt und beginnt mit einem Fluch des Weisen Kapala, der die 60.000 Söhne des Königs Sagar, die ihn beim Meditieren störten, in Asche verwandelte.

Nur die heilige Ganga (der Ganges ist in Hindi weiblich) konnte die Seelen der 60.000 Söhne retten. Ganga aber floss im Himmel und die Nachkommen König Sagars versuchten zunächst vergeblich den Fluss Richtung Erde zu bewegen.

König Bhagirathi, der Urenkel von König Sagar, verbrachte lange Jahre als Asket im Wald und praktizierte *Tapas*, um den Ganges auf die Erde zu bringen.

Nach vielen Jahren kam Brahma auf Bhagirathi zu und fragte ihn, was er wolle. Der König antwortete ihm, dass er den Ganga zur Erde bringen wolle. Brahma ließ den Ganges aus seinem *Kamandalu*, seinem Wassertopf, auf die Erde fließen. Er warnte Bhagirathi jedoch, dass die Gewalt der Wasserfluten des Ganges die Welt zerstören würde und riet dem König, Shiva zu bitten, den Ganga durch sein dichtes Haar fließen zu lassen.

Der Monarch begann sein *Tapas* ein zweites Mal, und nach einem Jahr erschien Shiva und versprach König Bhagirathi, dass er den Ganga auf seine Stirn fallen lassen würde. Die Fluten des Ganges verfingen sich in den Haaren Shivas, bevor sie schließlich gezähmt die Erde erreichten und durch ganz Indien bis nach Gangasagar in den Sunderbahns in der Bucht von Bengalen strömten.

Eine ganz andere Geschichte aus der *Vishnu Purana* erzählt dagegen, dass der Ganges aus dem großen Zeh Vishnus floss, nachdem dieser von Shivas Tanz ungeheuer beeindruckt war.

Heute jedenfalls sieht die Mehrzahl der Gläubigen in der Geschichte Bhagirathis den Ursprungsmythos des Ganges, und dies ist auch der Grund, warum wir den Bhagirathi hinauf nach Gaumukh wollen.

Zunächst folgen wir allerdings dem Aleknanda, denn auch dieser ist Teil des Ganges, und wir sind ja auf dem Weg zum höchsten Shiva-Tempel der Welt, einem Umweg, der unerlässlich ist.

Der Verkehr ist nicht mehr ganz so dicht wie südlich von Devprayag, aber dennoch überholen wir vor sich hin hustende und rußende Pilgerbusse und Gruppen junger Sikhs auf Motorrädern, die auf dem Weg nach Hemkund sind, dem heiligen 4300 Meter hoch gelegenen Bergsee, an dem der Sikh Guru Gobind Singh in einer früheren Inkarnation meditiert haben soll. Ab und zu fahren wir an einem Autowrack vorbei - einem verbeulten Lastwagen oder einem ausgebrannten Maruti.

Rajiv erklärt, dass viele der Fahrer im Garhwal betrunken sind: „Man muss sich vorstellen, dass diese professionellen Fahrer monatelang von ihren Familien getrennt sind. Viele der Fahrer im Garhwal kommen eigentlich aus Bihar, und so sind sie zu weit vom positivem Einfluss ihrer Angehörigen entfernt. Daher trinken sie, rauchen Charas und bauen Unfälle."

Entlang der National Highways im Garhwal stehen daher überall Schilder mit kurzen, pfiffigen Slogans und Reimen, um die Fahrer an die Risiken des Autofahrens im Himalaya zu erinnern.

„Drink whisky and driving is risky" wird uns nahegelegt. Oder „If you're married, divorce speed".

Srinagar ist eine deutlich vermögendere Kleinstadt als Devprayag und erstreckt sich in entlang einer weiten Biegung des Aleknanda. Die Stadt hat nichts mit der bekannteren Hauptstadt von Kashmir zu tun, hat aber eine Universität. Der Ort liegt in der heißen Mittagsonne auf 660 Metern Höhe. Die Hauptstraße, und das ist alles, was wir heute zu Gesicht bekommen, setzt sich aus einer langen Reihe *Dhabas* und Pilgerhotels zusammen. Der Fluss ist von hier nicht zu sehen.

Viele der Berge im mittleren Garhwal sind von Terrassen zerfurcht, die sich von Bergkuppen in mehr als tausend Metern Höhe bis ins Flusstal ausbreiten. Hier wachsen Äpfel, Birnen und Aprikosen, allesamt sehr schmackhaft. Außerdem wird auch ein wenig Bergreis angebaut, und nahe dem Flussufer liegen ein paar Felder mit Nassreis. Die Terrassen sind von kleinen Wasserkanälen durchzogen, angelegt, um die Felder möglichst effektiv zu versorgen, denn die Saison ist kurz; sechs Monate des Jahres ist es zu kalt für den Ackerbau.

Auch Weizen und Hirse wachsen auf den schmalen, langen Terrassen, die sich um manche Berge völlig herumzuwinden scheinen.
Die Bewohner der Dörfer des Garhwal benutzen noch heute Feuerholz zum Kochen, das aus immer höheren Lagen herangeschleppt werden muss, und die wenigen Bäume, die man hier und da noch stehen sieht, haben bis in ihre Kronen keine Äste mehr. Es ist also fast kein Baumbestand mehr übrig, und die Erosionsgefahr steigt. In der Tat sind gigantische Erdrutsche in der Regenzeit keine Seltenheit, und Dörfer sind immer wieder tagelang von der Außenwelt abgeschnitten.

Nach einem gemeinsamen, vorzüglichen Mittagessen – es gibt *Chana Masala* (Kichererbsen in einer trockenen Gewürzmischung mit einem etwas sauren Zitronengeschmack), *Rajma* (Gemüsebohnen), *Roti* (Brotfladen aus Weizenmehl) und *Dal* (Linsenbrei) - lassen wir Srinagar hinter uns und fahren weiter in Richtung Rudraprayag. Auch hier sind Felder angelegt, wo immer ein bisschen Platz dafür ist. Schon Wochen, nachdem diese eingesät sind, leuchtet die Landschaft saftig grün.
Rudraprayag, der Zusammenfluss von Mandakini und Aleknanda, ist nicht so eindrucksvoll wie Devprayag, aber vielleicht liegt das auch daran, dass der National Highway 58 hier nicht hoch über den rauschenden Wassern entlangführt. Wir biegen auf den National Highway 109 in Richtung Kedarnath ab, und der Verkehr wird deutlich besser.
Etwas nördlich von Rudraprayag, das nur aus einigen Tempeln und Geschäften mit Snacks für die Pilger besteht, halten wir an.

Direkt am Aleknanda befindet sich ein weißer Stein zu Ehren von Jim Corbett (1875-1955), dem weltberühmten *Shikari*, nach dem Indiens bekanntester Nationalpark benannt ist.
In Erinnerung an den legendären anglo-indischen Jäger ist dort zu lesen: „On this spot was killed the man-eating leopard of Rudraprayag by Jim Corbett on 2 May 1926".

An diesem Ort also hatte Corbett einen von der Bevölkerung gefürchteten Leoparden, einen man-eater (Menschenfresser) erschossen. Neben dem Denkmal steht ein Baum, auf dem ein paar Holzbretter, die Überbleibsel eines Baumhauses, in einer Astgabel hängen. Das soll der Hochsitz gewesen sein, von dem aus Corbett dem blutrünstigen Tier aufgelauert hat.
Auf der gegenüberliegenden Straßenseite liegt die örtliche Polizeistation, fast völlig von Cannabisstauden überwuchert. Dort regt sich nichts, vielleicht sind die Beamten alle um den Polizei-*Chilam* versammelt.

Jim Corbett gilt heute als einer der großen Pioniere des Wildschutzes in Indien, denn er gründete seinen Nationalpark schon 1936 im Distrikt Kumaon. Für die Garhwalis (und Kumaons) schoss der Brite nicht nur Leoparden, sondern auch Tiger.
Tiger gibt es heute in Indien leider nur noch ganz wenige. Die Briten und ihre aristokratischen Freunde, die Maharajas von Indien, schossen Tausende, und der Druck der Überbevölkerung tat und tut ein Übriges.
*Project Tiger*, eine von Corbett angeregte, 1973 begonnene Initiative, den Tiger in Indien zu retten, blieb weitgehend erfolglos. Der stolze, in freier Wildbahn lebende Tiger, der auf jedem Zehn-Rupien-Schein in Indien abgebildet ist, dürfte schon in einigen Jahren auf dem Subkontinent ausgestorben sein.
Im Sariska Tiger Reserve Nationalpark in Rajasthan, der angeblich eine besonders hohe Anzahl von Tigern beheimaten soll, wurde vor einigen Jahren ermittelt, dass in Wirklichkeit alle Tiger verschwunden und wahrscheinlich zu traditioneller chinesischer Medizin verarbeitet worden sind.
Im Corbett Nationalpark soll es noch etwa hundert Tiger geben, aber da der Park in den letzten paar Jahren von neureichen, indischen Touristen als Urlaubsziel entdeckt wurde, fahren nun in der Saison von Mitte November bis Mitte Juni täglich hunderte von Jeeps durch das 1300 Quadratkilometer große Gelände, und die

Wildtiere bleiben weitgehend in dem für die Öffentlichkeit nicht zugänglichen innersten Teil des Parks. Diese *core area*, das Kerngebiet, ist jedoch nicht groß genug für den Erhalt einer gesunden Tigerpopulation.

Ich besuchte den Corbett Nationalpark 1994 zum ersten Mal. Damals gab es nur ein paar Jeeps, und die wenigen Touristen ritten auf Elefanten durch wunderschöne Graslandschaft und Nadelwälder entlang des Ramganga-Flusses.
Nachts streunte ab und an sogar ein Tiger direkt durch das Camp, in dem ich übernachtete. Die Parkwächter und -führer beschwerten sich über die unregelmäßige Entlohnung und hatten daher auch keine Lust, die bewaffneten Jäger, die den Park unsicher machten, zu stellen
In der Tat trafen wir bei einem Elefantenausritt auf einen Wilderer, der mit einem Geweih in den Händen dreist vor uns herrannte. Der *Mahut*, der meinen Elefanten führte, hatte zwar ein Gewehr, aber keine Patronen, und so entkam der Mann mitsamt seiner Beute.
Dennoch erlebte ich den Corbett National Park damals als unglaublich friedlich. Auf Elefantenritten begegneten mir zwar keine Tiger, aber ich bekam *Sambar* (Pferdehirsche, neben Elchen und Rothirschen die drittgrößten Hirsche der Welt) und *Barking Deer* (Muntjac-Hirsche) sowie eine Herde wilder Elefanten und ein paar verschlafene, aber mehr als drei Meter lange Krokodile, die faul am Flussrand des Ramganga einige Meter unterhalb unseres Pfades schliefen, zu sehen. Jeden Morgen kam eine hungrige Otterfamilie aus dem Wald an meinen Frühstückstisch spaziert - in dem sicheren Wissen, dass ihnen hier nichts passieren konnte.

Nicht weit von Corbetts Denkmal sitzt ein alter *Sadhu* neben einem kleinen Shiva-Schrein am Flussrand, der von einer Herde Bergziegen umringt ist, die versuchen, die Blätter von den Büschen an der Uferböschung abzuknabbern.

Der *Sadhu* sieht wie Merlin aus - mit seinem langen weißen Rauschebart, in ein gelbes Tuch gewickelt, eine Wollmütze auf dem Kopf.

Aroon, Naresh und Rajiv machen hunderte von Fotos von dem Mann, der keine Miene verzieht. Vielleicht hat er ein Schweigegelübde abgelegt.

Der Fluss rauscht unter uns, und die Sonne versinkt hinter den Hügeln – sofort wird es zehn Grad kälter.

Wir folgen dem National Highway 109 Richtung Kedarnath durch Chandrapur und Kund, und je weiter wir in die sich windenden Täler des Garhwal eindringen, desto spektakulärer wird die Landschaft.

Die Terrassen werden steiler und steiler, enger und enger, bis man den Eindruck hat, dass die gegenüberliegende Talseite komplett von grünbraunen Treppen überzogen und greifbar nahe ist.

Leider geht die Sonne unter, während wir in die Höhe klettern. Der Fluss ist ein silberner Streifen weit unter uns, und kurz hinter Kund biegen wir nach Westen ab. Inzwischen sind wir über zweitausend Meter hoch. Die Terrassen werden langsam durch dichten, immergrünen Wald ersetzt. Es wird angenehm kalt und feucht, und leichter Nebel hängt zwischen den Bäumen.

Nach Rishikesh, mehr als hundert Kilometer weiter südlich, ist dies der erste Wald, den wir zu sehen bekommen.

Wir sitzen bei Naresh im Wagen. Naresh ist ein guter Fahrer, aber er fährt ohne Licht. Auf einmal macht er eine Vollbremsung und zeigt in die Dunkelheit vor uns.

„Könnt ihr ihn sehen? Könnt ihr den Panther sehen?"

Wir können leider nur schwarze Schatten am Straßenrand erkennen.

Ein paar Minuten später rennt allerdings ein Reh, vom Motorengeräusch aufgescheucht, direkt vors Auto und entkommt in den Wald.

Die Luft wird dünner, die Kinder werden still, und eine Stunde später lassen wir den Wald hinter uns und erreichen unser Ziel für die Nacht, Chopta.

Chopta liegt auf über 3000 Metern und ist der Ausgangspunkt für den vier Kilometer langen Trek zum Tungnath Mandir, den Tempel von Tungnath.
Chopta ist kein Dorf, nur eine kleine Ansammlung von Holzhäuschen und Hütten, in denen ein paar fröhlich betrunkene Bergmenschen *Chai* ausschenken.
Als wir schließlich drei Zimmer finden, fängt es an zu regnen. Jeder Atemzug ist anstrengend, vor allem wenn man an einem Tag von 250 auf 3000 Meter Höhe reist.
Nach einem schnellen Abendessen – *Dal* und *Roti* mit ein bisschen *Bhindi* (Okra- oder Gemüse-Eibisch), das von den schon erwähnten, in der Küche leise singenden Trunkenbolden herbeigezaubert wird, kriechen wir unter dicke Decken, um der eisigen Nacht zu entkommen.

## Spaziergang Richtung Himmel

Das Leben im Himalaya beginnt in aller Frühe, und um 5.30 Uhr sind wir wach. Heißer Tee wird von den schwankenden Gestalten des Vorabends, denen heute ein Kater auf der Schulter sitzt, in unsere eiskalten Zimmer gebracht.
Die geteerte Straße mit den Chalets und einer kleinen Polizeistation, Chopta also, liegt unterhalb von einem *Bugyal*, einer Hochalp. Der Blick übers Tal und die dünne Morgenluft sind atemberaubend.
Die ersten Sonnenstrahlen streichen gerade über die Siebentausender in der Ferne, und verwandeln die dreihundert Kilometer lange Bergkette, die wie in dunkle Watte gebettet vor uns liegt, in eine ungeheure Traumlandschaft.
Es scheint fast selbstverständlich, in so einer Umgebung eine Art Erleuchtung zu finden, und man muss schon ziemlich abgestumpft sein, um nicht von dem klaren Blick über die Bergspitzen, die sich jetzt langsam aus der Dunkelheit schälen, ergriffen zu sein. Schon der französische Swami Abhishiktananda meinte, dass sich

im Himalaya die obere Welt – jene unzugängliche Welt, aus der wir kommen und zu der wir irgendwann zurückkehren – mit der Welt unten, in der sich unser irdisches Leben abspielt, träfen und dass dies ein Grund für die Pilgerströme sei.
Wie die Bühne hinter dem aufgehenden Vorhang im Theater wird der neue Tag langsam sichtbar, und vor dieser wahnsinnigen Kulisse scheinen wir uns einen Moment lang mit den Göttern im Einklang zu befinden. Im Angesicht der Bergriesen fühle ich mich einerseits winzig und kaum bemerkenswert, andererseits erhaben wie die Götter - allein deshalb, weil ich hier stehe. Der Anblick des Himalaya führt zur Selbstbesinnung und inneren Einkehr und dem Wunsch nach einem reineren, einfacheren Leben.
Den Hunden auf der Straße ist das allerdings egal, sind sie doch damit beschäftigt, die Pferdeäpfel vom Vortag vom Beton zu schlecken – ein bescheidenes Frühstück.

*Sonnenaufgang über Chopta*

An einem Tag von Hardwar nach Chopta zu reisen hat niemandem in unserer Gruppe gut getan – wir haben alle leichte Höhenkrankheit.
Naresh sieht fix und fertig aus und ist kleinlaut.
Ich habe die Nacht im Halbschlaf verbracht – voll bizarrer und gleichzeitig hyper-realistischer Alpträume, in denen Vergangenheit und Gegenwart so glasklar verständlich schienen wie der neue Tag. Die ungewohnte Höhenluft soll für diese fast religiösen, durchaus willkommenen wilden Visionen verantwortlich sein.
Leider erholt sich Naresh schnell von seinem Höhenkoller, denn heute ist der große Tag des großen Mannes. Nachdem er sich aufgerafft hat und unsere zwölfköpfige Gruppe marschbereit ist, kommt er wie ein überdrehter Berg-Fellini aus seinem Zimmer und erteilt zunächst ein paar Befehle in Richtung seines Kameraassistenten, Babu, der gerade versucht, den Sonnenaufgang zu fotografieren. Naresh steht neben dem jungen Mann und kritisiert jedes Bild, ohne in den Sucher zu schauen.

Der Meisterfotograf führt heute Regie, denn der Familientrek zum höchsten Shiva Tempel der Welt soll ja Schritt für Schritt festgehalten werden. Bevor wir überhaupt losgehen, bricht eine Flut von Anweisungen wie einen Lawine über die versammelten Statisten herein.
Inmitten der monumentalen Berglandschaft flackert der Wunsch, Gott zu spielen, in den Augen des Regisseurs. Aroon und ich lachen uns leise tot, während die Mädchen und Gopal verlegen auf den Boden schauen und Naresh agiert.

Am Ende der Straße in Chopta stehen ein paar *Dhabas*, die versuchen, die letzten kulinarischen Wünsche der Pilger zu erfüllen. Obwohl Tungnath nicht auf der *Char Dham Yatra* Route liegt, ist der Tempel für den Pilger wichtig. Schließlich ist dies der höchste Tempel, der Shiva, dem Erschaffer und Zerstörer des Universums, dem Überguru der vielen *Sadhu-Sannyasis,* die sich in der Pilgermenge befinden, geweiht ist.

Die *Sadhus* haben nicht viel Gepäck und schreiten ohne weitere Verzögerung durch ein altes Tor, an dem ein paar schwere Messingglocken hängen. Es ist kaum möglich, umweltfreundlicher zu reisen als ein *Sadhu*.
Der Pfad oberhalb des Tores führt durch dichten Rhododendrenwald. Es geht sofort steil bergauf.
Und hier taucht bereits das erste und größte logistische Problem für die Pilger auf. Zum Tempel sind es vier Kilometer.
Nur vier Kilometer!
Rajiv hat mich allerdings schon gewarnt, dass der Aufstieg mindestens drei Stunden dauern wird.
Viele der Pilger sind alt, und nur die wenigsten sehen so aus, als wären sie schon einmal freiwillig mehr als drei Schritte im Leben gelaufen. Das ist einer der Hauptgründe, warum sich das Straßennetz im Garhwal immer weiter ausweitet und immer näher an die vier Hauptschreine der *Char Dham Yatra* herangebaut wird.
Auch heute schon sind Kedarnath und Gangotri per Bus erreichbar, und die anderen beiden Tempel der *Yatra* werden in ein paar Jahren auch in das neue Indien eingegliedert sein. Die wirkliche *Yatra* wird somit schnell zur Folklore werden.
Kein Wunder also, dass sich die Inder auch nicht groß über den Plan Chinas beschwert haben, eine Straße zum Basislager des Mount Everest zu bauen, was der Umwelt gewaltigen Schaden zufügen dürfte.
Die Chinesen erschließen sich mit dieser neuen Straße einen weiteren Zugang zu der widerspenstigen Kolonie Tibet und werden der Welt zur Olympiade 2008 zeigen, dass China genauso rücksichtslos gegen die Natur vorgehen kann wie westliche Industrienationen.

Einst reisten die Hindus zu den Tempeln im Himalaya, um die Götter und den heiligen Fluss zu ehren, um den Glauben zu stärken und unbewusst vielleicht auch, um in der unglaublichen Schönheit der Natur die Macht der Götter zu erahnen. Ich habe

das Gefühl, dass dies zu Ende geht.
Die Mitglieder der betuchten Mittelklasse, die heute im Pilgerstrom noch die Minderheit darstellen, sehen sich als die neuen Herren Indiens und versuchen, den Lohn für die Träger so weit zu drücken, dass sie sich noch ein paar Extraflaschen Cola kaufen können – die auch von den Trägern geschleppt, oben auf dem Berg getrunken und dann kurzerhand, ohne Zeremonie in den nächsten Abgrund geworfen werden – wo sie in tausend Jahren immer noch liegen werden.

Dennoch läuft kaum einer dieser „neuen" Pilger Richtung Tungnath. Stattdessen mietet man ein Pferd oder ein *Palki*, eine Sänfte. Die kostet fast fünfzig Euro bis zum Tempel.
Die paar Trekker aus dem Ausland, die es hierher verschlägt, laufen alle, gleichgültig wie alt sie sind. Wie die *Sadhus* wissen die Trekker, dass es keine Abkürzung gibt - weder zur Erleuchtung noch zum Spaß. Alles muss verdient werden.

Als wir schließlich durch das Tor treten und den Berg hinaufmarschieren, ruft uns Naresh auch schon Anweisungen zu, wie wir zu laufen haben, während das Kamerateam weiter oben am Hang die Digi-Beta Kamera aufbaut.
Zunächst schwebt Naresh offenbar eine typische Sieben-Zwerge-Sequenz vor, und wir laufen im Gänsemarsch den schmalen Pfad einer hinter dem anderen hinauf.
Hey Ho, Hey Ho, wie es schon bei Walt Disney hieß. Natürlich können wir nicht bis Tungnath so weiterlaufen, und nach der ersten Szene setzen wir uns ab und finden bald einen schattigen Platz am Waldrand, von wo aus wir die Berge bestaunen können, ohne dem großen Mann und seinen Visionen im Weg zu sein.
Unser Träger heißt Anil. Er trägt zwei Rucksäcke, in einem sind die Schlafsäcke, in dem anderen ist die komplette Kameraausrüstung. Ich weiß, dass ich es selbst nicht schaffen würde, die schweren Taschen den Berg hochzutragen. Ich bin schon nach ein

paar Schritten außer Puste, aber vom Rauchen kommt das nicht, den Anderen geht es auch nicht besser.
Der lichte Wald ist voller Vögel – Krähen, Spechte und bunte, winzige Finken und hoch über uns kreist ein Adler. Wo immer die Bäume genug Schatten spenden, sprießen große, saftig-grüne Farne aus dem Boden.
Ein Kilometer oberhalb von Chopta öffnet sich der Wald, und wir laufen über einen weiteren, viel größeren *Bugyal*, eine Hochebene, die so perfekt abgegrast ist, dass sie wie ein Golfplatz aussieht. Eigentlich will man sich hier hinlegen und wie Shiva erst einmal tausend Jahre meditieren.
Aber soviel Zeit haben wir leider nicht.
Inmitten dieser Hochgebirgsalm stehen ein paar einstöckige Steinhütten der einheimischen Hirten. Diese Hütten, die so niedrig sind, dass ich mir beim Eintreten garantiert den Kopf stoßen würde, machen einen fast prähistorischen Eindruck, sind aber leider alle verlassen.

Ab und zu ziehen Pilgerfamilien aus Gujarat, Rajasthan und Bengalen an uns vorbei.
Der Pfad ist so steil, dass man sich die Zeit nimmt, *Chai* zu trinken, um mit den Ausländern, die man am Wegrand trifft, zu schwatzen.
Die regional-kulturellen Unterschiede dieser Gruppen werden in dieser uns allen fremden Welt offensichtlicher, als sie es in einer Großstadt sind.
In der ersten Gruppe, die uns anhält, einer Familie aus Gujarat, gehen die Frauen den Männern voraus und sprechen mich selbstbewusst an. Es scheint fast so, als ob diese Großfamilie die selbstsicherste Frau voranschickt, um auszuloten, wie gesprächsbereit die Ausländer sind.
So tritt die typische indische Mutter auf mich zu und fragt direkt: „Was machen Sie denn hier? Und was wird da unten gefilmt. Gehören Sie zu der Film-Crew?"

Ganz klar, die große Digi-Beta Kamera fasziniert jeden, der den Berg hochmarschiert. Außer den *Sadhus* natürlich.
Kurz darauf sind die Bengalen an der Reihe.
„Was halten Sie von Indien? Wie lange sind Sie schon hier? Was haben Sie schon alles gesehen?"
Die Fragen regnen geradezu auf uns nieder. Nun sind es die Männer, die die Unterhaltung führen, aber die Frauen sind Teil unserer fröhlichen Gruppe am Wegrand, zeigen Interesse und kommentieren, dann geht es weiter.
Alle paar hundert Meter halten wir an, um den Blick ins Tal zu genießen, um einem kleinen Bach zuzuhören oder um einfach zu warten, bis sich das Pochen im Kopf etwas vermindert.
Aroon versucht, den weiten Kreisen eines großen Raubvogels mit der Kamera zu folgen, der über uns in die Richtung des Tempels fliegt, als ein Mann aus Rajasthan, ein Finanzbeamter aus Kota, auf sie zutritt.
„Zeigen Sie mir Ihr Teleobjektiv," verlangt der Mann brüsk.
Als sie nicht darauf reagiert, wendet er sich an mich: „Haben Sie ein Fernglas? Sie haben kein Fernglas?"
Man könnte dies unhöflich finden, aber der Mann ist nicht wirklich unfreundlich - im überbevölkerten Indien muss man schnell auf den Punkt kommen, sonst erreicht man nichts.
Zudem ist der Mann ein Patriarch aus einem konservativen Wüstenstaat, ein Mann also, dem außer seinem Boss noch nie jemand widersprochen hat. Die Frauen und Kinder, die der Finanzmann den Berg hinaufführt, schauen schweigend vor sich hin. Keine der Frauen schaut mich direkt an. Ob außer dem Mann noch jemand Englisch spricht, ist schwer zu sagen.
Oberhalb des *Bugyal* wird der Pfad noch steiler.
Die Ponys der Pilger werden von Jungen aus Chopta geführt.
Anil versichert uns, dass diese Jungen die vier Kilometer zum Tungnath Mandir in einer Stunde laufen kann können. Den Berg hinunter brauchen sie nur fünfundzwanzig Minuten. Wir benötigen mehr als vier Stunden.

Die Film-Crew folgt den Kindern, die wie die sieben Zwerge halbtanzend die Alm überqueren, während Naresh Anweisungen ruft und Rajiv das Ganze aus der Distanz beobachtet. Mit dichten Nadelwäldern und schneebedeckten Bergkronen im Hintergrund kann man eigentlich nichts falsch machen.

Rajiv ist ein gewissenhafter und sympathischer Vater. Nicht einmal reagiert er auf seine Kinder mit Ungeduld und obwohl er nicht viel direkt kommuniziert, versucht er, Sunils wachsende Erkenntnis seiner sozialen Privilegien als einziger Sohn einer Hindufamilie zu dämpfen, während er seine Tochter Anjali ermuntert, kritische, intelligente Fragen zu stellen.

Auf halbem Weg den Berg hoch löst sich die Sohle von einem Schuh Aroons, und wir binden diese mit einem Stück Draht, so gut es geht, wieder an.
Inzwischen ist es Nachmittag, und dunkle Wolken quellen aus den Tälern. Im Schatten ist es schon eiskalt. Wir werden immer langsamer und beobachten Adler über uns und *Pikas*, kleine, Wühlmäusen ähnliche Tiere, die am Wegrand entlang huschen. Und natürlich *Sadhus*, die hier mit den Pilgern verglichen fast in der Überzahl sind, selbst laufen und am schnellsten den Berg hoch kommen.
Nach zweieinhalb Kilometern Aufstieg biegen wir schließlich um eine Bergkante - das weiße Hauptgebäude des Tungnath Tempels klebt, von einem riesigen Felsen geschützt, einen Kilometer über uns am Hang.
Der Gipfel von Chandrashila (4100 m.) ist schon von Wolken verhüllt. Der Tempel sieht im Dämmerlicht des Nachmittags gespenstisch und unwirklich aus, aber der Pfad wird noch steiler, und die Wolken werden unser Ziel vor uns erreichen. Der Anblick erfüllt mich mit Freude und einem Anfall der Trägheit.

Der Pfad führt auf einem gefährlich schmalen Grat entlang, der von über unseren Köpfen kreisenden Krähen bewacht wird. Win-

zige, solide Hüttchen, die den erschöpften Wanderer vor den Elementen schützen sollen, stehen alle paar hundert Meter am Wegrand.
Links fällt der Hang steil ab zu einer Forschungsstation, wo die medizinische Anwendung und Wirksamkeit von Gebirgspflanzen untersucht werden.
Rechts bricht der Sattel, auf dem wir stehen, einfach ab und fällt in die Tiefe. Um uns herum winden sich weitere teils bewaldete Bergrücken wie das Rückrad eines gigantischen Drachen. Der Blick erinnert an die gemalten Himalaya-Kulissen in dem Preminger-Streifen *Schwarzer Narziss* - die Welt ist unwirklich schön und monumental.
Wenig unterhalb des Tempels werden wir von einem drahtigen, sympathischen Typ eingeholt, der mich an meinen Mathematiklehrer erinnert.
Frank Bienemann ist aus Dresden und reist alle paar Jahre durch Indien, um Fotos für seine Dia-Show, mit der er dann in Deutschland auf Tour geht, zu machen.
„Ich veranstalte meine Shows im Osten, ungefähr fünfzig im Jahr. In Westdeutschland ist dieses Geschäft so kommerzialisiert, da geht es eigentlich nur noch um die Person des Reisenden, nicht um die Reise."
Auch ich habe das schon beobachtet. In meiner Heimatstadt Mannheim kündigen häufig Plakate die Shows irgendwelcher Überlebensspezialisten an, deren angeblich strapaziöse und lebensgefährliche Reisen den Geist des Abenteuers und der Entdeckung suggerieren. Das ist wie im 19. Jahrhundert. Man lese besser Karl May, der hat sich die Reisen gespart und ist trotzdem vielleicht authentischer als mancher Dia-Show-König.
Die Ankündigungen sollen den Eindruck erwecken, dass diese Abenteurer Kopf und Kragen riskieren, um den daheimgebliebenen Landsleuten anscheinend einzigartige Bilder aus der Ferne zu zeigen, kulturelle Edelsteine für die fernsehsatten Massen zu Hause. In Wirklichkeit ist das meist geschicktes Marketing.

Frank scheint mir dagegen ein Original. Der Dresdner reist monatelang allein, mit siebzehn Kilogramm Kameraausrüstung auf dem Buckel, und er läuft so schnell wie Anil, unser Träger. Von digitaler Fotografie will er auch nichts wissen. Ein bescheidener Mann. „Ich hab nicht vor, mit meinen Shows reich zu werden oder mich zu einem Helden zu stilisieren. Meine Bilder sind gut, und ich mache ja auch nicht viele. Auf einem längeren Trip durch Indien, der achtzehn Monate dauerte, habe ich nur fünfundfünfzig Filme verknipst. Viel wichtiger für mich ist es, intelligentes Feedback von den Leuten zu bekommen, die meine Shows besuchen. Das geht in Ostdeutschland einfach viel besser. Im Osten hab ich immer ein volles Haus, besonders wenn ich irgendwo zum zweiten Mal hinkomme. In Westdeutschland ist es schon sehr schwierig, für die Shows zu werben. Wenn man ein Poster aufhängen will, verlangen viele Gemeinden einen Euro pro Poster pro Tag Platzmiete. Kleine Geschäftsleute haben da keine Chance. Nur Überlebenshelden mit PR-Firmen können sich das leisten."
Frank marschiert weiter zum Tempel, während wir noch nach Atem ringen.

Wir erreichen Tungnath am späten Nachmittag.
Sunil, wie jeder intelligente Neunjährige, boykottiert die letzten dreihundert Meter, liegt im Gras und quengelt. Rajiv lässt den Jungen liegen und bemerkt trocken: „Die Kinder sollten sich gelegentlich mit einem etwas härteren Leben und ein bisschen Anstrengung auseinandersetzen. Man weiß ja nie, wie das Leben wird."
Der vierzehnjährigen Anjali gelingt es schließlich, den kleinen Tyrannen vom Berghang loszueisen und ihn die letzten paar hundert Meter zu den Hütten unterhalb des Tempels zu lotsen.

## Der höchste Shiva-Tempel der Welt

Der Tungnath Mandir liegt auf 3700 Metern und sieht entsprechend Sturm gepeitscht aus. Ein einziger quadratischer Turm aus

grauem Stein, der in der Mitte am dicksten ist, ist das innere Sanktum des Tempels. Das Dach ruht auf rot, gelb und grün gestrichenen Holzpfosten und hat eine goldene Spitze.
Man betritt den kleinen Hof des Tempels durch ein Tor; Priester und Pilger läuten Glocken. Ein paar *Sadhus* sitzen auf einer Mauer, tratschen und schauen ins Tal hinab. Im Abendlicht sieht der Tempel irgendwie verloren aus, aber gleichzeitig auch, als ob er für die Ewigkeit gebaut ist. Vor dem Tempel steht ein Nandi, ein steinerner Bulle, dahinter Shivas Dreizack. Vom Vordach sieht ein Löwe auf Pilger herunter. Am Eingang sitzt rechts eine kleine Statue des glückbringenden Gottes Ganesh, daneben erblickt man die einfache Steinfigur eines Pferdes. Neben dem Hauptgebäude finden sich weitere kleine Schreine. Ein alter Mann läuft etwas konfus im Kreis herum und schlägt eine uralte Trommel. Rhythmisch ist das nicht. Einer der Priester ging mich schon um Geld an, als ich auf den Tempelhof trat, und so bewache ich die Kamera, während Rajiv und seine Familie ins Tempelinnere treten, um dort ihren *Darshan* zu empfangen. Ein paar Minuten später erscheinen sie alle wieder mit einem Tilak auf der Stirn, einem Lächeln im Gesicht und ein paar Rupien weniger in der Tasche.
Ich frage Aroon, wie das innere Sanktum aussieht, und sie meint trocken: „Animistisch."

Die Welt unter uns, die Welt, aus der wir irgendwann einmal aufgebrochen sind und uns dem Himmel zugewandt haben, ist unter einer Wolkendecke verschwunden. Wir können gerade noch die Forschungsstation auf dem Bergrücken unter uns ausmachen. Ich muss an James Hiltons Roman *Der verlorene Horizont* denken, an den Mythos von Shangri-La, das Kloster, in dem niemand altert, aber natürlich ist das den Hindus fern.
Hier altern schon die Kinder.
Die *Dhabas* unterhalb des Tempels werden von kleinen, dürren Männern und Jungen gemanagt. Die Jungen, manche winzig und kaum älter als zehn Jahre, sehen aus wie die Männer, hart, vom Wetter malträtiert.

Aber die Bergleute sind freundlich. Auf dem Weg zu der *Dhaba*, in der wir übernachten - hinter der Küche sind zwei Zimmer mit Betten und Steppdecken – treffen wir Karkadbam Baba, einen großen, dickbäuchigen *Sadhu* mit einem prachtvollen Berg verfilzter Haare auf dem Kopf, die ordentlich zu einer Schlange zusammengerollt sind. Wie alle *Sannyasis* ist Karkadbam mit diversen Ketten und Medaillen behängt und kommt auch gleich zur Sache.
„Willkommen in Tungnath, dem Heim Lord Shivas. Lass uns einen Chilam rauchen."
Ich lehne höflich ab, nicht nur, weil ich aufgrund der Höhe kaum atmen kann. Karkadbam ist allerdings keineswegs beleidigt.
„Kein Problem, mein Freund, Du kannst jederzeit einen Chilam mit mir rauchen."
Karkadbam wohnt sechs Monate im Jahr in einer kleinen Steinzelle, die an den großen Felsen hinter dem Tempel angebaut ist.
„Ich bin schon seit zweiundzwanzig Jahren hier. Wenn es im November zu kalt wird, ziehe ich mit den Jungen in den Dhabas weiter ins Tal, nach Ukimath. Das liegt auf nur 2000 Metern."
Karkadbam strahlt mich an und verschwindet in eine *Dhaba,* um seinen *Chilam* zu rauchen
Die Männer in der *Dhaba* kochen *Dal* und Reis auf einem winzigen Holzfeuer, und nachdem wir unsere Teller fast mitverschlungen haben, verschwinden wir in die Betten. Viel gibt es ja nachts auf 3700 Metern ohnehin nicht zu tun.

## Der Hase und der Monal

Ein neuer Tag auf dem Dach der Welt. Nach einer schlaflosen Nacht, in der ich um Atem ringe, bringt der Sonnenaufgang die Erlösung. Auch Aroon hat nicht geschlafen.
Um sechs Uhr beginnen wir hinter der Dhaba unsere Morgentoilette – es gibt nicht nur fließend Wasser, sondern sogar ein Klo – gerade als die Sonne über den Bergrücken nördlich von uns auftaucht.

Die Krähen kämpfen schon auf der Müllhalde unter uns um ihr Frühstück, und ich wundere mich, warum Tempel, die den ganzen Tag Geld einnehmen, nicht einen Teil ihrer Profite dafür verwenden, um den Plastikmüll zu entsorgen. Die Priester sitzen seelenruhig auf der Tempelmauer über uns und warten darauf, dass die Pilger und Rupien durchs Tor rollen. Von der Mauer haben sie sogar einen uneingeschränkten Blick auf die Müllhalde.
Wir trinken *Chai* und beobachten, wie sich die charakteristischen Umrisse der Berggipfel im Morgenlicht entfalten und verändern, wie aus sanften, schattigen Riesen gewaltige Steinwände mit scharf umrissenen Eiskanten werden.
Karkadbam ist auch schon wach, winkt mir hoffnungsvoll mit seinem *Chilam* zu und läuft zum Tempel hinauf.
Unterhalb des Tempels liegt ein kleines, stark abfallendes *Bugyal*, auf dem die Ponys grasen. Der schmale Grat, den wir entlang gelaufen sind, um zum Tempel zu gelangen, sieht in der blassen Morgensonne noch wilder aus als am Vorabend. Der Bergrücken beschreibt hier eine weite Kurve; irgendwann, vor vielen tausend Jahren, muss es hier mal zu einem Abriss gekommen sein, denn jenseits der Kurve fällt der Abhang ins Nichts.
Rajiv, Naresh und die Crew stehen direkt an der Kante und versuchen, an dem steilen Abhang den *Monal* zu erspähen. Dieses Berghühnchen lebt am liebsten in solchen Steilwänden.
Als wir uns zu der Gruppe aufmachen, kommt der Steuerfritze aus Kota, gefolgt von seinem Sohn, der wie Clint Eastwood in einen bodenlangen Mantel gehüllt ist, mit einem breiten Lächeln auf uns zu.
„Tiger, Tiger, da sind zwei Tiger im Abhang."
Es dauert ein paar Minuten, bis wir die Crew erreichen, auch auf ebener Fläche kommt man leicht aus der Puste. Rajiv und Naresh lachen aus vollem Halse über den Mann aus Rajasthan.
„Die waren so neugierig, dass wir ihnen erzählt haben, zwei Tiger seien gerade um einen Felsvorsprung herum verschwunden. Dann haben wir ihnen zwei Ziegen durch die Kamera gezeigt. Die wa-

ren so weit weg, da konnte man nicht mehr erkennen, was sich da bewegt," erklärt Naresh.
Inzwischen hat der Kameramann auch einen männlichen *Monal* vor der Linse. Rajiv beschreibt die Färbung des Gefieders.
„Frauen müssen Make-up tragen, um Männer anzuziehen, während das Männchen nur aufkreuzen muss und sowieso schon gut aussieht. So ist es oft in der Natur."
In der Tat ist es das Männchen, das ein blaubuntes Federkleid hat. Die Weibchen sind braun und sehen neben der Farbenpracht ihrer Männer ziemlich unscheinbar aus. Wie das weibliche *Monal* die Aufmerksamkeit der Männchen auf sich zieht, erklärt Rajiv nicht. Durch die Kamera sieht das erspähte Männchen wunderbar aus, wie ein Regenbogenhühnchen. Der Vogel sitzt alleine auf einem kleinen Felsvorsprung und hält nach schlichten Weibchen Ausschau.

Am Nachmittag schickt Naresh den rebellischen Gopal auf den Gipfel des Chandrashila und verspricht, den Jungen während des Auf- und Abstiegs zu fotografieren. Gopal lässt sich gerne fotografieren. Gleichgültig, ob seine Tätowierung auf dem Bild zu sehen ist oder nicht.
Babu steht wie ein Bernadiner neben Naresh, wechselt Kameras und Batterien und heimst sich, immer wenn er selbst ein Bild macht, eine Flut Kritik des Meisterfotografen aus Delhi ein.
Auf dem Weg zurück zum Tempel sehen wir jede Menge *Pikas*. Rajiv meint, dass dies eine sogenannte Himalaya-Ratte sei, aber es stellt sich heraus, dass der sogenannte *Pika* tatsächlich ein kleiner Hase ist.
Später, während wir einen Teller klebriger Maggi-Nudeln verschlingen und heißen, mit Ingwer gewürzten Tee schlürfen, erzählt uns Rajiv, wie schwierig es ist, in Uttaranchal den Tourismus anzukurbeln.
„Alles dreht sich um die Pilger, und außer mir gibt es nur ein paar ganz wenige andere Agenturen, die versuchen, Programme für

Touristen aus dem Ausland zu organisieren. Diese Reiseführer sind finanziell nicht so gut abgesichert wie ich, können also nicht investieren oder Geschäftsrisiken eingehen."
Seine Halbtagstouren in den Rajaji Nationalpark kosten stolze 1850 Rupien.
Rajiv grinst: „Das ist ein Haufen Geld, aber trotzdem habe ich während der Saison jede Menge Kunden. Es ist eben eine gute Tour. Viele kommen wieder."

## Soloaufstieg zum Dach der Welt

Ich muss ganz ehrlich sein, Trägheit, Höhenkrankheit und Kälte halten mich davon ab, am nächsten Morgen den Chandrashila zu erklimmen.
Der Chandrashila ist zwar einer der niedrigsten Berge des Himalaya, jedoch ist er der höchste Berg des sogenannten inneren Garhwal Himalaya. Mit seinen 4100 m ragt er heraus; er ist auf Karten vermerkt und jedem Garhwali ein Begriff.
In der Nacht hat es geschneit, und oberhalb des Tempels ist alles weiß. Auch die gestern noch grünen Bergrücken nördlich von uns, die zwischen Tungnath und den Gipfelriesen des Himalaya liegen, sind weiß überzuckert bis hinunter an die Baumgrenze.
Ich kehre zurück ins warme Bett, während Aroon die letzten 400 Höhenmeter erklimmt und den Gipfel, den Sonnenaufgang und den ersten Neuschnee in ihrem Leben alleine genießt – nur ein paar *Pikas* und Krähen leben auf dem Gipfel.

## Die Welt schmitzt dahin – Klimawechsel im Himalaya

Unterhalb des Tempels liegt die alpine Forschungsstation, die vom Umweltministerium als Teil eines Forschungsprojektes zur Untersuchung medizinisch nutzbarer Pflanzen eingerichtet wurde. Das Projekt wird von Wissenschaftlern der Universität Srinagar geleitet.
Die kleinen Gebäude des Instituts stehen auf einer Bergkante mit

Blick auf die Bergkette des Himalaya, die Gipfel Shivling und Nilkanth sind klar erkennbar. Auf dem Gelände stehen auch eine Reihe von Gewächshäusern vor einem felsigen Hang, in denen verschiedene Kräuter und Blumen wachsen.
Da die Forschungsstation etwas abseits des Weges nach Tungnath liegt, leben die vier Forscher hier sechs Monate lang in fast völliger Isolation.
Dr. Ashish Kumar Chaturvedi kommt aus Kanpur am Ganges, aber arbeitet seit drei Jahren in Tungnath.
„Diese Forschungsstation wurde 1979 ins Leben gerufen: Viermal täglich messen wir die Temperaturen und den Niederschlag und untersuchen eine große Auswahl medizinischer Pflanzen aus der Region, die in der Homöopathie und *Ayurveda* benutzt werden."
Gemeinsam mit Dr. Yajiv Vashishthra, der aus Srinagar kommt und zwei weiteren Kollegen, ist der Wissenschaftler auf sich gestellt. Dr. Ashish ist das aber recht: „Es ist schon schwierig, hier zu leben, weil es außer dem Forschungsprojekt und Reparaturen am Gebäude nichts zu tun gibt. Aber ich arbeite gerne auf mich selbst gestellt."
Die letzten dreißig Jahre hat die Forschungsstation zusammen mit einem Forschungszentrum in Poitvisa auf 2200 Metern und der Garhwal Universität in Srinagar zusammengearbeitet.
Dr. Yajiv Vashishthra erklärt, warum das Projekt 1979 ins Leben gerufen wurde.
„Wir versuchen nun schon seit Jahrzehnten, für medizinische Zwecke einsetzbare Pflanzen ausfindig zu machen. Die alten Menschen im Garhwal haben ein enormes traditionelles Wissen, aber das wird nicht weitergereicht und ist inzwischen fast verschwunden. Wir versuchen auch herauszufinden, wie und wo man Pflanzen, die wir schon bestimmt haben, am besten anbaut."
Seit 2006 hat die Forschungsstation eine neue Aufgabe.
Dr. Ashish Kumar Chaturvedi ist enthusiastisch über seinen neuen Job: „Wir haben gerade angefangen, die Auswirkungen vom globalen Klimawandel auf den Himalaya zu untersuchen. Wir

schauen natürlich besonders auf die Veränderungen des Wetters und deren Einfluss auf die Pflanzen, die in dieser Höhenlage heimisch sind. Unsere Statistiken zeigen, dass die Temperatur in den letzten hundertfünfzig Jahren um 1.5 Grad gestiegen ist. Aber wir haben bemerkt, dass diese Erwärmung jetzt viel schneller vonstatten geht. Viele Pflanzen ziehen sich wegen des beschleunigten Temperatur- und $CO^2$ Anstiegs in immer höhere Lagen zurück, und wir gehen davon aus, dass manche Arten aussterben werden."

Aber die ansteigenden Temperaturen sind nur ein Problem, mit dem sich die Menschen im Garhwal auseinander setzen müssen: „Wir untersuchen hier einen sehr komplexen Prozess. Die wachsende Bevölkerung übt immer mehr Druck auf die Umwelt aus. Vor allem hat infolge des Bevölkerungsanstiegs das Vieh alles abgegrast, und die Erosionsgefahr wird immer größer. Aber im Grunde, so nehmen wir an, liegt das Hauptproblem bei den schnell ansteigenden Temperaturen."
Die „Alpine Research Station" wird in den kommenden drei Jahren versuchen, diese Hypothese zu beweisen, aber die beiden Wissenschaftler haben keinen Zweifel, dass der Klimawandel die Region nachhaltig verändern wird.
„Wir haben in den letzten Jahren bemerkt, dass der Permafrost sich immer tiefer in den Erdboden zurückzieht. Das führt auch zu Erosion, weil die oberen Bodenschichten zu weich werden und einfach wegschlittern. Dazu kommt, dass die Gletscher im Garhwal immer kleiner werden. Gaumukh, die Quelle des Bhagirathi ist ein gutes Beispiel."

## Talwärts

Die zwei freundlichen Wissenschaftler laufen bis zum Tor des Geländes mit und bestimmen ein paar der Pflanzen, die hier am Wegrand wachsen. Als wir uns schließlich verabschieden, kriechen dicke Wolken den Berg hinauf, und es sieht nach Regen aus. Trotz-

dem steigen wir langsam wieder in die Tiefe und halten an, wenn wir Pilger auf dem Weg zum Tempel treffen.
Wir trinken *Chai* und süßen Rhododendronsaft und unterhalten uns einer kleinen Gruppe *Sadhus*, die es trotz des kommenden Sturms nicht eilig haben, den Tempel zu erreichen. In einem der kleinen Schutzhäuschen finden wir einen *Sannyasi*, der schweigend im Halbdunkel in eine Decke eingewickelt sitzt. Der Oberkörper des jungen Mannes ist völlig verbrannt und vernarbt, aber sein Gesicht strahlt unendlichen Frieden aus. Er sagt kein Wort, will auch unsere Kekse nicht mit uns teilen, und lächelt nur etwas entrückt vor sich hin.
Ein paar Minuten später treffen wir einen weiteren schweigenden *Sadhu* am Wegrand, der allerdings unbedingt fotografiert werden möchte. Er stolziert wie ein Berglöwe vor uns auf und ab und hält seinen Stock wie einen Zauberstab in den grauen Himmel. Nichts geschieht.
Mit den Fotos ist er sichtlich zufrieden, wackelt mit dem Kopf und marschiert davon.
Oberhalb des *Bugyal* halten wir noch einmal an, um zu sehen, ob inzwischen jemand in die Hirtenhütten zurückgekehrt ist, aber die Ochsen, die hinter den Gebäuden grasen, haben bereits meine knallig orangefarbene Jacke erspäht und werden nervös.
Ich bin schon vor ein paar Monaten, nachdem ich dummerweise mein Hotel in Jodhpur in einem knallroten T-Shirt verlassen hatte, von einer aggressiven Kuh durch die schmalen Gassen der Blue City, der Altstadt von Jodhpur, gescheucht worden und fühle mich heute nicht wie ein Matador.
Um eine Konfrontation zu vermeiden, steigen wir den letzten Kilometer nach Chopta herab und bestellen in einer *Dhaba* ein Mittagessen, als es anfängt zu regnen. Der Regen ist eiskalt, und der Gipfel des Chandrashila ist schnell im Nebel verschwunden. Am Nachmittag wird der Himmel wieder etwas klarer, und die Hügel um uns herum sind schneeweiß. Mitten im Sommer. Ganz sicher schneit es am Tungnath Mandir auch.

Zurück in der Hütte in Chopta erzählt mir der Kameraassistent von seiner verpatzten Karriere. Der ruhige, bescheidene Mann ist ursprünglich aus Himachal Pradesh, einem Nachbarstaat von Uttaranchal.

Als seine Mutter erkrankte, zog er aus Delhi in sein Heimatdorf zurück. Als jüngster Sohn war er dazu verpflichtet. Da er nun nichts mehr verdiente, konnte er die Arztkosten für die Mutter nicht mehr bezahlen, die nach drei Jahren starb. Als er nach Delhi zurückkehrte, fand er keinen Job, denn das indische Fernsehen hatte in der Zwischenzeit von analog auf digital umgestellt. Jetzt arbeitet er als Assistent, fängt wieder von vorne an. Das macht den eigentlich liebenswerten Mann sehr bitter, und nach einer Weile beginnt er, über die Ausländer, die in den Himalaya kommen, zu schimpfen.

„Diese Hippies werden die Einheimischen völlig korrumpieren. Viele ausländische Frauen haben inzwischen Männer aus den Dörfern geheiratet und sich dort permanent niedergelassen. Zudem rauchen sie alle Haschisch."

Ich verstehe seine Beschwerden nicht ganz. Erfunden haben die ausländischen Besucher das Haschisch nicht, und in den Bergregionen des Himalaya wird auch von Einheimischen *Charas* konsumiert.

Zudem würden wahrscheinlich fast gar keine Touristen durch den indischen Himalaya reisen, wenn es nichts zu rauchen gäbe. Die größten Touristenzentren in der Region sind das Kullu-Tal und Manali und weiter östlich das Dorf Almora im Kumaon, beides Gegenden, wo der Hanf wächst und verkauft wird.

Abgesehen von den Hippies, die sich hier jeden Sommer zu Tausenden versammeln, ist es erstaunlich, wie wenige Trekker und Touristen in den indischen Himalaya reisen.

Wenn man vom buddhistischen Ladakh und Dharamshala, dem Sitz des Dalai Lama und der Exilregierung Tibets, und den Gegenden absieht, in denen Haschisch wächst, hat man als Trekker eine sechshundert Kilometer lange Bergkette fast für sich alleine.

Einzig in Nepal ist der Bergtourismus ausländische Devisen wert, aber da dort seit 1997 politisches Chaos herrscht ist, fährt niemand mehr hin.
Ganz sicher ist: Ohne Haschisch gäbe es heute so gut wie keinen Tourismus aus dem Ausland im indischen Himalaya.
Dass der Drogenkonsum seine Probleme mit sich bringt, das ist klar.
Morde an Dealern, sowohl Indern als auch Touristen, sind in den abgelegenen Tälern Himachal Pradeshs leider keine Seltenheit. Aber solange durch den Staat oder den Privatsektor keine Infrastruktur für Touristen geschaffen wird, reisen auch nur junge Leute hierher, die sich mit sehr einfachen Gasthäusern und einem Teller *Dal* zufrieden geben. Und die kommen nun einmal, um zu kiffen.
Dazu kommt, dass in Indien zu viele Männer leben (im Panjab kommen derzeit auf 1000 Männer nur 750 Frauen), teilweise weil die reichen Hindus abtreiben, wenn sie wissen, dass das Baby ein Mädchen sein wird. Zudem werden Mädchen in jungem Alter oft vernachlässigt und sterben, weil alles in den Sohn investiert wird. Daher erscheint das Einheiraten westlicher Frauen in die konservative, nach innen schauende Gesellschaft des Himalaya eigentlich eher positiv.
Während wir in den Abend hinein diskutieren, fängt draußen an ein Sturm zu toben. Ein paar Minuten lang reißen die Wolken auf, und ein wilder Sonnenuntergang schimmert wie eine Platzwunde durch das Unwetter, bevor mit einem Schlag alles dunkel wird. Nun heult der Wind um die Hütte, die wir mit der Filmcrew teilen und niemand wagt den Weg zur *Dhaba*, um etwas zu Abend zu essen.

In der Nacht liege ich, obwohl wir 700 Meter abgestiegen sind, halb im Schlaf und halb wachend im Bett und träume vor mich hin, während der Sturm am Gebäude rüttelt, und Wasser durch die Wände dringt.

Das ist ein Traum, das sind Visionen, die scheinen so wirklich, ich kann sie fast anfassen: eine Art Verfolgungsfilm, in dem ich andauernd renne, aus geheimnisvollen und vielleicht sogar kriminellen Gründen, aber trotzdem nie gefangen werde. Aroon rennt eine Weile neben mir her, dann erscheinen andere Menschen aus meiner Gegenwart und Vergangenheit, eine endlose Zahl vertrauter Gestalten, die gekommen sind, um sich zu verabschieden. Was immer die prophetischen Eigenschaften dieses Traums sein mögen, ich bewege mich durchaus gefasst und eigentlich guter Stimmung durch meine Gespinste.
Angst habe ich nicht in diesem Traum, in dem mein Leben an einem dünnen Faden hängt und als ich am nächsten Morgen zu mir komme, fühle ich mich wie neugeboren. Vielleicht hat Shiva mich nicht nur sicher von seinem Tempel wieder ins Tal begleitet, sondern auch noch durch meinen persönlichen Alptraum geführt. Vielleicht was es einfach nur die Höhenluft.

## Männer und Frauen

Naresh hat seine Form wiedergefunden. Wir stehen alle für das Gruppenfoto stramm, und er fängt an, auf den neunzehnjährigen Babu, seinen Assistenten, zu schimpfen und diesen vor der gesamten Gruppe niederzumachen.
Als der Junge sich kleinlaut verteidigt, wirft Naresh den Objektivdeckel auf ihn und schreit: „Du kriegst das nie gebacken. Wie kannst Du nur in der Erwartung leben, dass Du einmal ein guter Fotograf wirst, wenn Du kein Hirn hast, Junge?"
Der Rest der Gruppe schaut in die Berge und ignoriert Naresh so gut es geht, bis sich der große Mann beruhigt hat, und wir uns schließlich wie ein Fußballteam für das Foto aufbauen. Die einzigen, die auf dem Bild lächeln, sind Aroon, Naresh und ich. Manjula, Nareshs junge Freundin, hat seit einigen Tagen nichts mehr gegessen und beobachtet ihren Partner mit einem starren Gesichtsausdruck. Die zwei wechseln kaum ein Wort.

Wir marschieren alle zu einer *Dhaba,* um *Alu Paratha,* ein mit Kartoffeln gefülltes Fladenbrot, und *Chana Masala* zum Frühstück zu bestellen. Während wir in dem proppevollen Restaurant sitzen und auf das Essen warten, lässt Naresh nicht locker und ruft immer wieder, wir sollten uns beeilen, er müsse heute noch nach Delhi zurückfahren.
Naresh verzichtet auf das Frühstück und nimmt stattdessen Sunil in den Wald hinter der *Dhaba* mit und macht unzählige Porträtaufnahmen von dem Jungen, während wir am Auto auf ihn warten.
Dort heißt es dann wieder *Jaldi, jaldi* (Schnell, schnell).
Naresh will, dass die Wagen in Sekundenschnelle gepackt und bestiegen werden. Auf dem Rückweg Richtung Hardwar wird natürlich wieder alle paar Minuten angehalten, um die Kameracrew zu noch ein paar Aufnahmen mehr zu scheuchen. Aroon und ich versuchen, während der längeren Fahrpausen dem Trubel so weit wie möglich fernzubleiben. Wir sitzen an einem Hang und beobachten, wie die Kinder durch einen Wasserfall springen, als Gopal, der tätowierte Rebelle, zu uns herüberstolziert: „Was macht Ihr denn?" fragt er.
„Wir vermeiden Ärger," ist die einzige Antwort, die mir einfällt.
Das reicht ihm allerdings, und er schlurft wie ein echter, frustrierter Teenager davon.
Im dem einen der beiden Wagen sitzen heute nur wir und die Kinder, und ich schreibe für Gopal ein paar deutsche und französische Sätze auf, um die er mich gebeten hat.
Gopal hat vor, Mädchen aus dem Ausland mit seinen Sprachkenntnissen zu beeindrucken und will wissen, wie man „Ich liebe Dich" in so viele Sprachen wie möglich übersetzt.
Nach einer Weile mischt sich Manjula in unsere Sprachstunde ein: „Ihr Ausländer glaubt immer, dass wir indischen Frauen völlig unemanzipiert und abhängig von den Männern sind. Wir sind inzwischen aber recht frei."
Ich gebe ihr auch recht, zumindest was manche der Reichen und

der Armen betrifft, aber in der Mittelklasse hat zumeist der Mann das Sagen.
Manjula hat darauf eine Antwort parat: „Aber bei den Moslems ist das alles doch viel schlimmer."
Ich wende vorsichtig ein, dass die Hindufrauen in Rajasthan genauso wenig Entscheidungsfreiheit im Leben haben wie die moslemischen Frauen jenseits der Grenze in Pakistan.
Manjula ist nicht beeindruckt: „Du bist sehr frech und hast sehr böse Gedanken," meint sie und wechselt den Wagen.
Um die Mittagszeit erreichen wir Srinagar und trennen uns von Rajivs Gruppe, die nach Hardwar weiterfährt. Vor allem Gopal scheint traurig zu sein, dass wir uns absetzen. Naresh wiederholt immer wieder, dass ich ihn unbedingt anrufen muss, wenn ich wieder in Delhi bin.
Wir haben fünf großartige und faszinierende Tage mit Rajivs Expedition verbracht, ein Leben, das wir beide nicht kennen. Das Aufeinanderprallen unserer so verschiedenen Kulturen hat die Reise für uns alle bereichert.

Am Nachmittag laufen wir durch Srinagar. Abseits der Hauptstraße stehen in dieser für den Garhwal typischen Kleinstadt noch eine ganze Reihe wunderschöner alter Stein- und Holzgebäude aus dem späten 19. Jahrhundert. Meist liegt im Erdgeschoss ein Geschäft, während der erste Stock, der als Wohnraum dient, ein bisschen zurückversetzt ist, um für einen schmalen Balkon Platz zu machen. Die Wände sind weiß getüncht, und die Pfosten der älteren Häuser sind mit in das alte, morsche Holz geschnitzten Lotusblumen verziert.
Während wir uns die ruhigen Seitenstraßen anschauen, kommt ein Mann auf mich zu und fragt: „Sind Sie mit einem Elefanten verheiratet?"
Aroon läuft ungefähr hundert Meter weiter unten die Straße entlang, aber selbst aus großer Distanz sieht sie einem Elefanten keineswegs ähnlich. Ich sage dem Mann höflich, dass dies nicht der

Fall sei. Ich ahne schon, dass sich dieses Gespräch weder beenden noch fortführen lässt.

Der Mann folgt mir auch wie erwartet die Straße entlang und ruft mir laut Dinge über Schweden, die Berge und das Eheleben diverser Tierarten an den Kopf.

„Er ist wahnsinnig."

„Ja, das weiß ich schon, er hat mich gerade gefragt, ob ich mit einem Elefanten verheiratet bin."

Die Jungen in dem Geschäft, vor dem ich stehe, lachen sich kaputt, während der Wahnsinnige eine zerrissene Weltkarte aus seiner ebenfalls zerrissenen Jacke zieht. Er beginnt die Namen der Länder der Welt zu rezitieren und erinnert mich dabei an Klaus Kinski: „Schweden, Korea, Dominikanische Republik..."

Glücklicherweise verliert er das Interesse an mir.

Wir setzen uns in ein Restaurant.

Am Nebentisch sitzen zwei junge Typen und spielen mit ihren Handys.

„Hallo, wo kommen Sie her?"

„Aus Deutschland."

„Ist Deutschland ein reiches Land?"

„Hm."

„Mögen Sie Indien?"

„Ja."

Jetzt kommt die Preisfrage: „Denken Sie, dass Indien ein armes Land ist?"

„Nein."

„Denken Sie, dass Indien ein armes Land ist?" fragt einer der Jungen noch mal ungläubig. Vielleicht denkt er, ich habe ihn nicht ganz verstanden.

„Nein, Indien ist nicht so arm wie viele andere Länder, in denen ich arbeite."

Der Junge guckt mich nun ein bisschen wütend an, die Antwort passt ihm überhaupt nicht.

Sein Freund lässt nicht locker: „Aber Sie glauben doch, dass Indien

*Badefreude am Har Ki Pairi Ghat in Hardwar*

*Eine Segnung während der Ganga Aarti in Hardwar*

*Sadhus an der Straße von Hardwar nach Rishikesh*

*Eine Wildwasser Schlauchboot Tour in Rishikesh*

*Träger und Pferdebesitzer warten in Chopta auf Kunden*

*Der Weg nach Tungnath, dem höchsten Shiva Tempel der Welt*

*Ein Sadhu macht auf dem Hof des Tungnath Tempels Pause*

*Die Alpine Research Station unterhalb des Tungnath Tempels.*

*Landour*

*Sex Beratung, Mussoorie*

*Ruskin Bond*

*Ganesh Saili*

*Bill Aitken*

*Colleen and Hugh Gantzer*

*Altstadt Srinagar (Uttaranchal)*

*Der Tehri Damm*

*Im Flussbett des Baghirathi in Uttarkashi*

*Ein Sadhu in Uttarkashi*

*Mukhba*

*Matli*

*Sonnenaufgang in Dharali*

*Pilgerbus in Gangotri*

*Sadhus an den Ghats in Gangotri*

*Eine Gruppe Sadhus auf dem Weg nach Gaumukh*

*Tapovan – Die Wiese Gottes*

*Junge Bharal (Blauschafe) in Tapovan*

ein armes Land ist?"
„Nein, eigentlich nicht."
Die zwei starren mich verärgert an und stehen auf, um zu gehen. In dem Moment fängt eins der 20.000 Rupien Handys an, Musik zu machen, ein Bollywood-Klingelton.
Aroon findet in der Nähe der Busstation einen Schuhmacher, der ihr eine neue Sohle an den Wanderschuh klebt. Die neue Sohle besteht aus einem Stück Reifen. Sie kostet einen Euro und hält ganze vier Tage.
In Internet Café von Srinagar hängt ein Plakat an der Wand, das Kunden ermahnt, keine Pornoseiten aufzumachen. Dennoch hat jeder Internet Browser eine ellenlange Liste von vielversprechend klingenden URLs wie www.russiangirls.com oder www.bollywoodsex.com und ähnlich exotischen Seiten gespeichert. Da in Indien die Bildschirme meist durch dünne Holzwände getrennt sind, so dass der Kunde in einer kleinen Kabine sitzt, ist ein Minimum an Privatsphäre gesichert. Natürlich ist der Laden voller junger Männer, die ihre letzten Rupien verplempern, um ihre Vorstellungen von Ausländerinnen noch etwas zu pervertieren.

*Mussoorie*

# Der Geisternebel des Raj

Bevor wir weiter den Ganges hinaufreisen, machen wir einen Abstecher nach Mussoorie, die von den Bewohnern des Garhwal so genannte Königin der *Hill Stations*.
Der Bus quietscht und hustet durch Nieselregen und dichten Nebel in den Busbahnhof von Mussoorie hinein, eine Reihe von Hütten, die an einem steilen Abhang zu stehen scheinen, den wir allerdings nicht sehen können. Auf der Straße beträgt die Sichtweite kaum zehn Meter, und wir sind zunächst etwas desorientiert. Nach der langen Busfahrt habe ich das Gefühl, in Zuckerwatte zu schweben und bin von der feuchten Kälte, es hat vielleicht zwanzig Grad, begeistert.
Ich frage einen Angestellten in einem *Wine Shop*, in dem es nur Whisky, Gin und Wodka gibt - allesamt *Made in India* - wo es in die Stadt geht.
Der nicht ganz nüchterne Mann deutet in den Nebel.
Mussoorie gibt nur selten sein Angesicht preis: Meist hängt der Ferienort der früheren britischen Kolonialherren über dem grünen Dun-Tal in einer Wolke.

Den Briten war Indien zu heiß, und effiziente Klimaanlagen gab es im neunzehnten Jahrhundert nicht – damals ließ man Eisblöcke in die Wände der Bungalows ein, die dann mit Hilfe von kleinen Windturbinen, die indische Bedienstete von Hand bedienten, in kühle Wassertropfen verwandelt in das Hausinnere gesprüht wurden.
Wo immer man geeignete Berge oder Hügel mit dem entsprechenden Klima auffand, wurden *Hill Stations* gebaut.
Sicher spielte das Heimweh nach Großbritannien eine Rolle bei der Erschließung dieser Städte in den Wolken. Das feuchte, kühle Klima erinnerte ja an Zuhause.
Außerdem glaubte man, dass Malaria oberhalb von 4000 Fuß (1300 Meter) von der Anopheles, der Malariamücke, zwar weiter-

gegeben werden konnte, aber dass dies in Höhenlagen nicht ansteckend sei.

*Hill Stations* sind meist im Norden des Landes zu finden, in den Vorgebirgen des Himalaya. Auch im Süden Indiens, in den *Western Ghats* von Tamil Nadu (Kodai und Udhagamandalam) und auf dem einzigen Berg im westlichen Wüstenstaat Rajasthan, dem Mount Abu, versuchten die Kolonialherren, sich so weit wie möglich der Hitze sowie der Verwaltung des *British Empire* zu entziehen.
In den *Hill Stations* des britischen Indien erholen sich zermürbte Bürokraten und verwundete Soldaten.
In Udhagamandalam, vormals Ooctamund, Darjeeling und Shimla ließen die Briten sogar Schienen für sogenannte *Toy Trains*, Züge, die auf besonders schmalen Gleisen fuhren, legen, welche die Reise, die sonst zu Fuß, per Kutsche, Pferd, Esel oder *Palki* (Sänfte) stattfand, angenehmer machen sollte. Das waren große koloniale Projekte – man baute in dem imperialen Bewusstsein, den Subkontinent in alle Ewigkeit zu regieren.
Indern – sofern sie nicht als Bedienstete tätig waren - war der Zutritt zu dieser exklusiven Welt weitgehend verboten.

Im Garhwal und im benachbarten Kumaon entstanden im 19. Jahrhundert eine ganze Reihe *Hill Stations* – Naini Tal ist heute ein beliebter Anlaufpunkt für Hochzeitsreisende. Lansdowne, östlich von Hardwar, ist fest in den Händen des indischen Militärs und hat eine ruhigere Atmosphäre.

Mussoorie liegt, genau wie Shimla im benachbarten Himachal Pradesh und Darjeeling im West Bengalen, auf einem Bergrücken auf ungefähr 2000 Metern Höhe. Obwohl der Abzug der Briten und die Unabhängigkeitserklärung Indiens nun schon mehr als fünfzig Jahre zurückliegen, sind es die Spuren der Engländer, welche die Stadt weiterhin attraktiv machen.

Landour, gegründet 1823, war einst ein Kasernenbezirk ein paar Kilometer oberhalb des heutigen Mussoorie.
Angeblich ritt ein irischer Captain Young Anfang des 19. Jahrhunderts einst auf den Bergrücken oberhalb des Dun Tals und hatte den Einfall, ein Quartier für seine Truppen zu bauen.
Fortan würde die Gegend Landour heißen – im Sinne von *Land Our* – Unser Land - so behauptet mancher Einheimische, eine Geschichte, die von Mussoories Historikern allerdings bestritten wird.
Viel wahrscheinlicher ist es, dass der Name Landour von *Landura* abgeleitet wurde. *Landura* ist eine moslemische Gemeinde in der Nähe von Hardwar.
Nachdem die Engländer auf den Berg gezogen waren, bauten moslemische Geschäftsleute den Kulri-Bazaar in Landour, um die Soldaten zu versorgen. Noch heute haben viele der alten, kleinen Geschäfte im Basar deutlich moslemische Architektur.

Nach der Gründung Landours als Militärstützpunkt folgte um 1840 auch die britische Zivilbevölkerung, und Mussoorie wurde unterhalb des Kasernenbezirks errichtet. Der Name Mussoorie kommt von dem Busch *Mansur*, der aus der Gegend kommt. Auf deutsch wird die Stadt auch *Masuri* genannt.

Im frühen 19. Jahrhundert lebten viele Briten, sogenannte *Nabobs* (dies ist eine Ableitung des arabischen Wortes Nawab und ein asiatischer Herrschertitel) wie Inder.
Sie trugen indische Kleidung, lernten Urdu und nahmen indische Traditionen an: Diese Männer gingen längere Beziehungen mit indischen Frauen aus guten Familien, sogenannten *Bibis*, ein.
Mischehen waren keine Seltenheit, und die *Bibis* traten auch bei öffentlichen Anlässen mit ihren Männern auf.
Andere *Nabobs* hielten ganze Harems, ohne allzu großes Aufsehen zu erregen.
Das änderte sich nach dem indischen Aufstand von 1857, dem er-

sten Versuch der Inder, die Briten zu vertreiben. Kurz darauf wurde die Plünderung des Landes durch die *Honorouble East India Company* aufgehoben, und die britische Krone übernahm die Verwaltung des Subkontinents. London wies die in der Kolonie stationierten Briten an, sich von der Bevölkerung abzuschotten.

Zu einer weiteren Distanzierung zwischen Briten und Indern kam es, als die sogenannte *Fishing Fleet* (Fischereiflotte) in Indien eintraf. Nach der Öffnung des Suezkanals im Jahr 1869, der die Reise zwischen Europa und Asien um Wochen verkürzte, reisten Tausende britischer Frauen nach Indien - auf der Suche nach Ehemännern.
Ihnen folgten Missionare und viktorianische Wertvorstellungen. Das vormals freizügige Leben der Kolonialherren ging zu Ende. Vor allem der Einfluss der Kirche verwandelte die Inder in den Augen ihrer Herrscher von Menschen zu Untertanen, wenn nicht gar Untermenschen.
*Divide and Rule*, teile und herrsche, hieß die Devise. Man verstand es, die unterschiedlichen Bevölkerungsschichten gegeneinander auszuspielen und dadurch Kontrolle zu erlangen.
Die heutigen Auseinandersetzungen zwischen Hindus und Moslems sind teilweise auf diese Regierungspolitik zurückzuführen.

Für die Briten wurde das Leben also ab der Mitte des 19. Jahrhunderts, zur Zeit der Gründung der *Hill Stations*, mehr und mehr geregelt, um die Distanz zwischen Regierenden und Regierten aufrecht zu erhalten.
Den *British Other Ranks*, den Fußsoldaten des Raj, war es streng verboten, mit Indern soziale Kontakte zu pflegen. Um diese armen Schlucker vor dem Wahnsinn zu bewahren, errichteten die geschäftigen Kolonialherren landesweit ein Bordellsystem, in dem sich die völlig isolierten Soldaten abreagieren konnten – die Prostituierten waren freilich alle Inderinnen.
Die Rate der Geschlechtskrankheiten unter diesen Soldaten war

im Gegensatz zu der unter den indischen Kollegen angeblich phänomenal hoch.

Trotz dieser aktiven Freizeitgestaltung muss das Leben des Fußsoldaten wohl deprimierend gewesen sein – Tausende wurden von der Ruhr dahingerafft, brachten sich oder ihre Vorgesetzten aus Einsamkeit oder Langeweile um oder desertierten.

Die Offiziersklasse hatte dagegen ein anderes Leben. In den *Hill Stations*, fernab vom Zentrum der Macht, konnte man sich sozial gehen lassen, was zu endlosen Skandalen führte.

Aber eigentlich wurden die *Hill Stations* aus genau diesem Grunde gegründet – das Empire brauchte Partystädte, wo die hart regierenden Herrscher Dampf ablassen konnten. Und das beschränkte sich nicht nur auf die Männer des *Raj*.

Die Frauen in Indien stationierter Offiziere, sogenannte grüne Witwen, zogen in die Berge, wo ihre Kinder in Internate gingen. Junggesellen kamen in den Ferien auch in die Berge. Schließlich war es zu teuer und zeitaufwendig diese Leute in die Heimat zu verschiffen. Die Reise dauerte einfach zu lange. Vom März bis November, während der heißen Sommermonate, waren die *Hill Stations* also voller Junggesellen, die auf der Suche nach britischen Frauen waren. Man hatte heimliche Affären.

Mussoorie war deutlich liberaler als das benachbarte Shimla, denn dort lag der Sommersitz der britischen Regierung, und das strikte Protokoll des *Raj* sollte auf keinen Fall gebrochen werden. Da die grünen Witwen ihre Affären aber auch in Mussoorie nicht im eigenen Hause eingehen konnten, denn die Bediensteten hätten dies mitbekommen und ausgeplaudert, buchten die Damen ein Zimmer in einem der vielen Lusthotels in der Stadt. Im Zimmer nebenan wartete der Liebhaber schon.

Im Charlesville Hotel soll es einen halbblinden Bediensteten gegeben haben, der morgens um fünf durch die Korridore lief und eine kleine Glocke läutete. Das war das Zeichen, dass man auf sein eigenes Zimmer zurückzukehren hatte, bevor eine Stunde später das Frühstück serviert wurde. Solange dieses Spiel relativ diskret verlief, wurde es toleriert.

Im späten 19. Jahrhundert lockerte sich die soziale Isolation der Briten mit der Ankunft schwerreicher Maharajas, der Prinzen Indiens, die für die Kolonialherren weite Strecken des Reiches regierten und dafür freie Hand hatten, ihre Untertanen gnadenlos auszuplündern.
Die Briten bewunderten diese oft exzentrischen Aristokraten und erlaubten ihnen, Paläste in den *Hill Stations* zu bauen. Auch dadurch kam es weiterhin zu Skandalen, die das Empire erschütterten.
Indische Prinzen, die von den Briten aus welchen Gründen auch immer sozial geächtet wurden - öffentliche Affären mit weißen Frauen waren ein absolutes Tabu, das von den illustren Maharajas immer wieder gebrochen wurde - konnten am Partyleben in Shimla nicht teilnehmen und zogen nach Mussoorie.
Besonders berüchtigt war der Maharaja von Kapurtala - einem kleinen Reich im Panjab. Der Prinz machte sich bei den Kolonialherren unbeliebt, als er eine spanische Tänzerin heiratete. Nachdem man den Maharaja hatte wissen lassen, dass er in Shimla unerwünscht sei, baute er das Chateâu Kapurtala in Mussoorie.
Als Offizier konnte man sich, wie schon erwähnt, in den sozialen Kreisen der schwerreichen Maharajas bewegen, zumal diese das Leben in den Bergen mit Partys, Dinnern, Picknicks, Jagdausflügen und Bällen ankurbelten.
Indische Geschäftsleute, unabhängig davon wie reich sie waren, wurden dagegen abschätzig *Boxwallahs* genannt und blieben vom gesellschaftlichen Leben ausgeschlossen. (*Boxwallahs* waren fliegende Händler, die mit einer Kiste voller Waren auf dem Kopf im 19. Jahrhundert von Dorf zu Dorf gingen – vergleichbar den mit einem Bauchladen herumziehenden Händlern in Europa ).

Erst Ende des 19. Jahrhunderts wurden Inder oder Anglo-Inder - die Nachkommen europäischer Männer und indischer Frauen - von den Briten in Machtpositionen beschäftigt – als Polizisten, Steuereintreiber und Offiziere der Armee.

Sogenannte *Reservations* garantierten den Anglo-Indern Arbeit, was zu Spannungen in der Bevölkerung führte.
Traurigerweise wird das System der *Reservations* bis heute von Indiens Politikern ausgenutzt. Oftmals bekommt man seinen Studienplatz nicht deshalb, weil man die nötigen akademischen Qualifikationen hat, sondern weil man auf den Platz aufgrund der Kastenzugehörigkeit Anspruch hat. Immer mehr Kasten verlangen *Reservations*, was in vielen Staaten zu Auseinandersetzungen zwischen Kastenlosen oder niedrigen Kasten und der Polizei, beziehungsweise der Regierung führt. Das Kastensystem wird durch diese *Reservations* noch gestärkt.
Im späten 19. Jahrhundert zogen auch viele christliche Missionare aus den USA zu, und so schicken auch heute noch reiche Inder und Südostasiaten ihre Kinder in mehr oder weniger exklusive britisch und amerikanisch angehauchte Internatsschulen.
Die jungen amerikanischen Lehrer spazieren mit dem gleichen gottgegebenen Selbstbewusstsein wie ihre gesegneten Vorfahren durch Mussoorie und verbreiten ein kleines bisschen westliche Biederkeit, die glücklicherweise in der Saison im vulgären Touristentrubel untergeht.


Seit dem Aufstieg der indischen Mittelklasse in den neunziger Jahren des 20. Jahrhunderts sind alle *Hill Stations* im Sommer von neureichen Großfamilien überschwemmt, die über diese hochgelegenen Vergnügungsstätten herfallen, alles mitnehmen, was angeboten wird und nach zwei kurzen Monaten wieder in die Ebene verschwinden. Im Mai und Juni, den heißesten Monaten in Indien, flieht ganz Delhi nach Mussoorie. Kein Wunder, denn in der Hauptstadt herrschen zu dieser Zeit fünfundvierzig Grad, und die Armen sterben wie die Fliegen an Hitzschlag.
Den Rest des Jahres bleiben die *Hill Stations* den eigentlichen Bewohnern - Garhwalis, Tibetern, Nepalesen und einer Reihe von lokalen Minderheiten sowie ein paar Touristen aus dem Ausland - überlassen.

Die Neureichen bringen natürlich ihr neues Geld in die *Hill Stations* – kein Wunder also, dass die romantischen Sommerresidenzen vergangener Tage seit einigen Jahren allesamt am Baufieber leiden. Langsam aber sicher müssen die neugotisch-viktorianischen Gebäude aus dem 19. Jahrhundert modernen Einkaufszentren und Hotels weichen.

Trotzdem gehören die *Hill Stations* zu den atmosphärisch dichtesten Orten Indiens, und die Bewohner Mussoories sind aufgrund der Ferienstimmung und vielleicht auch der skandalösen Vergangenheit Besuchern gegenüber liberal und offen. Man ist ja an Fremde und deren Marotten gewöhnt.

## Mr. Prems Terrace Cottage

Für mich ist das kalt-feuchte Klima nach der Hitze in Hardwar und Rishikesh angenehm, und wir laufen an einem Geländer entlang in die ungefähre Richtung, in die der Mann im Wine Shop gewiesen hat. Rechts neben der Straße ragt eine hohe Felswand ins Nichts, an die gerade ein Junge pinkelt. Links stehen geisterhafte,

mit Moos überwachsene Eichen im gleichen Nichts und schwanken schemenhaft im leichten Abendwind hin und her. Zwischen den Bäumen huschen Affen und Waldgeister umher.
Nach hundert Metern gelangen wir an eine Kreuzung, wo ein paar Taxis herumstehen.
Während wir die Taschen in einem kleinen verbeulten Maruti verstauen, schält sich ein junger Mann aus dem Nebel und fragt, ob wir ein Zimmer suchen. Er will mir allerdings nicht sagen, wo sich das Zimmer befindet (was letztlich gleichgültig ist, wir können sowieso nicht einmal bis zum nächsten Gebäude sehen) und was es kostet. Stattdessen zieht er einen alten, weißhaarigen Mann in einem grauen Jackett aus einem kleinen Geschäft zu uns herüber.
Der Mann hält seine Zigarette wie ein Bösewicht in einem *Film Noir*. Mit dem kalten Blick eines Menschen, der alles schon mal gesehen hat, schaut er uns von oben bis unten an und bläst grauen, toten Rauch über die Straße.
Mr. Prem ist zweiundsiebzig Jahre alt und lädt uns ein, ein Zimmer in seinem historischen Familienhaus zu mieten, dem Terrace Cottage, das sich nur ein paar Meter weiter im Nebel befindet.
„Ich bin sehr vorsichtig, wem ich meine Zimmer vermiete. Auf keinen Fall an Inder, die machen zuviel Lärm. Ich habe gerne ruhige Gäste. Haben Sie Interesse?"
Der einstöckige, etwa hundert Jahre alte Bungalow Mr. Prems schwebt wie ein strategischer Aussichtspunkt über dem Bergstädtchen.
An einem klaren Tag sind von der Terrasse der Uhrenturm von Mussoorie, die Wellblechdächer diverser Paläste und die Minarette eine Moschee zu sehen.
Das können wir allerdings nur erahnen. Heute haben wir einen weißen, gähnenden Abgrund vor uns.

Das Zimmer ist ein absoluter Traum.
Ein großer Raum mit offenem Kamin und einer bildschönen Holzdecke, die aussieht wie ein gekentertes Ruderboot. Das Zim-

mer hat ein Bad, und hinter dem Bungalow findet sich ein Plumpsklo - das Ganze ist genau das, was wir suchen. Grüngestrichene Holztüren und Regale mit verrosteten Schlössern altertümlicher Konstruktion, antike Sessel, Schränke und ein großer Schreibtisch tun ihr übriges, um unser neues Domizil zu einem perfekten Heim in den Wolken zu machen.
Die Entfernung vom Bad zur Klotür ist kaum zwei Meter, aber auch dieser kurze Weg führt durch den geisterhaften, alles verschlingenden Nebel Mussoories.

Mr. Prem ist ein harter, alter Knochen. Er erzählt, dass er einst in Bollywood Filmproduzent gewesen sei. Nimmt man den Zustand des Bungalows als Maßstab, so wird er wohl keine Millionen gemacht haben, aber im alten Indien weiß man nie, wie ein reicher Mann aussieht – vor allem in den Bergregionen und auf dem Land ist Reichtum nicht immer offensichtlich.
„Das Gebäude habe ich vor vielen Jahren gekauft und dann noch ein Cottage drangesetzt. Angeblich soll es das erste Postamt in Landour gewesen sein. Wie Sie sehen, wird es den Briten gehört haben, ist ja leicht am Giebeldach zu erkennen. Wir Inder bauen lieber Kästen aus Beton, die allerdings für das feuchtkalte Klima nicht geeignet sind. Die alten Häuser aus Backstein halten die Wärme besser."
Mr. Prem erinnert sich noch gut an die Engländer. „Genau hier vor dem Haus stand früher ein großes Tor, der Eingang zu einem Hotel. Am Tor hing ein großes Schild, da stand „Zutritt für Inder und Hunde verboten."

Nachdem Mr. Prem sich versichert hat, dass wir weder Hunde, eine indische Großfamilie, noch verirrte Strandurlauber aus dem Westen sind und ihm seine vergilbten Drucke, die hinter zersprungenem Glas an der Wand des Zimmers hängen, nicht klauen werden, setzen wir uns auf die Terrasse, plaudern eine Weile – Mr. Prem erzählt von seinen Töchtern in Hyderabad und seinem

Sohn in Bollywood - und ich habe wie immer ein umfangreiches Formular für die örtliche Polizei sowie das Hotelregister auszufüllen.
Die letzten Gäste hatte Mr. Prem vor vier Wochen, ein Paar aus Frankreich.
Mr. Prem raucht Zigaretten, eine nach der anderen, schreibt sich alles noch einmal genau auf und verlangt eine Woche Miete im Voraus. Der Nebel zieht um die Terrasse und den alten Mann, der nun wie ein fast freundlicher Vampir wirkt. Dennoch gebe ich ihm die Anzahlung gerne, ich kann mir gar nicht vorstellen, dass es in der Welt jenseits dieses weißen Nichts ein besseres Zimmer gibt.

## Mall Road – Das Drehen ist kostenlos

Mall Road ist das Zentrum des historischen Mussoorie und die derzeitige touristische Hauptattraktion der Stadt. Im 19. Jahrhundert hieß diese lange, kurvenreiche Straße noch The Mall.
In der Hochsaison sind am frühen Abend sicher 20.000 Leute auf dieser zwei Kilometer langen Einkaufsstraße unterwegs. Obwohl in Mussoorie mehr als zehntausend Hotelbetten vermietet werden, wird es manchmal so voll, dass Besucher nicht nur im nahegelegenen Dhanolti versuchen, Unterkunft zu finden, sondern sogar im eigenen Auto schlafen.
Auch wenn Mussoorie in der Hauptsaison nicht genug Betten hat, gibt es auf der Mall Road alles, worauf der indische Urlauber aus ist.

Am wichtigsten ist das Essen.
Auf der Straße verkaufen zahlreiche Händler saftige Pfirsiche, Aprikosen und Kafal – kleine rote Beeren, die in den Bergen um die *Hill Station* herum wachsen. Auch *Bhuttas* – über einem offenen Feuer gebratene Maiskolben - sind ein Renner.
In zahlreichen *Dhabas* und Restaurants wird süd- und nordindi-

sche Küche geboten, unter anderem im Four Seasons Restaurant, das nicht ganz so fein ist, wie man es erwartet, und dessen Foyer wie ein heruntergekommener McDonalds aussieht. Ein echter McDonalds soll demnächst auch in Mussoorie Einzug halten.
Eine ganz besondere Attraktion ist das Georgy Porgy, ein kleines, antik anmutendes Restaurant, über dessen Tür ein vergilbtes Schild mit dem folgendem phänomenalen Fleischwarenangebot hängt:

Ph. 630012
RAJ Cold Storage
Fresh Items:- CHICKEN MUTTON PORK FISH
HAM.SALAMI.SAUSAGES.TIKKA.FRANKFUTTERS.
SHEEK KEBAB.BOILER.
POTALIVER.EGG'S.HOTDOG..LIVER BLACK PUDDING.
BONELESS.LEGPIECE.KOFTA.
CHOPS.KEEMA.COOKED DELICIOUS.
BONELESS – FISH                FISH PAKORA

Im Fenster des Georgy Porgy hängen die merkwürdigsten Grillhühnchen, die ich jemals gesehen habe. Viel mehr als zweihundert Gramm können diese traurigen, an Stahlspießen gelynchten ehemaligen Vögel nicht wiegen, und wer Vegetarier werden will, aber bis jetzt noch nicht den Mut dazu aufgebracht hat, sollte nach Mussoorie kommen und vor dem Georgy Porgy meditieren.
Indien ist bestens geeignet, um zu lernen, dem Fleischgenuss auf immer zu entsagen, denn das Fleisch Indiens sieht, auch wenn es noch lebendig ist, schon so malträtiert aus, dass das Verlangen nach einem saftigen Steak schnell vergeht. Und ein saftiges Steak gibt es ohnehin nicht.
Schräg gegenüber unserem Terrace Cottage ist ein kleiner Videoshop, der die neuesten Bollywood DVDs verkauft. Das winzige

Geschäft ist in die alte Bude eines Panverkäufers eingelassen. Direkt unter dem Geschäft, also knapp über der Straße, ist noch ein Käfig verstaut, in dem zu jeder Tages- und Nachtzeit bis zu dreißig Hühnchen vor sich in vegetieren. Jedes Mal, wenn ein Auto vorbeifährt und hupt, haben die armen Viecher fast einen kollektiven Herzanfall.

Die Rückwand des Videoshops bildet ein Gitter, durch das man im Halbdunkel einer Funzelbirne die Umrisse einer Metzgerei erspähen kann. Hier hängen zwei Ziegenkadaver an großen Haken von der Decke, und ein junger Mann mit bleicher Haut (warum sind Metzger auf der ganzen Welt immer so bleich?) zerhackt mit einem großen Beil den ganzen Tag seine Waren. Kunden für die DVDs habe ich noch nicht erspäht.

Alle, die etwas abenteuerlicher als im Georgy Porgy essen wollen, finden in Mussoorie vor allem tibetische und chinesische Restaurants.

Auch das feinste und teuerste Restaurant am Ort „The Tavern", das das Ambiente einer *Irish Bar* in Südostasien hat – also international und damit geschmacksneutral eingerichtet ist - serviert nur indische und chinesische Gerichte. Ein Salat ist weder hier noch sonst irgendwo in der Stadt zu bekommen.

Dafür wird in „The Tavern" das Mahl von einem jungen Sänger begleitet, der die neuesten Bollywood-Hits mit Hilfe einer akustischen Gitarre und einem phänomenalen Echo in der Stimme herunterleiert. Während wir hungrig über guten Dal Makhani und Lamm in Orangensauce herfallen, tritt der Musiker an unseren Tisch und fragt mich, wie wir denn die Musik fänden. Wir nicken höflich, worauf er gleich enthusiastisch vorschlägt, ein paar Songs aus dem Westen vorzutragen, *Hotel California* zum Beispiel. Ich versuche den Musiker davon überzeugen, dass wir eigentlich nur gekommen sind, um seine Hindisongs zu hören.

Auf der Straße herrscht der Urlaubstrubel. Kleinkinder rennen schreiend mit Softeis auf und ab. Jugendliche hängen an den Eingängen zahlreicher *Game Arcades*, mehr oder weniger moderner Spielhöllen, herum und rauchen Zigaretten. Großfamilien bestaunen Geschäfte voller Plastikartikel – Spiderman-Figuren, Geistermasken, Luftpistolen, Messer, Halsketten und Sonnenbrillen – es gibt einfach alles, was man nicht braucht. Und wenn die Kinder zu sehr quengeln, können sie in einen Kinderwagen verladen werden, der auf der Mall mitsamt Kinderwagen-Wallah angemietet werden kann. Die Jungs mit den Kinderwagen befördern auch Gepäckstücke, Gemüse, Gasflaschen und Hunde auf den steilen Straßen Mussoories.

Mitten in der Stadt steht ein kleiner, alter Mann namens Rahinder, neben einer sehr merkwürdigen Maschine, die aus der Zeit der industriellen Revolution überlebt zu haben scheint.
„Mach den Grifftest, nur 10 Rupien", bittet mich der zahnlose Alte.
Die Maschine steht auf einem hohen Tisch und sieht aus wie eine grob geratene Kuckucksuhr. Ein Messinggriff ragt aus der Konstruktion heraus, darüber ist eine Zählscheibe, die von 0 bis 500 reicht. Das System ist einfach und vom Prinzip her ähnlich wie bei einem Haut-den-Lukas. Hier hat der Kunde oder die Kundin den Griff so fest wie möglich zusammenzudrücken, um herauszufinden, wie viel Saft er oder sie in den Fingern hat.
Neben dem Messinggriff ist unter Glas eine Tabelle befestigt, die der Besitzer dieses Schaustücks nun ungefragt herunterleiert. Ein paar Tippfehler haben sich eingeschlichen, daher bleibt die Liste unübersetzt, um die Authentizität dieses Dokuments zu vermitteln.

Children – 250
Seths – 310
Lawyers – 330
Painters -350
Carpenter 370

Ladies - 290.
Manisters – 320
Doctors – 340
Clerk – 360
Student 380

Shopkeeper – 390
Fireman – 410
Conductors – 430
Soldiers – 450
Divers – 470
Farmers – 490
Dentist – 400
Shri – 420
Blacksmith – 440
Plumbers – 460
Sailor – 480
Hero – 500

Offensichtlich stammt die Maschine aus einer Zeit, in der Bauern in Indien fast noch Helden waren.
„Meine Maschine ist vierzig Jahre alt, aber es gab vorher auch andere Versionen, schon als die Engländer hier waren," versichert mir Rahinder, der wahrscheinlich von seinem Job auch nicht reich wird.
Als ich schließlich den Grifftest doch nicht wage, ist er nicht enttäuscht. Sicher hat seit Jahren niemand mehr soviel Interesse an seinem Beruf als Grifftestmaschinenverwalter gezeigt.
Am nächsten Tag kommen wir allerdings noch einmal vorbei, und Aroon kann dem Grifftest ein zweites Mal nicht widerstehen. Rahinder zeigt ihr, wie sie mit beiden Händen den Griff zusammendrücken muss. Der Grifftestmaschinenbetreiber landet, ohne sich groß anzustrengen, irgendwo bei den oberen dreihundert.
Aroon greift zu, aber der Zeiger bewegt sich nicht recht. Sie schafft gerade Hundertzehn. Rahinder sieht sie ungläubig an und bekommt fast einen Panikanfall – in der Annahme, dass seine Maschine nicht mehr funktioniert. Noch einmal greift der alte Mann zu, und wieder schafft er um die dreihundert.
„Versuchen Sie's noch einmal, das kostet nichts."
Wieder packt Aroon zu. Rahinder sieht sie enttäuscht an. Hundertzwanzig.
„Sie sind eine Frau," stellt er kopfschüttelnd fest.
Eine Billardhalle bietet Mussoorie auch, und die ist seit dem Unabhängigkeitstag nicht mehr gelüftet worden.
Dieses Etablissement wird von einem großen Bullen (einem männlichen Rind) bewacht und einem furchtbar dürren Mann be-

treut, der seinen Kunden nicht ins Auge sieht. Als wir eintreten, wird es bis auf das sanfte Klicken der Kugeln mucksmäuschenstill. Aroon ist natürlich die einzige Frau im Raum. Der Zigarettendunst ist fast so dick wie der Nebel vor der Tür. An einem großen Tisch spielen ein paar Halbstarke Snooker – es geht um Rupien, und die Mienen sind wie in jeder Poolhalle der Welt bitterernst. Die zwei kleineren Billardtische sind von Teenagern besetzt, und der Manager verscheucht eine der Gruppen. Kein Wunder, denn von uns verlangt er fünfzig Rupien für eine halbe Stunde. Wir spielen drei Runden – die Bälle sehen aus, als ob der Bulle vor der Tür täglich auf ihnen herumkaut, und der Filz des Tisches ist so langsam wie Tiefschnee.

Die Lokalmatadore beobachten uns aus den Augenwinkeln, aber beruhigen sich schnell, als sie merken, dass wir zwar spielen können, aber keine Profis sind. Nachdem Aroon mich locker zwei zu eins geschlagen hat, mache ich einen großen, vorsichtigen Bogen um den Bullen, der zwar jetzt verschlafen im strömenden Regen steht, aber schon bei unserer Ankunft zu viel Interesse an meiner leuchtend orangefarbenen Jacke gezeigt hat, wie - zu meinem Leidwesen - schon eine Reihe seiner Artgenossen vor ihm.

The Mall ist ein einziger Schilderwald. So wie man das Alter eines Baumes durch die Ringe, die sich bei einem vertikalen Abriss zeigen, schätzen kann, so lässt sich die Vergangenheit Mussoories, glorreich oder nicht, durch die vielen Schichten Schilder zurükkverfolgen. Am neuesten ist die Cadbury's Schokoladenwerbung von Amithab Bachchan, dem Großvater des Bollywood Filmgeschäfts, und die großen Reklametafeln des Barrista Coffee Shops. Hinter dieser Fassade des modernen Indien lauern sehr viele skurrilere Schilderüberraschungen. So bietet das Schild des Dinu Point Duck Back-Ladens *Gum Boots*, also Gummistiefel an (wobei *Gum Boots* ein so altertümliches, längst vergessenes Wort ist, dass es in keinem Langenscheidt Wörterbuch neueren Datums zu finden sein dürfte). Auch von dem Laden selbst gibt es keine Spur mehr.

Um die Ecke hängt in einer Gasse ein knallrotes Schild mit folgendem Angebot:
NATIONAL
Roller Sports
Roller Skates
Property Consultant

Gleich daneben wird auf einen Schönheitssalon hingewiesen,

SNOW WHITE Beauty Salon.
DISCOVER A WONDERFUL WOMAN INSIDE YOU.

Diesmal ist keine Telefonnummer angegeben.
Ganz sicher nicht ganz anständig ist aber das beste Schild Mussoories, das an einer Wand im Kulri-Bazaar zu finden ist:

WorldFamous
SEX
Specialist
KAVIRA
AR jan Singh Vaid & Sons
Connaught Place
DEHRA DUN (U.A.)

Auch Janaab Singh hinterlässt bedauerlicherweise keine Telefonnummer. Sehr viele Kunden hat er auch nicht. Jedes Mal, wenn ich an dem Laden vorbeikomme, sitzt der Sexspezialist alleine in seinem Geschäft.
An der Fassade der Polizeistation ist ein großes, blaues Schild angebracht, auf das ein menschliches Skelett gezeichnet ist. Um den Hals, die Arme und die Beine der Gestalt sind Ketten gemalt. An jeder Kette steht ein Wort, leider auf Hindi. Unter dem Skelett sind Namen und Telefonnummern aufgelistet. Ich werde nicht klug daraus.

In einem Souvenirladen gegenüber der Polizeiwache erklärt mir ein freundlicher Passant, was es mit diesem ziemlich spektakulären Bild auf sich hat.
„Es geht um Drogen. An jeder der Ketten steht der Name einer Substanz, die dem menschlichen Körper schadet: zum Beispiel Alkohol, Charas, Heroin..."
Insgesamt sind das dreizehn Drogen, die angeprangert werden. Ich kann kaum glauben, dass es in Indien so viele den Organismus schädigende Substanzen geben soll, aber ich bin beeindruckt, dass Alkohol und Heroin als gleichermaßen schädlich angesehen werden.
„Die Nummern am unteren Ende des Schildes sind Telefonnummern, die man anrufen kann, wenn man Hilfe braucht, um sich von diesen Drogen zu befreien."
Der Mann grinst mich an und fragt: „Und wo sind Sie her?"

The Mall windet sich an einem Bergrücken entlang. Mussoorie hat eine Seilbahn, die auf den Aussichtspunkt Gun Hill führt. Von hier soll es fantastische Ausblicke über den Himalaya geben, aber natürlich nur an Tagen, wenn die Luft klar ist. Solche Tage kann man in Mussoorie an einer Hand abzählen.
Unterhalb der Mall Road liegt Gandhi Chowk. Hier befindet sich eines der schönsten Häuser der Innenstadt. Die Mussoorie Library, ein wuchtiges, weiß getünchtes Holz- und Backsteingebäude mit grün gestrichenen Metallornamenten unter dem Dach, wurde im Jahre 1843 erbaut. Heute sind im Erdgeschoss inzwischen Textilienhändler und Fotoshops zu finden. Die Bibliothek im ersten Stock gibt es jedoch noch, sie scheint aber meist geschlossen zu sein.
Nicht weit davon entfernt präsentiert sich das neue, moderne Indien in aller Pracht – in der Form des ersten rotierenden Restaurants in Mussoorie. An diesem bescheidenen turmförmigen Gebäude steht in riesigen, weißen Buchstaben: *No extra charge for revolving* – Das Drehen ist kostenlos.

# Der weiße Teufel des Garhwal – Frederick Wilson

Die schönste Straße Mussoories verläuft etwas westlich der Mall und hat den ungewöhnlichen Namen *Camel's Back Road* – die Kamelrückenstraße.
Von hier hat man den Blick auf einen Hügel, der wie der Rücken eines Kamels aussehen soll.
Gut, dass es in Mussoorie keine Kamele gibt.
*Camel's Back Road* ist längst nicht so zugebaut wie The Mall und führt durch ruhige Nadelwaldhaine an alten britischen Cottages vorbei - die Namen aus der *Raj*-Zeit stehen meist noch am Tor – zum Beispiel Fairlawn Place oder Osborne Residence. Hier und da finden sich ein paar Stände, wo sich Touristen traditionelle Garhwali Festkleidung überziehen können, um sich dann in der exotischen Pracht fotografieren zu lassen

Der alte britische Friedhof liegt unterhalb der *Camel's Back Road*, ist aber leider verschlossen und von einem hohen Zaun und Stacheldraht umgeben. Eine kleine, nicht mehr genutzte, blau getünchte Kapelle ist ebenfalls verriegelt.
Der Friedhof liegt über mehrere Terrassen verteilt an einem steilen Hang, ist von uralten Tannen und Zedern durchsetzt und scheint der Tummelplatz hunderter Affen zu sein. Die teilweise überwucherten Gräber der Briten schauen ins Tal hinab, eine idyllische, friedliche Endstation für die Kolonialherren.
Ein Schild droht potentiellen Besuchern mit Verhaftung, wenn sie im Friedhofgelände erwischt werden.
Aber hinein müssen wir, denn wir sind auf der Suche nach dem Grab des Engländers Frederick Wilson (1816-1883), einer der faszinierendsten Europäer, die im 19. Jahrhundert im Garhwal lebten.
Wilson war und ist ein weißes Gespenst, das bis heute durch das Ganges-Tal und die alten, von Generation auf Generation überlieferten Geschichten des Garhwal spukt.

*Das Grab von Raja Wilson*

Gute und böse Geschichten.
Wahrheiten und Verleumdungen.
Unmengen Gerüchte, Legenden, aber nur ein paar Fakten.
Überall hat dieser Mann aus Wakefield in Yorkshire Spuren hinterlassen, die von Mussoorie bis zur Gangesquelle in Gangotri führen.
Wilson wird uns auf dem Weg in die Berge immer wieder begegnen, aber heute wollen wir eigentlich nur das Grab des Engländers besuchen.
Leider laufen auf der Camel's Back Road zu viele Leute herum, als dass wir einfach bei Tageslicht so über den Zaun klettern könnten.
Aroon ist allerdings mutiger als ich, sie kehrt am frühen Abend zurück und meistert sowohl Stacheldraht als auch Zaun. Wilsons Grab ist eines der größten auf dem Friedhof und schon von der Straße aus zu erkennen.
Auf dem schwarzen Grabstein steht: „In Loving Memory of FREDERICK WILSON, who died on the 21. June 1883, aged 66 years and 7 months". This is erected as a last token of affection by

*Inschrift auf dem Grabstein Raja Wilsons*

his widow and sons"
Vor dem Grabmahl liegt ein weiterer Stein. Die Aufschrift lautet: „Pahari F.E. Wilson & Gulabi Ruth Wilson of Hursil. A Tribute from Garhwal, 1992"

Harsil oder Hursil, der Geburtsort Gulabi Wilsons, ist ein Dorf am Bhagirathi, heute in der Hand des indischen Militärs, das hier angeblich Raketen gegen China installiert. Tatsächlich ist Gulabi Ruth, die Frau Wilsons, allerdings aus Mukhba, einem anderen Dorf, dem Dorf der *Pandits* von Gangotri. Und Gulabi Ruth hieß sie auch nie. Alles was mit Wilson zu tun hat, ist ungewiss. Mir kommt es entgegen, mir Wilson als Gespenst vorzustellen – gleichgültig ob als weißen Teufel oder als eine Gestalt aus Goethes Faust.
Wilson war möglicherweise ein britischer Deserteur, ein Spion, auf alle Fälle ein Frauenheld und vielleicht der Teufel selbst. Möglicherweise war Wilson sogar der Protagonist in Rudyard Kiplings brillanter Kurzgeschichte *Der Mann, der König sein wollte*. Romantischer geht es nicht.
Fest steht: Wilson war einst Soldat der Krone, später Jäger und schließlich schwerreicher Holzmagnat und Bankdirektor, der sogar seine eigenen Münzen pressen ließ. Im Garhwal ist er als *Hulson Sahib*, als weißer Raja, bekannt.
Heute liegt der Mann fast vergessen auf dem Friedhof in Mussoorie, aber je weiter wir das Ganges-Tal hinaufreisen, desto mehr Hinweise erhalten wir, dass das Leben von *Hulson Sahib* eng mit der Geschichte des heiligen Flusses verknüpft ist.
Ich denke mir Wilson wie eine Gestalt aus einem Roman von Joseph Conrad oder Peter Mathiessen, als den Abenteurer schlechthin, der wie besessenen jeden Tropfen Schweiß und jede Sekunde seines Lebens dazu nutzt, sein Werk fernab der Heimat und eigenen Gesellschaft um jeden Preis zu vollenden. Wie die nächsten Kapitel berichten, scheint ihm das im Gegensatz zu den Protagonisten Conrads gelungen zu sein.

## Mr. Bond

Am Ortseingang Landours, neben der imposanten gotischen Union Church und der Hebron Elementary School steht ein buntes, von Uttaranchal Tourism gesponsertes Schild, das die Attraktionen des *True Mussoorie*, des authentischen Mussoorie also, anpreist.
Und dabei wird nicht zu viel versprochen: Landour sei das Zuhause von Händlern, Schriftstellern, Dichtern, Künstlern, Schauspielern, Naturheilern und Antiquitätenhändlern, und man möge doch bitte keine Plastikartikel dorthin mitnehmen.
In der Tat leben in Mussoorie derzeit eine ganze Reihe indischer Schriftsteller, Schauspieler und Künstler.
Landour hängt wie ein Schwalbennest an einem steilen, dicht bewaldeten Berghang, der von Hunderten von Affen und Hunden bevölkert ist. Meist ist dieser verschlafene Vorort Mussoories in noch dichteren Nebel gehüllt als das Stadtzentrum, so dass man erst nach und nach entdeckt, von Tag zu Tag sozusagen, wie dieses Dorf in den Wolken überhaupt aussieht. Enge Straßen winden sich in unmöglichen Kurven in alle Richtungen über diesen Bergrücken. Alte britische Bungalows und Garhwali Chalets stehen in Nadelhainen und überwucherten Gärten - manche zerfallen, andere restauriert. Die alten Kasernen der britischen Soldaten, die längst zu Wohnungen umfunktioniert wurden, ein paar Kirchen und die Gräber der Engländer, die es nicht in die Heimat zurükkgeschafft haben, schaffen eine Atmosphäre von Weltabgeschiedenheit.

Der bekannteste Bewohner Landours ist der indische Schriftsteller Ruskin Bond, der seit den frühen sechziger Jahren in Mussoorie lebt.
Der 1934 in Kausali in Himachal Pradesh geborene Sohn britischer Eltern schrieb seinen ersten Roman, *Room On The Roof* im Alter von siebzehn Jahren in Großbritannien, gewann prompt ei-

nen Literaturpreis und hat seitdem dreihundert Kurzgeschichten, Essays und Novellen sowie mehr als dreißig Kinderbücher veröffentlicht.
Sogar der Literaturnobelpreisträger V.S. Naipaul, einer der egozentrischsten Schriftsteller des zwanzigsten Jahrhunderts, hat nichts als Lob für Bond: „Die Wahrheit des Buches ergreift den Leser eher langsam. Er schreibt über Einsamkeit, unheimliche Einsamkeit. Er selbst sagt gar nichts drüber. Er überlässt es dem Leser, sich heranzutasten."

Bond lebt mit der Familie, die er „adoptiert" hat, in einem kleinen Cottage und ist ein faszinierender Gesprächspartner - ein Mann, für den die Zeit irgendwann in den frühen sechziger Jahren stehen geblieben zu sein scheint.

„Meine Großmutter väterlicherseits war eine Deutsche, aber damals hat man das natürlich niemandem erzählt. Ich erinnere mich noch gut daran, wie die Deutschen, die hier vor dem Krieg lebten, verhaftet und in Lager in Dehra Dun gesperrt wurden. Dort lebte lange ein deutscher Zahnarzt, ein Dr. Steinert, der hier die Tibeter behandelte. Ein guter Zahnarzt. Ich nehme an, der war ein Nazi und wurde verhaftet. Genau wie sein Zeitgenosse Heinrich Harrer. Vielleicht kannten sich die beiden. 1946 sind die Deutschen dann frei gekommen und aus Indien verschwunden."

Bond, ein kleiner gemütlicher Mann mit einem ewigen Lächeln, das er sich in Indien angewöhnt hat, folgte den abziehenden Briten ein paar Jahre später.
„Ich reiste 1950 nach Großbritannien. Damals haben die Engländer hier alles verkauft, niemand dachte daran, jemals zurückzukommen. Ein paar alte Leute, pensionierte Offiziere und viele Anglo-Inder sind geblieben. In England gab es damals viel Arbeit, und ich zog nach Jersey, wo ich eine Tante hatte. Aber eigentlich wollte ich keinen Job. Ich wollte Fußballer oder Schriftsteller wer-

den," Bond lacht bescheiden, „und habe wohl die richtige Wahl getroffen. Als Fußballer würde ich vermutlich jetzt nichts mehr taugen."
Von einem weiteren Schulbesuch hielt der junge Träumer auch nichts.
„Ich hatte keine Lust zu studieren. Ich wollte Schriftsteller werden, und zwar sofort."
Aber zunächst brauchte Bond, der sich in Großbritannien nicht sonderlich zu Hause fühlte, Geld.
„Ich hatte Glück. Ich bekam einen Job als Assistent der Vertreterin des Reisebüros Thomas Cook and Sons in Jersey. Meine Chefin hatte eine Affäre mit einem Mann, der gebrauchte Feuerlöscher verkaufte. Sie kam nie zur Arbeit, und ich wurde schnell zum eigentlichen Vertreter des Reisebüros auf Jersey. Eine meiner Hauptaufgaben waren Zimmerreservierungen für Feriengäste aus London. Das konnte nicht gut gehen, denn ich kannte weder den Unterschied zwischen einem Doppel- und einem Zweibettzimmer, noch wusste ich, dass es Hotels gab, in welchen Farbige keinen Zutritt hatten. Schließlich wurde ich gefeuert. Meine Chefin übrigens auch."

Wir trinken Tee in Bonds gemütlichen Wohnzimmer; die Wände sind mit verstaubten, unordentlichen Bücherregalen voll gestellt. Die meisten meiner Lieblingsschriftsteller - von Joseph Conrad zu Ross McDonald - sind vertreten.
So ist es auch kein Wunder, dass Bond voller literarischer Anekdoten steckt: „Nach dem Job im Reisebüro habe ich eine Weile beim Gesundheitsamt auf Jersey gearbeitet. Jersey hat ein uraltes Kanalisationssystem, das ich damals besucht habe. Nun hat Victor Hugo in seinen letzten Lebensjahren auch auf Jersey gelebt und kannte diese unterirdischen Tunnel wohl. Ich bin mir sicher, dass es diese Tunnel waren, die er in Les Miserables beschrieb."
Der junge Bond mochte England nicht und vermisste das Indien seiner Kindheit.

„Die Menschen, das Land, die Atmosphäre, alles hat mir gefehlt. Wenn ich meinen Akzent geändert hätte, wäre ich wohl als Engländer akzeptiert worden, aber dazu hatte ich keine Lust. Das einzig Gute an Jersey war die Abgeschiedenheit der Insel – man hatte viel Zeit zum Schreiben."

*Room On The Roof* war zunächst ein aus Tagebüchern zusammengestoppeltes Journal.
„Ich habe meine Notizen einem Lektor in London gezeigt, der mir den guten Rat gab, den Text in einen Roman umzuschreiben. Ich habe also zu den Fakten ein paar Gegebenheiten hinzuerfunden, und nach der dritten Überarbeitung war alles fertig."
Der Roman war ein Erfolg und gewann 1957 den John Llewllyn Rhys Memorial Prize.
Aber Bond war ungeduldig und wollte nicht auf den Ruhm in England warten.
„1955, noch bevor der Roman veröffentlicht wurde, kehrte ich nach Dehra Dun zurück. Seitdem habe ich Indien, bis auf eine Reise nach Nepal vor ein paar Monaten, nie wieder verlassen. In den letzten Jahren bin ich viel auf Lesereisen in Indien unterwegs gewesen, aber nach England zieht mich nichts zurück"

Obwohl Bond sich in Dehra Dun, der früheren britischen Regierungsstadt der Garhwal-Region (und heutigen Hauptstadt des Staates Uttaranchal), wohlfühlte, war das Leben im unabhängigen Indien nicht einfach.
„Ich was der einzige Schriftsteller in der Stadt, der einzige, der etwas über Bücher wusste. Damals gab es das *Illustrated Weekly of India*, ein Familienmagazin, in dem ich meinen Roman in Serienform veröffentlichte. Meine Geschichte war ein Renner, aber niemand in Dehra Dun verstand im geringsten, was ich tat, bis ich eines Tages eine Kuh beobachtete, die eine Kopie meines Magazins fraß. Das machte mir Mut."

Bond lebte mehr schlecht als recht von den Veröffentlichungen seiner Kurzgeschichten in Magazinen.

„Ich schrieb sechs Geschichten im Monat. Manche waren etwas länger, man könnte sie Novellen nennen. Ich hatte nie wirklich Lust, einen langen Roman zu schreiben, das dauert ein Jahr, und man verliert das Interesse an seinen Charakteren, das war mir zu mühsam. Außerdem braucht man Geld, um einen langen Roman zu schreiben. Damals gab es noch keinen Buchmarkt in Indien. 1958 bin ich dann ein paar Jahre nach Delhi gezogen, aber ich wollte nicht als Journalist arbeiten, und 1964 kam ich nach Mussoorie. Ich bin eigentlich ein sehr fauler Mensch, viel fauler als mein berühmter Namensvetter."

Für Bond war die *Hill Station* eine Entdeckung.

„In den frühen sechziger Jahren hatte sich Mussoorie noch nicht vom Ende des British Empire erholt. Mieten waren spottbillig, und ich fand ein Häuschen, das mich fünfhundert Rupien im Jahr kostete. Damals verdiente ich ein- bis zweitausend Rupien im Monat. Ende der siebziger Jahre musste ich ausziehen, weil eine Straße gebaut und das Gebäude abgerissen wurde. Seit die Neureichen nach Mussoorie kommen, sind die Preise unglaublich in die Höhe geschossen."

Ruskin Bond führt uns in sein Arbeitszimmer, eine kleine Kammer mit großen Fenstern, die auf das vernebelte Tal hinunterschauen. Ein Schreibtisch ist mit Papieren überhäuft, daneben steht eine einfache Pritsche. Über dem Bett hängt eine Kopie des Farbholzschnitts des japanischen Künstlers Katsushika Hokusai (1760 — 1849), *Die große Welle vor Kanagawa*.

„Ich schreibe von Hand, ich habe eine sehr leserliche Handschrift. Früher habe ich mit der Schreibmaschine geschrieben, aber das ist mir zu mühselig geworden. Meinen Verlegern sage ich einfach, wenn Ihr's nicht handgeschrieben wollt, bekommt Ihr nichts mehr von mir. Ich überarbeite meine Texte auch nicht. Was auf dem Papier steht, bleibt auf dem Papier. Das hat immer funktioniert. Und wenn ich müde werde, lege ich mich einfach ein Stündchen hin. Nur im Winter ist es hier sehr kalt."

Ende der sechziger Jahre begann Bond für Hamish Hamilton in Großbritannien Kinderbücher zu schreiben, ein paar Jahre später wurden diese in Indien veröffentlicht. Endlich hatte der Schriftsteller es geschafft, von Veröffentlichungen in Magazinen auf Bücher umzustellen.
„Seit den achtziger Jahren habe ich dann bei Rupa und Penguin meine Titel veröffentlicht. Meine alten Geschichten schrieb ich um, und sie wurden neu aufgelegt, ich hatte ja soviel Material."
Seitdem erscheinen die Geschichten Ruskin Bonds in Anthologien auf der ganzen Welt - leider sind derzeit keine Bondtitel auf Deutsch erhältlich. Sein einfacher, präziser Schreibstil eignet sich hervorragend für Schulbücher, die inzwischen zu einer wichtigen Einnahmequelle geworden sind.
„Mein Lehrer hat mir in der Schule immer gesagt, dass ich einfache Wörter benutzen solle. Manche Leser beschweren sich, dass mein Stil zu einfach ist. Mir geht es aber darum, möglichst klar zu schreiben."

Heute ist Ruskin Bond ein gefragter Mann, und das Telefon klingelt pausenlos.
„Ich bekomme vor allem Anrufe von Fans oder Leuten, die mich um Geld bitten. Andere wollen herkommen, um sich mit mir fotografieren zu lassen. Daher lüge ich oft am Telefon."
Von moderner Kommunikationstechnologie hält Bond nichts.
„Meine Familie hat mir ein Handy gegeben. Nachdem es mir endlich gelungen war, das Ding anzuschalten, konnte ich es nicht bedienen. Ich habe es beim Sprechen erst einmal verkehrtherum gehalten. Ich brauche das zum Leben nicht. Email und Computer auch nicht. Kein Interesse."
Das Telefon klingelt wieder.

„Mr. Bond ist heute leider nicht im Hause. Ja, versuchen Sie's doch nächste Woche noch einmal."

Die Geschichten Ruskin Bonds haben nicht viel mit den Herausforderungen und Problemen des heutigen Indien zu tun. Vielmehr liegt es dem Schriftsteller am Herzen, zeitlose Geschichten über seine dahinschwindende Welt, den Garhwal und Mussoorie zu erzählen. In den Zeilen Bonds werden die Natur und die Menschen, die in den kleinen Dörfern leben, lebendig.
Auch der nahegelegene Ganges wird hier und da erwähnt.

„Natürlich habe ich über den Ganges geschrieben. Aber ich bin kein allzu religiöser Mensch. Wenn ich richtig Ärger habe, bete ich um Hilfe. Ich respektiere jedermanns Glauben und würde das Recht, eine Religion frei ausüben zu können, jederzeit verteidigen. Aber von Zeremonien und gemeinschaftlichen Gottesdiensten halte ich nichts."
Dennoch ist Indiens heiligster Fluss auch für Bond von großer Bedeutung.
„Der Ganges bedeutet so viel für uns Inder. Der Fluss ist das Blut der Nation. Wenn Sie Indien verstehen wollen, müssen Sie den Ganges sehen und lieben."
Bond war vor fünf Jahren das letzte Mal an der Gangesquelle in Gaumukh.
„Ich war zweimal an der Quelle. Und ich lebe genau zwischen dem Yamuna und dem Ganges. Der eine fließt links, der andere rechts an mir vorbei. Für die meisten Inder ist Gaumukh die wirkliche Gangesquelle. Aber Badrinath ist natürlich rein geografisch ebenso wichtig."
Bond bedauert die Pilgerströme: „Bis in die sechziger Jahre war das wirklich eine echte Pilgerfahrt nach Gangotri und Gaumukh. Nach dem Krieg mit China wurden im Garhwal aus militärisch-strategischen Gründen bessere Straßen gebaut. Seitdem fahren alle mit dem Bus."

Bond ist auch als erfolgreicher Herausgeber zahlreicher Anthologien aktiv. Vor allem seine Geistergeschichten sind in Indien populär: „Ich versuche, alte Geistergeschichten aus der viktorianischen Zeit aufzustöbern. Geister, wie die Engländer sie kannten, gibt es hier nicht, und daher werden die Geschichten gerne gelesen. Allerdings bekomme ich oftmals Post von jüngeren Lesern, denen diese Gruselstorys nicht gruselig genug sind. Aber wer weiß, wo man zu suchen hat, findet Unmengen gutes Material, und normalerweise ist auch das Copyright längst verfallen, was eine Veröffentlichung viel einfacher macht."
Natürlich hat auch Indien seine Geistergeschichten, und Ruskin Bond kennt sich aus.
„Am besten gefällt mir der Pret, ein böser Geist, von dem man sagt, dass er im *Pipal*-Baum lebt. Gähnt man unter diesem Baum, so fällt der Pret dem Menschen in den Mund, und der ist verflucht. Auch bekannt und gefürchtet ist der Chorell, der Geist einer unmoralischen Frau. Das gibt es nur in Indien."

Ruskin Bond schreibt noch immer jeden Tag. Bei Penguin und Rupa sind inzwischen jeweils mehr als fünfunddreißig Titel Bonds erschienen.
Selbst ein Kochbuch hat er auf den Markt gebracht.
„Ich kann überhaupt nicht kochen. Ich gebe das auch im Vorwort zu. Es geht ja sowieso um Rezepte von Engländern, die hier vor fünfzig Jahren gelebt haben. Ich weiß auch gar nicht, ob diese Gerichte überhaupt essbar sind," lacht der genügsame, aber ungeheuer produktive Schriftsteller, der zwischen zwei heiligen Flüssen lebt.

## Aitken leuchtet

Bill Aitken wirkt wie ein junger Mann, drahtig, voller Energie und Geschichten.
Geboren wurde der indische Schriftsteller 1934 in Schottland.

„Ich bin eigentlich gar kein Schriftsteller, aber nachdem ich Jahre in Ashrams in Indien gelebt hatte, musste ich mir was einfallen lassen, um meinen Lebensunterhalt zu verdienen, also habe ich geschrieben."

Attraktiv und charismatisch hat Aitken das Licht Indiens in den Augen und die Weisheit des Subkontinents steht ihm ins Gesicht geschrieben. Sein Leben lang ist der abtrünnige Schotte durch Indien, vor allem durch den Himalaya gewandert, von *Ashram* zu *Ashram*, von *Swami* zu *Swami* und von Fluss zu Fluss.

Aitken ist so etwas wie ein spiritueller Nomade, ein Pionier des Glaubens, aber nicht der Religion, ein metaphysischer Grenzgänger, ein weltlicher Schamane. Ein Brite mit indischem Pass. Ein ganz Seltener. Bescheiden ist er auch noch.

„In meiner Jugend war ich schottischer Nationalist, genau wie Sean Connery. Was für eine Zeitverschwendung."

Bill Aitken studierte Vergleichende Religionswissenschaft an der Universität Leeds und kam 1959 nach Indien. Seitdem lebt er in Indien, wandert durch Indien und schreibt über Indien. Halb westlich, halb indisch, versteht er die innere Struktur, den Pulsschlag des Subkontinents und kann den Unterschied zwischen Indien und dem Rest der Welt in ein paar Worten markant darstellen.

„Ich war das letzte Mal 1997 in Schottland, aber es hat mir nicht gefallen. Alles ist geregelt im Westen. Für alles gibt es ein Gesetz, und alle sind auch fürs Gesetz. Das macht keinen Spaß. Indien akzeptiert, dass Menschen versagen, und auch, dass sie perfekt sind, denn der Inder glaubt natürlich an das Göttliche im Menschen. Die Aufklärung hat uns Westlern das alles genommen."

Bill Aitken ist vor allem für seine Biografie des kontroversen Fathya Swami Sai Baba bekannt, aber sein erstes Buch *Seven Sacred Rivers* (Sieben heilige Flüsse) – derzeit in der achten Auflage bei Penguin erschienen - ist die perfekte Metapher für den ewigen

Wanderer; es geht nicht um Flüsse, es geht um alles – das Leben, die Liebe, um Geschichte, Religion und um Sex.
Das Buch ist eine Tour de Force durch Indiens spirituelles Hinterland. Aitken reist und scheint immer wieder einmal den Faden zu verlieren, weil irgendetwas in der Ferne lockt, was er sich unbedingt anschauen muss, was er verstehen muss, bevor er seine Geschichte wieder aufgreift. Ein paar Seiten später ist er wieder da, wo er abgeschweift zu sein schien.

Bill Aitken, ein bisschen außer Puste, sitzt jetzt vor mir, und ich würde ihn am liebsten kneifen, um zu sehen, ob er echt ist.
Der Mann versprüht nervöse, positive Energie wie ein Jugendlicher, der sich gerade das erste Mal verliebt hat und seinem besten Freund von der Frau seines Lebens erzählt. Aitken scheint sechzehn Jahre alt, uralt, unsterblich. Der Mann leuchtet förmlich und beobachtet schmunzelnd seine Zeitgenossen bei der Suche, ohne Bosheit, ohne Neid, ohne Ungeduld.
Ein schottischer Mystiker?
Immer wieder kommt er auf die beiden Welten zurück, die in ihm vereint sind. Am liebsten erzählt er alte Geschichten, um das Leben und Sterben in Indien zu veranschaulichen.
„Während der Kolonialzeit kam ein britischer Offizier in den Garhwal und bemerkte, dass die Dorffrauen ihre Lasten immer auf dem Kopf trugen – Wassertöpfe, Brennholz, Viehfutter und so weiter. Dem Briten taten diese Frauen leid, und bei seinem nächsten Besuch schenkte er dem Dorf eine Schubkarre. Ein paar Tage später sah er eine Frau, die Schubkarre auf dem Kopf balancierend, das Feuerholz obendrauf, den Berg hinunterkommen. Oft ist in Indien die Lösung eines Problems viel schlimmer als das Problem selbst."

Für uns Westler mag das schwer nachzuvollziehen sein.
„Was hier morgens ein Problem ist, ist mittags schon vergessen. So erklärt sich auch, wie diese vielen katastrophalen Dammprojekte

im Garhwal zustande kommen. Aber der Inder sieht das kaum als Problem. Inder sind pragmatisch. Achttausend Jahre Geschichte machen Indien zu einem Land des Entkommens. Man kann flüchten, man muss flüchten, auch dorthin, wo kein Platz ist, denn der Platzmangel ist ja nicht wirklich real, der ist ja nur Teil unseres materiellen Universums."

Bill Aitken arbeitet als Sekretär einer achtzigjährigen Maharani aus dem Panjab. Die Sommer verbringt er in Mussoorie, die Winter in Delhi.
„Ich liebe Mussoorie und den Garhwal. Der Touristensturm dauert nur zwei Monate, in denen die Garhwalis versuchen, so viel Geld zu verdienen wie möglich. Den Rest des Jahres ist die Hill Station ein verschlafenes Nest, in dem nichts passiert."
Bill Aitken hat nichts gegen den Lärm, Trubel und den modernen, konsumorientierten Lebensstil der Touristen.
„Wir Inder leben meist in Häusern ohne Fenster und Türen. Alle hören immer alles, und daher sind wir sehr laut. Die Modernität und der Konsum, das was die Menschen aus dem Flachland hierherbringen, das hat für die Einheimischen durchaus seine positiven Seiten. Schließlich will jeder Arme, ganz gleich in welchem Land der Welt, nur eines – so zu sein wie die Mittelklasse. Hier bedeutet das zunächst einmal, einen Fernseher zu haben. Und den machen die Einnahmen durch den Tourismus möglich."

Das Neue schadet den Garhwalis in seinen Augen keineswegs: „Garhwalis sind generell sehr arm, weil der Boden hier nichts taugt. Männer und Frauen müssen hart arbeiten, um zu überleben. In der Nachbarprovinz, in Kumaon, ist der Boden besser, aber die Frauen müssen noch mehr rackern, und die Männer dort machen gar nichts.
Im Gegensatz zu den Bauernmädchen in Kumaon haben es die Frauen im Garhwal also einfacher. Sie sind zwar arm und ungebildet, aber aufgrund des Fernsehens und des Konsums sind sie auch

selbstbewusster geworden, tragen Lippenstift und schöne Kleider. Dabei haben sie aber nicht, wie die Leute aus dem Flachland, die alten Traditionen vergessen, sondern halten am Familienleben fest. Ich glaube, die jungen Leute hier sind sehr glücklich."
Trocken fügt er hinzu: „In Kumaon dagegen ist ein Büffel generell mehr wert als eine Frau."

Aitken spricht Hindi, aber Garhwali hat er nie gelernt.
„Die Einheimischen hätten überhaupt keinen Respekt vor mir, wenn ich die Sprache beherrschen würde. Das hängt damit zusammen, wie die Menschen sich hier begegnen. In Indien ist die Gesellschaft eine einzige Hackordnung, und zwei Inder, die sich irgendwo treffen, versuchen nur eines herauszufinden – ist mein Gegenüber wichtig genug, um mich zu treten, oder bin ich in einer Position, den Anderen zu treten?
So funktioniert auch das Kastensystem. Für die unteren Kasten ist es von größerem Belang, die Kastenlosen zu treten als sozial aufzusteigen, was sowieso unmöglich ist. Nur im Kino können alle das System vergessen, und so wird das Kino ein Teil ihres Lebens. Spräche ich also Garhwali, dann hätten die Leute hier eine ganz miese Meinung von mir."

Aitken hat es eilig, die Maharani wartet, aber in der kurzen Zeit, in der vor uns sitzt, ein Omelette verschlingt und wie ein sanfter, intellektueller Wirbelsturm über uns hinwegfegt, erscheint jedes Wort wertvoll wie das eines von den Göttern gesegneten Swamis.
„Ich muss leider gehen und verabschiede mich von meiner schottischen Seite her in der Annahme, dass ihr meine Rechnung zahlt," grinst der junge, alte Mann und verschwindet im Gewühl der Mall.

## Die Gantzers von Nebenan

„Der Großvater meines Großvaters kam aus Schleswig-Holstein, was damals wohl dänisch war. Die Dänen hatten eine kleine Ko-

lonie an der Ostküste im heutigen Tamil Nadu, und so wird er wohl nach Indien gekommen sein. Aber wir sind natürlich Inder. Nur der Nachname verwirrt Leute manchmal."
Hugh Gantzer hatte schon am Telefon betont, dass er kein Deutscher ist.
Die Gantzers, Hugh und Colleen, leben in einem wunderschönen, von Wald und Garten umgebenen großen Landhaus unterhalb der Mall.
Ich habe gerade den ersten Roman *The Year Before Sunset*, den die beiden Reiseschriftsteller, Fotografen und Filmproduzenten zusammen geschrieben haben, gelesen.
Das Buch spielt 1946 in Mussoorie, ein Jahr vor der Unabhängigkeit Indiens und ist einerseits die packende Geschichte eines sechzehnjährigen Jungen, der die Welt um sich herum entdeckt – vor allem die Mädchen und die Politik.
Andererseits ist *Das Jahr vor dem Sonnenuntergang* eine großartige Studie der Anglo-Inder, der einzigen gesellschaftlichen Gruppierung in Indien, die in der indischen Verfassung erwähnt wird.
Wir sind zum Tee eingeladen und stehen mit deutscher Pünktlichkeit um 16.30 Uhr vor der Tür der Gantzers.
Hugh Gantzer, ein Kommandeur der indischen Marine, ein Veteran der Befreiung Goas, des Krieges mit Bangladesch und Taifunen im südchinesischen Meer, ist ein großer Mann aus einer anderen Zeit, und seine Weltoffenheit ist erfrischend: „Ich bin damals viel gereist und habe viele interessante Menschen kennen gelernt. Ich erinnere mich noch gern an meinen Besuch in Vietnam, wo ich 1958 General Giap traf. Der sprach davon, wie er es den Amerikanern noch zeigen würde. Seine Militärstrategie hatte er sich von den Chinesen abgeguckt, aber dann mit seinen eigenen, sehr unkonventionellen Ideen verbunden. Ein brillanter Mann."

Hugh Gantzer erzählt gerne, während seine Frau ihn hier und da verbessert und die Geschichten, die aus ihm heraussprudeln, sorgfältig zurechtrückt.

Hugh wurde 1931 in Bihar geboren, Colleen ist Jahrgang 1934 und kommt aus Mumbai, dem damaligen Bombay.
Gantzers Familie kaufte das Landhaus, in dem das Paar heute lebt, im Jahre 1940.
Die Gantzers sind Anglo-Inder, und der Roman ist weitgehend autobiographisch.
„Der Hauptcharakter, der junge Philipp, das war ich. Im Großen und Ganzen beruht die Geschichte auf Fakten, aber ich hatte keine Ahnung, wie man weibliche Charaktere in einer Geschichte glaubhaft macht, das hat Colleen alles gemacht. Sonst gibt es über die Anglo-Inder fast nichts zu lesen, außer dem rassistischen Buch von John Masters ‚Bhowani Junction'."
In der Tat sind die Anglo-Inder, während der Kolonialzeit die verlässlichen Bürokraten der Briten, im Trubel des modernen Indien irgendwie untergegangen.
Aber was genau macht einen Anglo-Inder überhaupt aus?
Colleen Gantzer hat die perfekte Definition parat: „Menschen anglo-indischer Herkunft sind Leute, deren männliche Vorfahren europäischer Abstammung sind, deswegen haben Anglo-Inder auch europäische Vornamen."
Während des *Raj* benutzten die Briten die Anglo-Inder als Puffer zwischen Herrschern und Beherrschten. Wie schon erwähnt, waren bestimmte Jobs für Anglo-Inder reserviert. Die Briten hatten vor allem nach der Übernahme Indiens durch die britische Krone, des sogenannten *Raj*, von der East India Company einfach nicht genug Leute in Indien.
Hugh und Colleen planen derzeit einen zweiten Roman, der die Entwicklung der Anglo-Inder vom Anfang der *East India Company* im 18. Jahrhundert bis zur Unabhängigkeit 1947 beschreiben soll.
„Das Problem ist, dass die meisten Inder nichts über unsere, die anglo-indische Geschichte wissen. Als unser erster Roman erschien, beschwerten sich indische Kritiker, dass nichts über die Teilung Indiens drin stand. Aber die Anglo-Inder waren davon

kaum betroffen. Das mag wichtig für die Moslems, Hindus und Sikhs sein, aber hier in Mussoorie haben wir davon kaum etwas gemerkt."

Die Kolonialherren brachten schon im frühen 19. Jahrhundert Tausende Iren, Schotten und Waliser nach Indien, um das schnell wachsende Eisenbahnnetz zu managen. Viele dieser Männer heirateten indische Frauen. Da immer mehr Linien gebaut wurden, wurden immer mehr Lokführer, Bahnhofsvorsteher etc. benötigt. Es waren die Anglo-Inder, die diese Berufe ausübten, von denen die indische Bevölkerung ausgeschlossen war. Colleen Gantzer kommt aus einer Eisenbahnerfamilie.
Die Briten erkannten bald, dass die Anglo-Inder auch in der Verwaltung durchaus nützlich waren, und nach und nach rutschten immer mehr Anglo-Inder in den Polizei-, Zoll- und Telegraphendienst. Diesen Dienern der Krone wurden Arbeitsplätze und Ausbildung garantiert. Als dann die Briten abzogen, verloren die Anglo-Inder ihre Privilegien.
„Wie die Briten glaubten wir, dass der Raj nie enden würde. Wir dachten, das würde immer so weitergehen, und daher eigneten sich viele Anglo-Inder auch nicht mehr Bildung an als unbedingt nötig. Wenn es Ärger gab, politischen Ärger, dann sprangen die Anglo-Inder für die Briten in die Bresche – indische Unabhängigkeitskämpfer wurden von anglo-indischen Polizisten verprügelt. Als dann alles zu Ende ging, fühlten wir uns von den Briten betrogen, aber das war natürlich unser Problem – sogenannte *Reservations* für Minderheiten führen immer zur Katastrophe, das kann man heute auch noch sehen. Als Individuen war es uns nun selbst überlassen, was wir mit dem Leben anfingen."
Der Roman der Gantzers schildert die Ängste der Anglo-Inder vor der Zukunft in einem neuen, unabhängigen, von Hindus und Moslems dominierten Indien.
Colleen Gantzer erklärt das Dilemma: „Wir leben weitgehend wie Leute im Westen. Wir sind Katholiken, wir trinken Alkohol, wir

wählen unsere eigenen Ehepartner. Als unser Sohn eine Hindufrau aus dem Panjab heiratete, trafen wir die Familie unserer Schwiegertochter. Wir organisierten ein großes Essen, und ich stellte auch einen Teller Kalbfleisch auf den Tisch. Nicht dass wir das unbedingt jeden Tag essen, aber wir wollten den Verwandten zeigen, dass wir deren Traditionen akzeptieren, aber unseren Traditionen treu bleiben müssen."

Hugh Gantzer beschreibt das Treffen mit dem Vater seiner Schwiegertochter: „Bei den Hindus gibt es traditionell einen Brautpreis. Die Familie der Braut zahlt an die Familie des Mannes. Als der Vater meiner Schwiegertochter mich vorsichtig danach fragte, habe ich ihm ganz klar gesagt, dass wir keinerlei Bezahlung für die Tochter akzeptieren würden. Unsere Traditionen sind eben völlig verschieden. Der junge Philipp schläft ja auch mit einem der Mädchen im Roman, obwohl er nicht mit ihr verheiratet ist. Das ist für uns nichts Besonderes, für Hindus und Moslems aber undenkbar. Auch wegen dieser gravierenden kulturellen Unterschiede hatten viele Anglo-Inder Angst vor der Unabhängigkeit. Letztendlich sollte das aber keine Rolle spielen – wir sind alle Inder."

In der Tat verließen die meisten Anglo-Inder das Land mit den Briten und emigrierten in das ferne Vaterland, dass sie noch nie gesehen hatten und dass sie auch nicht willkommen hieß.

„Die armen Leute kamen in England an in dem Glauben, dass man sie für ihre Dienste irgendwie belohnen oder zumindest akzeptieren würde. Das war aber nicht der Fall. Viele zogen in andere *Commonwealth* Länder weiter, vor allem nach Australien, Kanada und Neuseeland. Neuseeland war am besten, weil es dort keine Gesetze gegen Menschen anderer Hautfarbe gab."

Auch der berühmte Anglo-Inder Jim Corbett, Tigerjäger und Nationalparkgründer, verließ Indien 1947 und ließ sich in Kenia nieder.

Und was wurde aus den Anglo-Indern, die in Indien blieben?

„Wie schon gesagt, musste man als Einzelner, nicht als Minderheit, selbst entscheiden, wie es weitergehen sollte. Viele Anglo-In-

der wurden sehr erfolgreich – im Militär, in der Politik, im Geschäft. Mein Sohn hat einen guten Job bei einer Petroleumfirma und reist permanent um die Welt."
Auch Colleen und Hugh Gantzer landeten mit beiden Füßen auf dem indischen Erdboden.
„Colleen wollte immer reisen, ich wollte schreiben. Um unsere Ehe nach meiner Pensionierung zu retten, entschieden wir uns, Reisejournalisten zu werden. Das gab es damals in Indien noch nicht. Wir waren die ersten. Ich schrieb 1976 den Herausgeber des Indian Express an, schickte ihm einen Artikel und sagte ihm, dass er doch das Kreuzworträtsel aus der Zeitung nehmen solle und stattdessen unsere Reportage zum Thema Tourismus drucken könne. Wir waren so naiv, aber die Geschichte wurde veröffentlicht, und der Herausgeber bot uns eine Spalte an, die alle zwei Wochen erschien. Wie gesagt waren wir die ersten, und wir waren erfolgreich. Eines Tages schlug mir meine Mutter vor, ans Fernsehen zu schreiben – damals gab es nur den nationalen Sender Doordarshan – um ein Reiseprogramm zu starten. Die Zeit war genau richtig. Wir hatte keine Ahnung, wie man eine Kamera bedient, aber Doordarshan bot uns an, vierundzwanzig Programme zu produzieren. Die Serie hieß *Looking Beyond with Hugh and Colleen Gantzer* und war so ein Erfolg, dass wir eine zweite Serie machten. Damit haben wir viel mehr Geld verdient, als ich das jemals erwartet hatte."
Und was bleibt von den Anglo-Indern im heutigen Indien?
„Die größte Gemeinde lebt in Kolkata. Wir sind nostalgische Menschen geworden. Wir erinnern uns gerne an die Vergangenheit. Aber wir sind Inder, ein integraler Teil der indischen Geschichte und Kultur, und wir glauben, dass es richtig war, hier zu bleiben, in unserem Land."

## Ganesh Saili

Ganesh Saili, Jahrgang 1948, ist ein charismatischer Mann: Brah-

mane, Familienoberhaupt, Professor für englische und amerikanische Literatur in Mussoorie, Schriftsteller, Historiker, Fotograf, Partymensch.
Saili ist auch ein gut aussehender Mann. Auf alten Fotos sieht er aus wie Errol Flynn, heute hat er eher den dunklen Charme eines Mafioso, ständig begleitet von seinen zwei großen Wachhunden, eine Charminar-Zigarette zwischen den Lippen, das lupenreine, weiße *Kurta* zwei Knöpfe zu weit offen, eine Goldkette um den Hals. Fast sieht er aus wie ein Bösewicht, der gerade aus einem Bollywood-Film entkommen ist.
Seine zwei Töchter sind erfolgreiche Fernsehjournalistinnen, und das Haus der Familie Saili in Landour ist der Treffpunkt der kleinen Intellektuellenszene Mussoories.

Saili wuchs in Mussoorie auf, studierte hier und begann 1971 zu unterrichten. Seitdem hat er unzählige Bücher veröffentlicht – von großformatigen Fotobänden zu Schriften über die Geschichte des Garhwal. All das, so betont Saili, habe er allerdings Ruskin Bond zu verdanken.
„Ruskin ist der Guru der Schriftsteller und Künstler Mussoories. Ich glaube nicht, dass der Garhwal noch einmal einen Schriftsteller hervorbringen wird, der Hunderte von Geschichten über unser Land schreibt. Ruskin hat den Garhwal weltbekannt gemacht. Überdies hat er uns alle ermutigt zu schreiben. Was Kipling für Shimla bedeutet, das ist Bond für Mussoorie."

Saili und Bond haben ein Reihe von Titeln gemeinsam verfasst, unter anderem das Kochbuch der britisch-indischen Rezepte aus dem Mussoorie des 19. Jahrhunderts.
„Vor ein paar Jahren war ich zu einem Abendessen in Mussoorie eingeladen. Die Gastgeberin hatte eines der Rezepte aus unserem Buch nachgekocht. Es war furchtbar."
Aber der Lebenskünstler Saili nimmt sich nicht allzu ernst: „Das Buch war einfach ein Witz, den Ruskin und ich uns irgendwann

einmal ausgedacht haben. Ruskin kann nicht mal ein Ei kochen. Ich glaube, wir haben den gesamten Text hier auf meiner Couch geschrieben, in einer Sitzung."
Das erfolgreichste Buch Sailis ist ein Fotoband über das *Kamasutra*: „Das war ein Coup. Das Buch hat sich 650.000 mal verkauft und ist in 21 Sprachen übersetzt. Verkauft sich immer noch."
Das Werk ist in Indien auf Englisch erschienen.
„Es gibt in Indien ungeheuer viele talentierte Schriftsteller. Die schreiben auf Telegu oder Dogri oder in irgendeiner der anderen dreiundzwanzig Sprachen, die wir offiziell anerkennen. Aber niemand kauft diese Bücher. Ein einheimischer Schriftsteller kann sich nur über Wasser halten, wenn er auf Bengali oder Mallajalam, in der Sprache des südlichen Staates Kerala, schreibt, weil die kommunistischen Regierungen dieser Staaten das Bildungssystem auf einen besseren Stand gebracht haben, als das anderswo der Fall ist."

Auch auf Hindi, das immerhin von mehreren hundert Millionen Menschen in Nordindien gesprochen wird, verkaufen sich Bücher nicht.
„Im Garhwal lebt eine ganze Reihe junger Schriftsteller, die wirklich gut sind, aber die finden alle keinen Verlag. Das liegt daran, dass niemand liest. Inder sitzen lieber vor dem Fernseher und sehen sich Quizsendungen an. Und wer an der globalen Kultur teilnehmen will, an die man in den letzten Jahren immer leichter herankommen konnte, der muss Englisch sprechen. Daher schreibe ich auf Englisch. Meine Fotobücher verkaufen sich sowieso meist an ausländische Touristen. Kein Inder, ob er Geld hat oder nicht, will fünfzig Euro für ein Buch ausgeben."

Das Haus der Familie Saili ist voller interessanter Menschen, denn Saili hört gerne zu. Rajputen-Prinzen, Hotelbesitzer, Journalisten und Harvardprofessoren treffen sich hier, um über Kultur und Politik zu diskutieren. Vor allem aber wird über die Geschichte des

Garhwal debattiert. Der Schreibtisch Sailis ist überladen mit Fotos aus der Kolonialzeit.
Ich frage nach Raja Wilson.
Saili grinst und zieht seine Goldkette unter seinem Hemd hervor - eine Münze von Raja Wilson hängt daran in einer Goldfassung. „Wilson ist unter normalen Garhwalis kaum mehr ein Begriff. Nur oben im Bhagirathi-Tal erinnert man sich an ihn. Aber es kommen dauernd Ausländer her, die genauso von dem Mann fasziniert sind wie ich. Deswegen habe ich in einem meiner Bücher auch angedeutet, dass Wilson vielleicht das Vorbild für die Hauptfigur in Kiplings Geschichte *Der Mann, der König sein wollte* gewesen sein könnte, obwohl diese Kurzgeschichte natürlich irgendwo im Hindu Kush spielt. Ich habe auch keinerlei historische Beweise dafür, es passt einfach."

Saili liebt seine Heimat, sein Mussoorie und den Himalaya. So gelingt es ihm auch, eine indische Sichtweise der massiven Umweltzerstörung im indischen Hinterland zu vermitteln: „Indien ist die größte funktionierende Anarchie der Welt. Das Land ist zu groß, und es leben hier zu viele Menschen, als das etwas wirklich verloren gehen kann. Daher mache ich mir auch keine Sorgen um den katastrophalen Tehri-Damm oder die *Char Dham Yatris*, die durch den Himalaya reisen, ohne auch nur einen Berg zu sehen. Ich erinnere mich noch gut an meinen Besuch im Louvre in Paris. Vor der Mona Lisa war eine Riesenschlange. Ich stand also an und nach einer Stunde war ich an der Reihe, vor dem Gemälde zu stehen. Aber nur für fünf Sekunden. Aus genau dem gleichen Grund kommen die Yatris nach Gangotri, um fünf Minuten mit ihrem Gott zu verbringen. Alles andere, die Reise, die Natur, die Strapazen, das ist alles egal."

Aus diesem Grund sieht Saili Raja Wilson nicht als Umweltzerstörer.
„Ich glaube nicht, dass man die Abrodung des Garhwal auf Wil-

son schieben kann. Viel wichtiger für mich ist die Tatsache, dass dieser Mann ein Freibeuter war, der hierher kam, um von den Engländern, seinen eigenen Leuten, wegzukommen, und der sich hier sein Heim, sein Reich geschaffen hat. Überall im Garhwal sind seine Spuren noch zu erkennen. Aber nur für die, die danach suchen," lacht Saili und spielt mit seiner Wilson-Münze.

# *Uttarkashi*

# Zwölf Stunden Meditation und eine Pinkelpause

Wir sind wieder unterwegs. Fast unterwegs. Der Bus sieht kaputt aus. Damit sollen wir quer durch den Himalaya fahren?
Ich bin beruhigt, als der effiziente Fahrkartenverkäufer mir hilft, unsere Taschen auf das Dach des einzigen Transportmittels zwischen Srinagar und Uttarkashi zu befördern. Ein *Sadhu*, in ein mit einem Leopardenmuster bedrucktes Stück Stoff gewickelt, winkt mit seinem Dreizack, während Pilger ohne Anzeichen von Angst in den Bus klettern. Ich nehme das als gutes Omen, zumal der *Sadhu* kein Geld von mir will.
Sobald der Bus völlig überladen ist, geht die Fahrt los.
Die Sonne scheint, aber es ist noch angenehm kühl, und die klare Bergluft, vermischt mit dem Geruch von Hanf-Pflanzen und Benzin, bläst durch unser Gefährt und treibt den Geruch der Passagiere (ich bin womöglich keine Ausnahme), der sich aus Schweiß, *Bidis*, *Pan* und *Ghi* zusammensetzt, vor sich her. Der Bus ist für maximal sechzig Leute gedacht, aber schon bei der Abfahrt sind knapp hundert Menschen an Bord.
Nachdem wir den Aleknanda überquert und Srinagar unter uns gelassen haben, geht die Straße steil bergauf und windet sich wie eine Schlange, bis wir eine Passhöhe erreichen, und dann auf der anderen Seite des Berges auf einer ähnlich holprigen Straße ins nächste Tal fahren. So geht das ein paar Stunden.
Die Täler sind alle wunderschön, aber unbewaldet - jeder freie, relativ ebenerdige Meter ist in Terrassen angelegt und bewirtschaftet. Dörfer, die ein wenig von der Straße entfernt liegen, sehen sehr idyllisch aus – kleine Ansammlungen gedrungener Steinhäuser mit Holz oder Blechdächern, ein weißgetünchter Tempel in der Mitte. Fahnen flattern vom Tempeldach, und Kinder spielen auf kleinen Plätzen zwischen den Häusern Kricket.
Gemeinden, die an der Straße liegen, bestehen aus kleinen Betonwürfeln mit flachen Dächern. Jede freie Wand ist mit Werbeslogans bemalt.

Ab und zu fahren wir an einer Gruppe Rhesusaffen vorbei, die sich am Straßenrand kratzen. Zwei Stunden nach Srinagar kommen wir an einem Bus vorbei, der dem unseren absolut gleich ist – bis auf die Tatsache, dass das Fahrzeug in die Ecke eines alten Hauses hineingedonnert ist und dabei einen wunderschönen Gemüsegarten verwüstet hat.

Die Straße führt nach Tehri und zum Damm des gleichen Namens.
Im 19. Jahrhundert war Tehri die Hauptstadt des Garhwal.
Der Raja von Tehri verkaufte Frederick Wilson seine erste Lizenz zum Roden.
Weder den Raja noch Tehri gibt es heute noch. Auch die Bäume auf den Hügeln um Tehri sind längst abgeholzt.
Wir erspähen den See oberhalb des Dammes, lange bevor wir den Damm selbst zu Gesicht bekommen. Der See ist türkisblau, genau wie die Seen in den in Jugoslawien gefilmten Karl-May-Filmen, die einen großen Eindruck auf mich machten, als ich zehn war.
Leider sind heute keine Indianer zu sehen, und der See ist nur halbvoll.
Die Terrassen fünfzig Meter oberhalb des Wasserspiegels sind grau und tot.
Die steilen Hügel, die in den See abfallen, sind völlig karg. Jedes Jahr rutscht in der Regenzeit ein Stück der Berge um Tehri in den See hinein und bedroht auch die mehr als 100 000 Menschen, die von der Regierung gegen Entschädigung aus Tehri und Umgebung in neue Siedlungen umgesiedelt wurden. Irgendwann muss zudem der sich im See ansammelnde Schlamm wieder ausgebaggert werden, damit der Damm langfristig funktionsfähig ist.
Der See ist 42 Quadratkilometer groß, und der Damm selbst ist gigantisch, 260 Meter hoch und mehr als einen halben Kilometer breit. Es wird noch gebaut. Seit 1978. Soweit der Blick reicht, sieht der Himalaya aus, als ob jemand mit einem gigantischen Hammer darauf geschlagen habe – auf das Land, auf die Kultur,

auf die Religion, auf die Menschen selbst, die nun um diese Wüste herum leben müssen. Nichts wächst hier mehr. Pandit Nehru, der Vater der Nation, war ein begeisterter Anhänger dieser Dammprojekte, und die Weltbank war es natürlich auch. Schließlich geht es ums Geld. In Indien ist eben alles möglich, auch die Verlegung des heiligsten Flusses des Landes.

Wie der amerikanische Schriftsteller Stephen Alter in seinem 2001 erschienenen Buch *Sacred Waters* bemerkt, war Tehri wohl nicht mehr die schönste Stadt des Garhwal. Die Paläste des Rajas waren längst verfallen. Und dennoch weigerten die Einwohner der Stadt sich, ihre Häuser zu verlassen, bis sie von der Regierung dazu gezwungen wurden.

Wie erwartet verspricht New Tehri zu viel. Die Gebäude, in welche die Menschen aus Tehri zwangsumgesiedelt wurden, sind in der Tat neu – neue Betonkisten. Die Felder, die diese Bauern Jahrhunderte lang gepflügt, bewässert und abgeerntet haben, sind bereits überschwemmt.
New Tehri ist ein Slum mitten im Gebirge mit Blick auf die alten Häuser, die jetzt einen halben Meter tief im Wasser stehen. Da wachen sogar die Pilger im Bus auf und schauen staunend aus dem Fenster. Die Bushaltestelle hat keine Toiletten. Niemand versucht, uns Passagieren etwas zu verkaufen.
Die Menschen auf der Straße sehen verstört aus und schauen immer wieder über das hässliche Tal und auf die verschandelten Berge, die für den Damm plattbetoniert worden sind.

Und die Liste der Streitigkeiten und Probleme, die mit dem Tehri Damm verbunden sind, ist schier endlos:
So berichten die Zeitungen zu Beginn der Regenzeit jedes Mal, dass die Berge in der Tat in den See abrutschen.
Außerdem liegt der Damm direkt in einem Erdbeben gefährdeten Gebiet.

Auch hat der Damm irgendwo ein Leck und wird wahrscheinlich nie rentabel sein. Kein Wunder; denn seit 1978 ist das Budget von vier Millionen US Dollar auf eine Milliarde US Dollar gewachsen. Die Elektrizität, die hier erzeugt wird, ist hauptsächlich für das Wirtschaftswachstum im Flachland bestimmt.
Abgesehen von der fragwürdigen Nutzbarkeit des Damms ist es für ausländische Besucher eines so religiösen Landes wie Indien erschütternd, dass der Ganges, der stolze, mystische Ganges, die Ganga Ma, der Fluss, der durch Shivas Haar fließt oder aus Vishnus großem Zeh entspringt, der Ganges, der das hinduistische Indien mit einer so reichen Kultur beschenkt, von den Hindus einfach hintangesetzt wird, um der hässlichsten Seite des 21. Jahrhunderts zum Durchbruch zu verhelfen. Die Natur sah nie hilfloser aus und liegt vor uns wie ein alter, sterbender Elefant.

Wir halten schließlich an einem Pass oberhalb von Tehri, den ich vage wiedererkenne. Vor sieben Jahren war ich einen Tag vor dem *Holi*-Fest mit meinem Bruder Marc schon einmal hier, damals auf Recherche für einen Film. In einer *Dhaba* versuchte ein kleine Gruppe junger *Gundas,* rote Farbe (ganz im Sinne des Festes, das noch nicht begonnen hatte) über uns zu schütten und nur unsere minimalen Hindikenntnisse und ein paar Minuten blödes Herumgewitzel retteten uns damals. Der Pass heißt Chamba.
Heute ist Chamba ein Bergdorf mit permanentem Verkehrsstau, denn von hier führt der National Highway 108 nach Norden in Richtung Yamunotri und Gangotri. Wir sind wieder auf der Route der *Char Dahm Yatris.*
Zwar gibt es in Chamba eine öffentliche Toilette, aber Aroon weigert sich, den einheimischen Frauen zu folgen.
Kleine, dürre Kinder verkaufen süße Aprikosen, saure Pflaumen und salziges Popcorn. Ich kaufe eine Tüte (aus alten zusammengeklebten Zeitungen hergestellt) *Samosas,* und die Fahrt geht weiter. Neben mir sitzt nun eine *Sadhvi*, eine weitere Asketin sitzt ein paar Sitze hinter uns. Die zwei sind auf dem Weg nach Yamunotri und

nehmen mir ein paar der *Samosas* dankbar ab.
Die Straße verläuft in ungeheuren, kilometerweit ausholenden Kurven an den Seiten riesiger kesselförmiger Täler entlang, die natürlich wieder in tausende Terrassen gestuft sind, auf denen Reis und Gemüse wächst.
Auch hier sind fast alle Bäume abgeholzt. Viele der bildschönen Garhwali-Dörfer, die in Straßennähe stehen, haben sich in den letzten sieben Jahren in ländliche Slums verwandelt.
Betonkisten, Plastikflaschen, Werbung für Zeug, das keiner braucht – *Reliance* und andere sogenannte Erfolgsstorys der indischen Wirtschaft dominieren das Leben der Menschen hier.
Nur weit oben in den Terrassen stehen noch traditionelle alte Häuser mit gegiebelten Dächern aus Holz oder Stein, weit genug weg von der Straße, um die Betonarchitektur fernzuhalten.
Alleine der Fluss, der Bhagirathi, dem wir jetzt folgen, ist angemessen majestätisch. Ob schmal oder breit, der Fluss brodelt unter Hängebrücken hindurch und an zahllosen Tempeln vorbei. Einst liefen die Pilger direkt am Wasser entlang, aber heute läuft niemand mehr, und die alten Pfade und *Chattis* - Unterschlupfmöglichkeiten für die Pilger, vormals oft von einem Sadhu verwaltet - sind längst verfallen.
Nach fast zwölf Stunden Gerüttel rollen wir über die letzte Kuppe nach Uttarkashi hinab. Die Hauptstraße ist von Tausenden von Menschen bevölkert. Die Hotels entlang der Bushaltestelle sind alle etwas heruntergekommen, wie man das an Bushaltestellen erwartet, aber wir sind zu müde, um nach etwas anderem zu suchen, und die Jungs im Laxmi Hotel geben sich die größte Mühe unser Zimmer sauberzufegen. Nach einem Teller wohlverdienten *Roti, Bhindi, Rajma* und *Dal Makhani* fallen wir wie tot ins Bett.

## Ravi Giri

Ravi Giri Baba ist ganz anders als die anderen *Sadhus*, denen wir bis jetzt begegnet sind.

Ravi Giri ist jung, sieht gut aus und hat eine anständige Schulbildung genossen.
Seine safrangelben Gewänder sind sauber, und abgesehen von der Standard-*Sadhu*-Ausrüstung – *Danda* und *Kamandalu* – schleppt er auch noch einen neuen, warmen Schlafsack mit sich herum.
Ravi Giri ist erst seit vier Monaten ein *Sadhu*.
Wir treffen Ravi Giri in einer Marktgasse von Uttarkashi, in einem tibetischen Restaurant, dem Shangri-La, wo der junge *Sannyasi* am Nebentisch versucht, einer jungen Frau aus Österreich das Leben des *Sadhus* zu schildern.
„Man muss nur darüber nachdenken, dann wird alles ganz klar. Wenn ein Kind im Westen das Alter von drei Jahren erreicht, haben seine Eltern schon mehr Geld in ihren Nachkommen investiert als ein siebzigjähriger Mann in Indien in seinem Leben ausgegeben hat. Unser Lebensstil im Westen ist einfach nicht tragbar."
Michaela, eine Journalistin aus Wien, ist in Indien, um ihren Bruder zu besuchen, der sich seinen Unterhalt damit verdient, an einer Uni in Pune die Kunst des Schreibens des Bollywood-Drehbuchs zu vermitteln.
Es ist für den jungen Sadhu nicht schwierig, sein Leben zwischen zwei Kulturen zu erläutern, denn er kam erst vor ein paar Monaten als Rafael aus Hamburg mit großen Augen in Mumbai an und ließ sein bisheriges Leben hinter sich.
„Ich war zu Hause immer unglücklich, in einem permanenten Stadium der Depression und des Widerstands. Jetzt bin ich ein freier Mensch. Ich habe sechzig Jahre völligen Seelenfrieden und absolute Freiheit vor mir liegen," erzählt der Sadhu, während er einen Teller Reis, den die junge Frau ihm bezahlt, hinunterschlingt.
Die Zukunft sieht für Ravi Giri in der Tat gut aus. Obwohl er kein Hindi spricht, nichts über die Politik der *Sadhus* weiß und auch keine Ahnung hat, wie Inder *Sadhus* betrachten, ist er anscheinend ein Mitglied der *Juna Akhara* und ein richtig initiierter *Sannyasi*.
„Alle akzeptieren mich als das, was ich geworden bin. Mein Guru

in Rishikesh hat mir gesagt, dass er mir einen Sadhu-Pass besorgen wird, mit dem ich dann, wann immer ich will, nach Indien kommen kann. Ich plane, zurück nach Deutschland zu fliegen, mein Motorrad zu verkaufen und zurückzukommen. Für Unterkunft zahle ich schon seit Wochen nichts mehr und mit den 50.000 Rupien, die ich dann haben werde, kann ich mindestens drei Jahre in Indien reisen. Als Sadhu lebt man von fast nichts."

Aroon fotografiert den jungen Mann vor dem tibetischen Restaurant, und die Pilger, die in kleinen Gruppen an uns vorbeiziehen, schauen Ravi Giri an, als ob er gerade aus einem Raumschiff gefallen sei, halb nackt, mit Ketten behängt, so jung, dass ihm der Bart noch nicht richtig wächst.
„In Indien ist das Leben gerechter als bei uns. Die Leute sind glücklicher, und das Land ist friedlich."
Ich frage den jungen *Sadhu*, ob er seinen Eltern schon von der Transformation von Rafael zu Ravi Giri berichtet hat.
„Ich hab sie ein paar mal aus Indien angerufen, aber ich hab ihnen noch nicht gesagt, dass ich mein Ego verloren und den inneren Frieden gefunden habe."
Und wie werden die Eltern auf diese Nachricht reagieren?
„Wenn meine Eltern Verständnis für ihren Sohn haben, dann werden sie sehen, dass das spirituelle Leben in Indien für mich das Beste ist."
Wir sprechen ein bisschen über den Status der *Sadhus* in der indischen Gesellschaft, aber Rafael ist sich nicht ganz sicher, wie man einen *Sadhu* überhaupt beschreiben soll. Er weiß nur, dass er auf dem richtigen Weg ist und dass Indien schon auf ihn aufpassen wird.
Ich schlage vor, dass *Sadhus* vielleicht ein Mechanismus der indischen Gesellschaft sind, um dem Durchschnittsbürger einen Ausweg aus der Zwangsjacke der gesellschaftlichen Verpflichtungen, zu bieten, während junge Leute, die sich im Westen ihren sozialen Verpflichtungen entziehen wollen, geächtet werden.

Rafael gibt mir recht: „Zu Hause war ich immer ein Außenseiter. Ich habe mich nie als Teil von irgend etwas gefühlt. Ich war nie sehr begeistert vom Materialismus und der Gier, die wir Westler repräsentieren. Schau Dir den Klimawechsel an oder die Kriege, die wir auf der ganzen Welt anzetteln."
Das fortwährende Leiden der Welt hat mich vielleicht etwas zynisch gemacht, aber ich versuche, mich in die Situation des deutschen Sadhus zu versetzen.
In vieler Hinsicht ist Rafaels Suche sehr erfrischend, denn obwohl im Westen vom Staat immer mehr Kontrolle über das Leben des Einzelnen ausgeübt wird, gibt es in jeder Generation eine Minderheit, die nach einem anderen Leben sucht. Die Tatsache, dass diese Suche nicht ins erhoffte Nirwana führt, ist eigentlich unwichtig. Die Welt wäre ohne Menschen wie Rafael langweiliger.
Der deutsche *Sadhu* Rafael hat denselben Modus Operandi wie mancher *Sadhu* in Indien – sind viele doch junge Männer, die vor irgendetwas oder irgendjemandem davonlaufen und Anonymität und Lebenssinn im Nomadenleben des Asketen finden.

Später am Abend kommen Michaela und Rafael bei uns im Hotel vorbei. Mein Computer spielt gerade einen Song der französischen Gruppe *Air*.
Ravi Giri, der immer mehr zu Rafael wird, ist begeistert: „Das ist ja mein Lieblingslied, ich kann's gar nicht glauben. Ich hab' das schon monatelang nicht mehr gehört."
Vielleicht kommt es einem zwanzigjährigen deutschen Jungen, der seit zwei Monaten wie ein Asket lebt, sehr merkwürdig vor, auf einmal von Objekten und Klängen umgeben zu sein, die er sein ganzes Leben als völlig selbstverständlich hingenommen hat – bis vor ein paar Monaten.
Sekunden später zieht er auch schon eine Tüte *Bhang*, den trockenen Hanf, den *Sadhus* gerne rauchen, aus seiner Schultertasche. Jetzt erinnert mich der junge Hamburger auch an Gopal, den tätowierten Teenager aus Delhi, der versucht, sich Eigenschaften ei-

ner westlichen Subkultur anzueignen, um sich zu definieren.
„Ich bin in Mumbai gelandet, nach Gokarna gereist und habe dann ein Motorrad gekauft und bin damit durch Karnataka gefahren. Danach bin ich nach Goa und dann direkt nach Delhi und schließlich nach Rishikesh. Soviel hab ich von Indien also noch nicht gesehen, aber wenn ich wiederkomme, hab' ich ja Zeit. Ich will unbedingt nach Kerala."
Was immer Rafael in den letzten Monaten also angestellt hat, es reicht noch nicht aus, um ihn wirklich vom typischen Rucksacktouristen zu unterscheiden. Aber Rafael will mehr als die Erfahrung des Touristen. Rafael will etwas erleben, und so hat er die Rolle eines indischen Asketen angenommen.
Indien ist ein vergebendes Land.
Rafael ist sich ganz sicher, dass er seinen *Sadhu*-Schein erhalten wird und dass er damit kommen und gehen kann, wie er will.
„Ich gehe dann einfach zum Flugplatz, und die werden mich schon auf den Flieger lassen. Mein Guru hat mir das versichert. Der hat gute Beziehungen."
Michaela, Aroon und ich unterhalten uns eine Weile, während Rafael unsere Erdnüsse verschlingt und Musik hört, versunken in seiner eigenen, vergangenen Welt.
Der junge *Sadhu* freut sich schon auf ein Techno-Festival in Ostdeutschland.
Ich frage den deutschen Asketen, wie es denn dann mit der Abstinenz aussieht.
„Das gilt für mich alles nicht, man trifft ja dauernd Mädchen während der Reise."
Aber sollten *Sadhus* nicht alleine durch die Welt wandern?
„Das mag schon der Fall für indische Sadhus sein. Für mich gilt das nicht."
Der junge Rafael verschwindet in die Nacht, in ein Tuch der *Air India* eingewickelt, um einen Amerikaner zu finden, der ihm ein zweites Bett in seiner Zelle in einem nahegelegenen *Ashram* angeboten hat.

# Das junge China

Strömender Regen in Uttarkashi. Sobald die ersten Tropfen fallen, bricht die Stromversorgung in der Stadt zusammen. Einzige Fluchtmöglichkeit aus unserem dunklen Zimmer ist das Shangri-La Restaurant nebenan, wo auch bei Kerzenlicht gekocht und serviert wird.

Hier ist eine angeregte Unterhaltung zwischen einer jungen Chinesin aus Guangzhou und zwei Westlern im Gange. Eine recht einseitige Unterhaltung, in die ich mich auch nicht einmischen will, denn die zwei jungen Männer kommen gegen die Gewalt der Argumente des Mädchens kaum zum Zuge.

„Tibet war schon immer ein Teil Chinas. Wenn man alte Karten aus dem 19. Jahrhundert studiert, sieht man das ganz klar. Die chinesisch-indische Grenze zeigt, dass Tibet innerhalb Chinas liegt und noch nie ein Teil Indiens war. In den 50er Jahren musste China in Tibet einmarschieren, sonst wären ganz sicher die Inder gekommen."

Einer der zwei Westler bemerkt, dass Tibet eine recht eigenständige Kultur und eine eigene Sprache und Religion hat, aber das beeindruckt diese moderne, emanzipierte, junge Frau überhaupt nicht.

„Bevor wir Tibet befreit haben, gab es dort reiche und arme Menschen. Der Adel hatte das Geld, und der Rest der Bevölkerung was praktisch versklavt."

Dieses Argument wird in historischen Quellen und vom derzeitigen Dalai Lama bestätigt. Es besteht kein Zweifel daran, dass Tibet in den fünfziger Jahren, nach Jahrhunderten fast völliger Isolation eine recht mittelalterliche Gesellschaft war, aber die „Befreiung" Tibets durch die Rote Armee kann wohl kaum ernsthaft als solche bezeichnet werden.

Seit 1950 sind in Tibet systematisch religiöse und kulturelle Identitäten von China unterdrückt worden. Diese Strategie der Chinesen war allerdings nicht nur gegen Tibet gerichtet. „Maos Großer

Sprung nach vorn" und die Kulturrevolution richtete den gleichen Schaden in ganz China an und bereitete so ironischerweise das Land auf den krassen Kapitalismus vor, dessen perfekte Inkarnation nun am Nebentisch sitzt.

„Wir haben seit fünfzig Jahren soviel in Tibet investiert, um die Region zu zivilisieren. Die Tibeter, die Armen zumindest, und das waren ja fast alle, waren zufrieden, ein paar Yaks im Stall zu haben, sie waren stinkfaul. Aus der Region konnte einfach nichts werden. Jetzt blüht Tibet in China, vor allem auch wegen der direkten Bahnlinie von Peking nach Lhasa."

Das wirklich Traurige an dieser Unterhaltung, an der die zwei Westler immer unwilliger teilnehmen, ist die Tatsache, dass auch wir kaum etwas über das so exotisch erscheinende Land auf dem Dach der Welt wissen.

Die jüngere Geschichte Tibets ist längst völlig verklärt.

James Hiltons brillanter Roman *Der verlorene Horizont* wies schon in den dreißiger Jahren die Richtung, und heute ist der Dalai Lama Teil der westlichen Popkultur, trifft sich mit den Beastie Boys und einer Reihe Hollywoodschauspielern, allen voran Richard Gere, und erscheint daher vermeintlich liberal, vor allem im Angesicht des ohne Frage tragischen Schicksals seines Volkes.

In den Augen einer ganzen Generation junger Westler ist der Dalai Lama das, was ein George Bush nie sein kann – ein Politiker zum Anfassen. Und ein weiser Mann, der gegen die Gewalt predigt, ist er auch noch. Eine schwierige, eigentlich unvereinbare Haltung.

Gerade weil die politische Situation durch die Persönlichkeit des Dalai Lama so verklärt ist, wird in der Diskussion um Tibet kaum betont, dass die Entscheidung des kommunistischen China, in Tibet einzufallen und das Land zu kolonisieren, vor allem mit der globalen Realpolitik der fünfziger Jahre zusammenhing.

Schließlich wurde der Dalai Lama vom CIA aus Tibet geschmuggelt.

Zur gleichen Zeit bildete der CIA in den USA Nomaden aus dem tibetischen Hochland von Khampa als Guerillas aus, die in ihr Land eingeschleust werden sollten.
In diesen frühen Jahren des Kalten Krieges versuchte der amerikanische Geheimdienst auch, China direkt anzugreifen.
Mit Hilfe der Kuomintang, der Nationalchinesen aus Formosa, die mit der CIA-Fluglinie CAT und später Air America in die Dschungel von Burma eingeflogen wurden, ging der CIA von dort gegen die Rote Armee in Südchina militärisch vor.
Dieses Unterfangen ging gründlich daneben, und die Kuomintang, in den Wäldern von Burma von ihren amerikanischen Zahlmeistern aufgegeben, wurden zu den erfolgreichsten Heroinhändlern der siebziger und achtziger Jahre.
In Korea wütete ebenfalls ein militärischer und ideologischer Konflikt zwischen den USA und China, und in Vietnam hatten die Franzosen gerade trotz massiver finanzieller Unterstützung durch die USA ihre kolonialen Ambitionen für Indochina aufgegeben. Dass die USA in Vietnam, Laos und Kambodscha gleich noch einmal vier Millionen Menschen umbrachten, hat den Kommunismus leider auch nicht aufgehalten.
Was wäre denn passiert, wenn die Amerikaner entschieden hätten, die Khampa Guerillas gegen die Rote Armee einzusetzen? Was wäre in diesem Falle heute von Tibet übrig?

Noch heute sind der Dalai Lama und seine Exilregierung in Dharamshala fest an die USA gekettet. Der Führer der tibetischen Flüchtlingsgemeinschaft gibt sich auch für alles her, was ihm potenziell politisch helfen könnte – er ist sich nicht zu schade, neben W. George Bush zu sitzen, (die beiden haben auch noch am selben Tag Geburtstag) und weise vor sich hin zu nicken, wenn der gefährlichste US Präsident aller Zeiten darüber spricht, den Irak zu zerstören.
Richard Gere, der amerikanische Hauptpropagandist für Tibet, war im Juni 2007 im indischen Fernsehen in einer Talkshow zu

Gast und betonte ausdrücklich, dass ihn seine Freunde vom CIA immer auf dem Laufenden hielten und dass er selbst daher keine Angst haben müsste, während eventueller Chinareisen entführt oder gar umgebracht zu werden.
Wer heutzutage Freunde im CIA hat, dem ist nicht zu helfen.

Was der Dalai Lama sich für sein Volk wünscht – die Autonomie innerhalb der Grenzen Chinas – wird wohl im Angesicht der Explosion der chinesischen Wirtschaft ein Traum bleiben.
China wird sich nicht nur alles, was in Tibet verwertbar ist, einverleiben, auch südostasiatische, angeblich völlig unabhängige und vor allem arme Länder wie Kambodscha, die Philippinen, Laos und sogar Thailand werden immer mehr in den wirtschaftlichen Bann Chinas gezogen, aus dem es kaum ein Entkommen geben wird. China braucht jeden Baum, jedes Mineral und jeden Tropfen Öl, um sein irrsinniges Wirtschaftswachstum in Schwung zu halten. Und wie gesagt, die Kulturrevolution, die so viele Traditionen des alten China beseitigt hat, hat den Kapitalismus erst möglich gemacht.
Kaum ein junger Chinese interessiert sich für seine Vergangenheit, für Religion oder für das, was wir im Westen Demokratie nennen. Es geht ums Geld. Coca Cola und Bill Gates haben sich beim Großen Vorsitzenden Mao zu bedanken. Der Westen hat das längst verstanden und beschwert sich schon lange nicht mehr über Menschenrechtsverletzungen in China.
Es ist auf alle Fälle befremdlich, wie verbissen das junge Mädchen das Thema Tibet weiterverfolgt – schließlich sitzt sie in einem Etablissement, das tibetischen Flüchtlingen gehört, und so kann ich mich des Verdachts nicht erwehren, dass der Wortschwall, mit dem sie versucht, die zwei Westler davon zu überzeugen, dass Tibet ohne China nur ein korruptes, altertümliches Stück Dreck geblieben wäre, auch an den Inhaber und die Kellner des Shangri-La gerichtet ist.
Ich bin mir allerdings nicht sicher, ob der freundliche Chef des Re-

staurants, der hinter seiner Theke sitzt und einen Roman von John Grisham liest, überhaupt zuhört. Der weiß natürlich, dass die Chinesen sein Land längst in ein modernes Stück Dreck verwandelt haben.
Die zwei Westler haben irgendwann genug von den Lobgesängen über China, zahlen und verschwinden im Regen.
Im Shangri-La Restaurant ist es mucksmäuschenstill.

## Shri Vir Das

Ich besuchte Uttarkashi erstmals im Jahre 2000. Damals kam ich, wie schon erwähnt, während des Holi-Festes in der kleinen Bergstadt an.
In Uttarkashi, so war ich mir sicher, würde es kein Entkommen geben.
In der Tat sah schon die Busstation wie ein blutiges Schlachtfeld aus. Glücklicherweise lernten wir zwei *Sadhus* kennen, die in einer kleinen Hütte neben einem noch kleineren Tempel am Ganges lebten und uns in ihr Heim einluden.
Hütte und Tempel waren von einer kleinen Steinmauer umringt, und die Gruppen Jugendlicher, die die Stadt mit Eimern Wasser und rotem Farbpuder unsicher machten, ließen die zwei *Sadhus* in Ruhe. Wir saßen drei Tage im Hof unserer Gastgeber, versuchten, uns einigermaßen auf Hindi zu verständigen und wurden am dritten Tag, auf dem Weg zurück zu unserem Hotel dann doch noch erwischt und in purpurrote Wesen verwandelt.
Sieben Jahre später: sowohl der kleine Tempel als auch die Hütte existieren noch immer hinter der kleinen Steinmauer.
Die *Sadhus* allerdings sind schon vor Jahren weitergezogen.
Unterhalb des Tempels liegen Ghats, auf denen ein alter, grauer Asket gerade *Ganja* (Hanf) in der Sonne trocknet. In einem kleinen Garten direkt am Wasserrand steht ein großer *Lingam* von vier uralten beschnitzten Holzpfosten umgeben, die wohl aus einem alten Garhwali-Haus stammen. Auch dort wachsen eine Reihe Cannabispflanzen.

Unter der Straße am Flussufer befindet sich ein höhlenartiger Raum. Hier lebt Shri Vir Das, ein ungefähr fünfunddreißigjähriger *Sadhu* der *Nirmal Akhara*. Im Gegensatz zu den Hunderten von Shiva *Sannyasis*, denen wir auf unserer Reise begegnet sind, ist Shri Vir Das ganz in Schwarz gekleidet. Er sagt auch gleich, dass er kein Geld von uns will und beschimpft seine safrangelben Zeitgenossen als Bettler und Diebe. Dass ein paar *Sannyasis* kaum zwanzig Meter über uns in der Sonne sitzen, stört ihn nicht. Seinen allgegenwärtigen *Chilam* lehne ich freundlich ab, aber auch das scheint diesen schwer mit Ketten behängten Sadhu nicht zu stören.

In der Wohnhöhle dieses *Sadhus* findet sich eine kreisrunde, in den Boden versenkte Feuerstelle vor einem kleinen Schrein, auf dem Bilder der Gottheiten und vom Guru des *Sadhus* stehen. Neben der Feuerstelle liegt ein winziger Hund im Tiefschlaf.
„Ich bin ja schon seit acht Jahren hier. Die zwei Sadhus, die da oben gehaust haben, die sind schon lange aus Uttarkashi ver-

*Shri Vir Das in Uttarkashi*

schwunden. Ich erinnere mich noch an die zwei Typen, einer jung, einer alt. Recht ehrliche Männer."
Shri Vir Das spricht in einem wirren Mischmasch aus Hindi, English, seinem heimischen Garhwali-Dialekt und, wie er behauptet, etwas Urdu. Mit seinen vielen Ketten und Medaillen auf dem nackten, mageren Oberkörper, seinen funkelnden, kajal-schwarz umrandeten Augen und einer Vielzahl wilder, ungehaltener, aber sehr effektiver Gesten eigener Provenienz, macht er den Eindruck eines New Age Hip-Hop Piraten - die Körpersprache diese Mannes ist ausdrucksvoller als die von Tom Cruise, und er ist auch ein besserer Schauspieler.

Shri Vir Das erinnert sich noch gut an den jungen Rafael, den Urlaubs-*Sadhu* aus Hamburg: „Der war kein richtiger Baba, der hatte nicht mal einen ordentlichen Guru. Ein Sadhu ohne Guru ist kein Sadhu."
Ich frage den Asketen, ob es möglich sei, dass der junge Rafael einen *Sadhu*-Pass habe, mit dem er in Indien ein- und ausreisen könne.
Stolz zieht der *Nirman Sadhu* ein in Plastik verpacktes Bündel unter einer Decke hervor. Ich habe noch nie einen *Sadhu*-Pass gesehen, schon weil ich noch nie Grund dazu hatte, einen wandernden Asketen nach seiner amtlich registrierten Identität zu fragen. Das Hauptdokument sieht in der Tat aus wie ein kleiner Pass. Der Pass ist auf den Namen Shri Vir Das ausgestellt, und ein Bild zeigt unseren Gastgeber mit ebenso vielen Ketten wie heute, einem jüngeren Lächeln im Gesicht und einem ungepflegten Rauschebart, den der *Sadhu* inzwischen dem Diktat der Mode unterworfen hat. Zudem erscheint in einem *Sadhu*-Pass der Name des Gurus des Passinhabers. Schließlich ist der Pass auch noch von einer offiziellen Stelle unterschrieben. Die Unterschrift ist nicht leserlich, aber darunter steht im kleinen Fettdruck „The President".
Ich bin fast restlos überzeugt.
„Kein Guru, kein Sadhu, sehr einfach," betont Shri Vir Das und

erklärt dann zehn Minuten lang, in welchem *Ashram* in Delhi sein Guru lebt, wie dieser Mann genau zu finden ist und dass sein Guru auch sofort die Authentizität des Passes und unseres Gastgebers bestätigen würde, wenn wir ihn nur bald in Delhi aufsuchen könnten.

Im Ausland war Shri Vir Das allerdings noch nicht. Ein zweites Dokument, von unzähligen offiziellen Stempeln übersät, bescheinigt Shri Vir Das, dass er das Recht hat, die *Yatra* nach Amarnath in Kashmir zu unternehmen und dass er gesund genug ist, diese lange Pilgerfahrt zu absolvieren. Auch an diesem Dokument hängen zwei Fotos aus jüngeren Jahren.

„Die Idee, dass man mit einem Sadhu-Ausweis um die Welt reisen kann, dass man von Deutschland einfach nach Indien kommen kann, ist absurd. Das gibt es nicht. Da hat sich der junge deutsche Nicht-ganz-Sadhu von seinem vermeintlichen Guru täuschen lassen. Irgendjemand in Rishikesh hat ihm das alles weisgemacht, aber einfach die richtigen Kleider zu tragen und sich die Haare

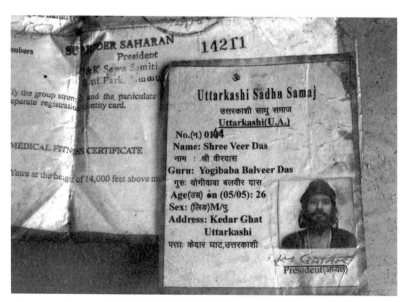

*Der Ausweis des Sadhu Shri Vir Das*

verfilzen zu lassen, das macht noch lange keinen Sadhu aus ihm. Trotzdem - er war ja ein netter Kerl."
Wir verabschieden uns von Shri Vir Das, der uns bittet, am Abend auf einen Chai vorbeizuschauen, aber unsere gemeinsamen Sprachkenntnisse sind völlig ausgereizt.

Ich kann dennoch verstehen, warum der junge Rafael lieber als Touristen-*Sadhu* durch Indien wandert als in Hamburg an die Uni zu gehen. Aber was für eine Zukunft würde auf ihn warten, wenn der Urlaub sich zum Lebensstil entwickeln würde?
In der Höhle unter der Straße am Gangesufer in Uttarkashi ist kein Platz für ihn.
Die Hindus haben schon einen Sinn für Humor und beweisen uns westlichen Sinnsuchern gegenüber eine unglaubliche Toleranz. Seit einem halben Jahrhundert kommen junge Leute aus dem Westen nun her, um Generationen von *Sadhus* das Haschisch wegzurauchen, ohne die Lebensweise der *Sadhus* überhaupt zu verstehen. Aber darum geht es gar nicht, schließlich verstehen viele der wirklichen *Sadhus* sich selbst ja auch so gut wie nicht.
Asketen sind nun einmal Menschen, die alles aufgeben, auch sich selbst. Nur der kleine, rosafarbene Ausweis bleibt. Shri Vir Das schiebt das Dokument unter seine Baumwolldecken und winkt uns nach, als wir den Fluss hinauf laufen.

# *Darhali*

## Auf den Spuren Raja Wilsons

Nach einem letzten, lustigen Abend mit Ravi Giri, dem *Sadhu* aus Hamburg, brechen wir erst um sieben Uhr in Uttarkashi auf und verlassen das schmutzigste Hotel der gesamten Reise. Die Stadt ist schon wach.
Die Pilger werden in Jeeps und Busse geladen. An Uttarkashis öffentlicher Toilette und der Tankstelle sind schon lange Schlangen. Die Obstverkäufer unterhalb des Basars sind von Kunden und Kundinnen umringt, und ein paar kleine Gruppen *Sadhus* laufen die Straße Richtung Gangotri und Yamunotri hoch, dicke Wolldecken auf dem Rücken.
Ein Bus fährt gerade los, und wir schaffen es eben noch, in die geöffnete Tür zu springen.
„Stehend?" grinst der Schaffner.
Eine Wahl haben wir nicht, der Bus ist proppevoll.
Die Passagiere nennen den Schaffner mit seinem Dreitagebart *Maharaj,* und fast jeder Passagier versucht, ihn um ein paar Rupien herunterzuhandeln, aber *Maharaj* ist ein Mann aus Stahl und Gummi, denn er ist unnachgiebig, was den Fahrpreis angeht, und schafft es, sich zwischen den vierzig oder so stehenden Passagiere bis in die letzten Winkel seines Busses hindurchzuquetschen, um sein Fahrgeld einzutreiben.
Die Straße folgt dem Kurs des Bhagirathi, der sich allerdings schnell in ein winziges Rinnsal verwandelt. Kein Wunder, denn ein paar Kilometer oberhalb von Uttarkashi wird der heilige Fluss wieder einmal das Opfer eines Damms. Der Schriftsteller Bill Aitken hat mir erzählt, dass dieser Damm noch nie funktioniert hat.

Die Straße ist voller Löcher, und wir schaukeln mehr, als dass wir vorankommen. Die einheimischen Passagiere übergeben sich reihenweise.
Hinter uns fängt *Maharaj* an, mit zwei recht wohlhabend aussehenden Pilgern zu debattieren, und nach ein paar hundert Metern

steigen die beiden an einem *Chai-Chatti* aus. *Maharaj* winkt uns zu, und wir haben zwei Sitzplätze.
Ein paar Kilometer weiter halten wir an, der Fahrer trinkt einen Tee, und ein kleiner Junge in kurzen Hosen erbricht sich minutenlang neben dem Bus, während seine Mutter ihn weit genug von sich weghält, so dass er ihr nicht auf den Sari spucken kann. Außer mir guckt niemand hin. Es sieht aus, als ob der Junge rohe Eier zum Frühstück gegessen hat.


Die Regierung Uttaranchals baut derzeit eine gigantische Stromerzeugungsanlage am Bhagirathi. Zu diesem Zweck werden Tunnel tief in die Felswand neben der Straße gegraben, und riesige Turbinen liegen schon am Straßenrand.
Die *Sadhus*, die durch die kilometerlange Baustelle laufen, sind mit weißem Staub bedeckt. Ein Schild warnt vor *Blasting Times* - die Zeiten für die täglichen Sprengungen sind angegeben. Die Straße ist eine Schlammwüste, und wir bewegen uns im Stau Richtung Gangotri.
Tausende Arbeiter leben hier in Blechhütten am Straßenrand.
Die Hütten sind nur eineinhalb Meter hoch, nicht hoch genug, um darin aufrecht zu stehen. Aber wer will schon ein Zuhause, in dem man aufrecht stehen kann? Es stinkt nach Teer und Benzin. Eine kleine Armee Ingenieure, jeder mit einem Handy in der Hand, dirigiert diese menschlichen Ameisen.
Die armen Pilger bemerken gar nicht, was draußen vor sich geht, sie warten nur auf die Ankunft in Gangotri.
Die Mittelklasse-Pilger sind stolz, dass Indien endlich zu einem Land wie jedes andere wird. Die Heiligkeit des Flusses ist im 21. Jahrhundert abhängig von den politischen und wirtschaftlichen Winden, die den Ganges hinaufwehen.
Klar, die Pilger wünschen sich bessere Straßen. Wer will schon während der Pilgerfahrt laufen?
Klar, Indien braucht mehr Strom. Nur mit Strom kann das Land wirtschaftlich wachsen.

Klar, dafür werden heilige Flüsse gestaut und umgeleitet, Dorfgemeinschaften und Traditionen, Existenzen und schließlich auch noch der Himalaya zerstört.
Wachstum, Entwicklung, Fortschritt, alles Parolen, mit denen wir zu Hause aufgewachsen sind und die uns jetzt den Klimawechsel und unser Konsumverhalten beschert haben.

Nachdem wir die letzte Baustelle vor Gangotri hinter uns gelassen haben, nähern wir uns langsam dem Reich Raja Wilsons. Wilson hat mich bis in den Schlaf verfolgt. Ich habe alle literarischen Quellen, die ich in Mussoorie finden konnte, gelesen.
Soweit man weiß, gibt es nur ein Bild von Raja Wilson.
Dieses Portrait zeigt einen etwa 50-jährigen kahlgeschorenen Mann mit Vollbart in einem eleganten Jackett über einem weißen Hemd. Eine locker gebundene Fliege ziert den Hals. Unfreundlich sieht er nicht aus. Die Augen haben einen schelmischen, aber auch sanft irren Ausdruck.
Wo schaut er hin? Schwer zu sagen. Auf sein Geld, auf seine Frauen vielleicht.

Ruskin Bond erzählte mir, dass er ursprünglich einmal die Idee hatte, Wilson könne das Urbild für Kiplings *Der Mann, der König sein wollte* sein, aber dass er sich wohl geirrt habe.
„*Der Mann, der König sein wollte* wird am Ende von Kiplings Erzählung ja enthauptet. Die Garhwalis hätten Wilson aber nie den Kopf abgeschlagen. Wilson war kein romantischer Verlierer, sondern ein Pragmatiker."
Mir kommt es vor, als ob der historische Wilson, der in Mussoorie begraben liegt, einen Mythos hinterlassen hat, der in den letzten einhundertunddreißig Jahren in viele kleine Anekdoten zersplittert wurde

Wilson war der klassische Abenteurer des *Great Game*, des Kampfes zwischen Großbritannien und Russland um die Vorherrschaft in Zentralasien im 19. Jahrhundert.

Nach seiner Ankunft in Indien desertierte der englische Soldat und reiste langsam den Ganges hinauf.
Andere Quellen meinen, er sei nach seinem Militärdienst erst ein paar Jahre nach Großbritannien zurückgekehrt, dann nach Kalkutta gesegelt und von dort entlang der *Grand Trunk Road* von Bengalen bis nach Uttar Pradesh gelaufen und schließlich zurück in den Garhwal verschwunden.
In wieder anderen Berichten wird behauptet, dass Wilson in Mussoorie oder Dehra Dun seinen Gegner in einem Duell tödlich verletzte und daraufhin verschwinden musste.
Was immer den jungen Mann dazu veranlasste, sich vom kolonialen Abenteuer abzuwenden und alleine den Ganges hinaufzureisen, viel zu verlieren hatte er als *British Other Ranks*, als Fußsoldat der Krone also, und als Mann mit bescheidener Bildung nicht. Offizier wäre er nie geworden.

Wilson wanderte also um 1840 den Ganges aufwärts und bog in Devprayag in das Bhagirathi-Tal ein, um in Richtung Gangotri weiter zu marschieren.
Sein Ziel waren hochgelegene *Bugyals,* wo er jagen konnte, denn Wilson hatte in Mussoorie das Handwerk eines Tierpräparators gelernt. Der junge Engländer hatte vor, monatelang in den Bergen zu verbringen, so viel Wild zu schießen wie möglich, und die ausgestopften Tiere, vor allem Monal und Leoparden, an die Briten in Dehra Dun zu verkaufen.
Zehn Meilen waren damals ein guter Tagesmarsch entlang der schmalen Bergpfade, die von den Garwhalis täglich benutzt wurden. Straßen gab es natürlich keine.
Ab und zu galt es, den schäumenden Bhagirathi auf einer Hängebrücke zu überqueren. Im Gegensatz zu den meisten britischen Jägern, die sich in den Bergen herumtrieben, reiste Wilson mit minimalem Aufwand. Jagdexpeditionen von nur ein oder zwei Briten hatten oftmals eine Hilfstruppe von Dutzenden von Trägern, Dienern, Köchen etc. Wilson dagegen zog es vor, alleine oder mit nur

wenigen einheimischen Jägern zu reisen, seine eigenen Vorräte zu tragen und von dem zu leben, was das Land zu bieten hatte. Zudem, so heißt es, zog Wilson die Begleitung der Männer aus den Dörfern des Garhwal dem Trubel und vor allem dem Klassenbewusstsein seiner Landsleute vor. Wilson ging *native*, wie es die Engländer damals abschätzig ausdrückten. Er verbuschte. Vor allem nach dem indischen Aufstand im Jahre 1857 wurden Briten, die mit Indern allzu freundschaftlichen Umgang pflegten, mit großem Misstrauen betrachtet und aus dem gesellschaftlichen Leben der Kolonialherren ausgeschlossen.

In späteren Jahren baute Wilson ein Haus in Harsil, unserem ersten Ziel.
Die Straße ist von dichtem Fichtenwald gesäumt. Harsil liegt hundert Meter unterhalb der Straße, und wir schleppen die schweren Taschen zum Fluss hinunter. Ein paar kleine Hotels bieten Zimmer an, und ich frage gleich im ersten Laden nach.
Der junge Mann ist freundlich, schüttelt jedoch den Kopf: „ Tut mir leid. Ausländer dürfen in Harsil nicht übernachten. Nur indische Touristen können hier bleiben, wir haben eine große Militärbasis hier."
Der Junge scheucht uns aus seinem Hotel, und wir wuchten unser Gepäck wieder zur Straße hinauf. Darhali ist nur ein paar Kilometer weiter, und wir entscheiden uns, den nächsten Bus zu nehmen. Das Haus Wilsons in Harsil ist 1998 abgebrannt, was sehr schade ist, denn das Gebäude muss fürstlich gewesen sein, glaubt man den überlieferten Fotos - ein weitläufiges, zweistöckiges Chalet, umgeben von Obstbäumen.
Wir werden von drei Polizisten zur Straße hinauf verfolgt. Einer der Beamten ist in Uniform und ist keineswegs gewillt, sich Ausländern gegenüber höflich zu verhalten. Einer der anderen Beamten, freundlich, unrasiert und nach Alkohol riechend, versucht, mich zu unterhalten.
Es ist ganz klar, die Jungs sind mitgelaufen, um sicherzustellen,

dass wir so schnell wie möglich aus Harsil verschwinden. Ich komme mir vor wie James Bond. Da allerdings keiner der Pilgerbusse anhält, bekomme ich die Lebensgeschichte des Trunkenbolds zu hören. Der Mann lacht schallend, als er hört, dass ich fast vierzig Jahre alt bin und keine Kinder habe.

Der Polizist in Uniform stellt sich wie ein Wegelagerer vor jedes passierende Auto und versucht, die Fahrer dazu zu bewegen, uns mitzunehmen. Es sieht aber so aus, als ob seine Macht relativ gering ist, abgesehen davon, dass es ihm gelingt, den Verkehr anzuhalten. Sogar der Milchwagen weigert sich, uns mitzunehmen, und dieser hat Platz. Der betrunkene Beamte in Zivil springt schließlich auf einen Jeep und verschwindet talwärts. Er winkt mir zu, was bedeuten mag, dass er uns eine Transportmöglichkeit suchen wird. Es kann allerdings auch einfach heißen, dass er seinen ruppigen Vorgesetzten beschwichtigen will oder einfach auf eine Tasse Tee verschwindet.

Am Straßenrand steht ein alter Maruti vergammelt im Schatten. Der Kleinwagen sieht fast schon tot aus, aber auf einmal schließt der Besitzer, den ich nicht aus dem Wald habe kommen sehen, die Tür auf und bietet an, uns mitzunehmen.

Wir haben keine Zeit, dem mürrischen Polizisten auf Wiedersehen zu sagen, der Wagen springt sofort an, und mit einem Ruck sind wir auf der Straße.

Der Fahrer, ein Professor aus Dehra Dun, erklärt, dass er eine Ladung medizinische Pflanzen im Kofferraum hat, die er mit ins Tal nehmen will. Warum wir dann talaufwärts fahren, wird nicht ganz klar. Vielleicht ist die offizielle Paranoia in Harsil ja ansteckend.

„Wo kommen Sie her?"

Deutschland.

„Ah, Sie sind Arier, sehr gut. Hitler war ein großer Mann."

Dieser Aussage, die ich schon hundert Mal in Indien gehört habe, kann ich nichts hinzufügen.

Keine Frage, Hitler ist leider ein Held unter vielen Indern, und *Mein Kampf* gibt es in Großstädten an jeder Straßenecke und in

jedem Buchladen zu kaufen.
Das hat zweierlei Gründe. Einerseits wird Hitler von vielen Indern als der Mann gesehen, der gegen die Engländer, die früheren Kolonialherren, gekämpft hat. Andererseits verstehen sich Inder, vor allem Brahmanen, als Arier, was historische Gründe haben mag. Das Wort Arier entstammt dem *Sanskrit* und bezeichnet ein Nomadenvolk aus Zentralasien, das möglicherweise die Induskultur eroberte.
Im Europa des 19. und 20. Jahrhunderts wurde ein rein hypothetisches Volk als Arier bezeichnet, von dem angeblich alle hellhäutigen Europäer abstammen. Das war die Grundlage für die Definition der Herrenklasse unter den Nazis.
In beiden Fällen handelt es sich um willkürliche Festlegungen, beide sind in einem nationalistischen Kontext zu sehen, und in Indien vermischt sich dies zu einem ungesunden, für Deutsche traurigen Weltbild vor allem unter elitären Elementen der BJP (Bharatiya Janata Party) und bei anderen fundamentalen hinduistischen Gruppen. Diese glauben, dass die Arier Einheimische des Subkontinents gewesen seien, die sich von Indien aus Richtung Westen verbreitet hätten.

Der alte Mann nimmt keinerlei Rücksicht auf sein klappriges Auto, und der Straßenzustand im Garhwal lässt ihn kalt. Er gibt sich keine große Mühe, die riesigen Schlaglöcher im Asphalt zu umrunden. Wir sind froh, zwanzig Minuten später wieder auf der Straße zu stehen.
Auf den ersten Blick wirkt Darhali wie ein kleiner Slum, der sich aus einer Reihe brandneuer, aber schon wieder schäbiger Touristenchalets für reiche Pilger und ein paar dunklen *Dhabas* zusammensetzt. Von hier sind es nur noch dreißig Kilometer bis nach Gangotri. Die Zimmer in den neuen Hotels sind unverhältnismäßig teuer, und die Einheimischen entschuldigen sich für die Preise
„Wir wissen, dass Ausländer nicht so viel zahlen, aber viele der Pil-

ger verlangen Zimmer mit Fernseher und heißes Wasser."
Nach einigem Herumsuchen finden wir ein Quartier für Leute mit geringer Bonität auf dem Dach eines Geschäftes. Das Zimmer ist deutlich sauberer als das Loch, in dem wir in Uttarkashi gehaust haben.
Das Flussbett des Bhagirathi ist hier fast einen halben Kilometer breit, ein weiter Strand, durch den der schmale Fluss rauscht. Das Tal weiter hinauf ist der schneebedeckte Gipfel des Srikant zu sehen. Oberhalb von Darhali liegen auf beiden Talseiten ein paar kleine Dörfer, weit genug von der Straße weg, um vom Lärm und den Abgasen nichts abzubekommen.
Eine Hängebrücke führt inmitten einer Apfelplantage über den Fluss. Hier machte Frederick Wilson Pause.
Zum ersten Mal seit wir Hardwar verlassen haben, sehen wir Dörfer, in denen die traditionelle Architektur noch weitgehend vorhanden ist.
Bis vor ein paar Jahrzehnten lebten die Garhwalis meist in massiven, zweistöckigen und oft langen Häusern, die aus Steinen gebaut und mit langen, quer in den Bau integrierten eingelassenen Holzbohlen stabilisiert werden. Da die Wände nicht mit Putz beschichtet sind, sehen die Häuser uralt und verwittert aus - sie trotzen jedoch jedem Wetter. Im ersten Stock ist oftmals eine Veranda vor den Zimmern, auf der die Frauen sitzen und ihrer Arbeit nachgehen. Diese Veranden sind aus Holz, und verblichene, abgewetzte Schnitzarbeiten sind hier und da noch zu sehen.
Die größeren Häuser haben einen Vorplatz, auf dem Dorfkinder Kricket spielen oder die Frauen sitzen, tratschen und Kleider flikken oder Maiskolben sortieren, während die Männer sich im Schatten ausruhen, *Bidis* rauchen und den Frauen beim Arbeiten zusehen. Kleinere Gebäude sind von Gärten umgeben, in denen Gemüse angebaut wird.

Unten an der Straße ist bis spät in der Nacht die Hölle los. In der Pilgersaison im Mai und Juni kommen jeden Abend zehn oder

zwölf Busse auf der Suche nach einer Schlafmöglichkeit an. In jedem Bus sind mindestens sechzig Pilger - arme Pilger, die zum ersten Mal auf einer langen Reise durch ein fremdes und aufgrund der Temperaturen feindseliges Landes sind. Jung und alt, fit und gebrechlich, Hindus aus allen Kasten.
Die Gujaratis sind freundlich. Die Rajasthanis sind ernst. Eine Gruppe aus Orissa führt sich auf wie Schüler auf einer ersten Klassenfahrt. Für alle ist die Reise ein Abenteuer.
Die Frauen aus Gujarat, aus einem abgelegenen Wüstendorf im Kachchh in der Nähe der Grenze zu Pakistan sind allesamt in ihre traditionelle Tracht gekleidet, ihre Hände sind tätowiert, und sie wollen von Aroon fotografiert werden. Ihre Männer, ganz in weiß, reden ihnen zu, für Aroon zu posieren. Alle sind barfuß oder haben Flipflops an den Füßen. Die Gruppe, völlig erschöpft, aber mit glücklichem Lächeln auf den sonnenverbrannten Gesichtern, ist auf dem Weg nach unten, die Gebete in Gangotri sind schon erledigt, nun geht's nach Badrinath.
Die Frauen aus Rajasthan verhalten sich völlig anders – stolz und wunderschön, ziehen sie ihre Kopftücher über das Gesicht, sobald sie Ausländer oder eine Kamera sehen und schauen uns und alle anderen Besucher der *Dhaba* misstrauisch an. Mit Menschen aus anderen Teilen der Welt in einem Raum zu sitzen war wohl nie der Wunsch dieser ultra-orthodoxen Frauen, die in ihrem Heimatdorf nicht einmal ohne männliche Begleitung einkaufen gehen können.
Die kleine Gruppe aus Rajasthan wird von einem jungen Mann mit einem stolzen Gesichtsausdruck und einem schlappen Schnurrbart geführt, der schweigend neben seiner Frau sitzt und auch nicht mit uns reden will.
Die Gruppe aus Orissa besteht nur aus jungen Männern.
„Das ist unser gemeinsamer Jahresurlaub. Wir sind alle Mitglieder unseres Lions Clubs."
Der lauteste der jungen Männer trägt nur ein T-Shirt und Shorts. Ich sage ihm, dass er wohl der abgehärtetste Mann in Indien sein

muss, so durch den Himalaya zu reisen, und seine Gruppe flippt fast aus. Wie bei einer Klassenfahrt eben.

Etwas später checkt ein Bankangestellter aus Jaipur, der Hauptstadt Rajasthans, mit seiner Familie im Zimmer neben uns ein. Seine Frau und die beiden Kinder kommen freundlich, neugierig und ungefragt gleich in unser Zimmer und wollen wissen, wo wir herkommen, wo wir hinfahren und wie uns Indien gefällt. Die Frau spricht kein Englisch, aber mit Hilfe unseres schlechten Hindi und der Englischkenntnisse der zwei Kinder kommt eine Unterhaltung zustande, bis der Bankangestellte seine Frau und Kinder in ihr Zimmer scheucht und mich dann fragt, ob ich schon einmal in Jaipur war. Die Antwort ist ihm genug, er dreht sich um, marschiert seiner Familie hinterher und schließt die Tür hinter sich.

Niemand, ob arm oder reich, illiterat oder gebildet, bemerkt, dass immer mehr Leute immer weniger werdenden Raum beanspruchen. Die Armen haben kein Verständnis für die Bergwelt, sie ist einfach zu fremd. Und vom Klimawandel haben sie noch nie gehört.
Der Horizont der Reichen beschränkt sich auf ihr Geld, und so schaut niemand auf die Schäden und die sich daraus ergebenden Kosten, die der Pilgerstrom mit sich bringt – wie die Plastikabfälle am Straßenrand und das Abholzen der letzten paar Bäume, die zum Kochen verfeuert werden, so wie die daraus resultierende Erosion. Von der Umweltbelastung wollen sie nichts hören. Der Fortschritt hat eben seinen Preis.

All das macht mich hochmütig, und gleichzeitig frage ich mich: Bin ich nicht scheinheilig? . Ich fühle mich so alt wie die Berge selbst, die gerade unter uns ausgehöhlt werden, damit die Leute in Uttar Pradesh rund um die Uhr fernsehen können - genau wie wir. Vielleicht erinnert man sich eben gerne an ein goldenes Zeitalter

der Unschuld – schließlich ist die Bevölkerung Indiens seit meinem ersten Besuch vor fünfzehn Jahren um mehr als zwanzig Prozent gewachsen - aber in Wirklichkeit zeigt das nur, dass ich einer von Millionen älter werdender Menschen bin, die sich über den Verlust einer Vergangenheit aufregen, die so, wie sie in der Erinnerung erscheint, nie existiert hat.
Oder ich bin ein Realist, und die Welt versinkt im Müll, und der Himalaya macht da keine Ausnahme.
Vielleicht leben wir wirklich im *Kali Yug*, einem 432.000 Jahre andauernden Zeitalter, das durch Grausamkeit und spirituelle Dunkelheit gezeichnet ist, wie die Hindus glauben.
In den *Puranas* steht, dass während des *Kali Yug* Hass, Gier und Verwirrung, Krieg und Leiden die Welt beherrschen. *Kali Yug* wird auch als Zeitalter des Niedergangs charakterisiert.
Und das gegenwärtige *Kali Yug* hat gerade erst angefangen.

Auf einmal bricht die Sonne aus den Wolken - über einen schneebedeckten Bergrücken leuchtet sie in das Tal hinunter, und die gewaltige Schönheit der Berge erdrückt mich fast, befreit mich aber gleichzeitig von universalen wie persönlichen Vorwürfen, die von den Fluten des Bhagirathi talwärts mitgerissen werden.

## Mukhba – Das Herz des Wilson Sahib

Auch zu Wilsons Zeiten lagen sich an diesem Flussabschnitt schon zwei Dörfer gegenüber.
Darhali auf der rechten Talseite ist bis heute von Panwar Thakurs bewohnt, die hier vom Raja von Tehri angesiedelt wurden, um das Bhagirathi-Tal gegen Plünderer aus Himachal Pradesh und Tibet zu verteidigen.
Mukhba auf der anderen Talseite ist größer und wird von den Gangotri *Pandits* bewohnt, den Priestern, die für den Tempel in Gangotri verantwortlich sind.
Das Bildnis der Göttin Ganga wird vor dem Einbruch des harten

Winters aus Gangotri nach Mukhba hinuntergebracht, wo die *Pandits* auch die kalten Monate des Jahres verbringen.
Die Dorfbewohner Mukhbas mochten Wilson gerne, denn er hatte zwei Musketen im Gepäck und begann, für das gesamte Dorf Wild zu erlegen, vor allem Moschusochsen. Offiziell waren die *Pandits* natürlich strenge Vegetarier, aber heimlich aßen sie Fleisch, das allerdings nicht so leicht zu bekommen war. Märkte gab es keine, und Schusswaffen zum Jagen hatten die Pandits auch nicht. Offiziell hatten die Briten auch das Jagen der Moschusochsen untersagt, aber wer sollte das in den Hochtälern des Garhwal schon überwachen? Um 1840 war Wilson der einzige Weiße, der sich lange Monate in der Nähe Gangotris herumtrieb.
Die Bewohner Mukhbas erkannten schnell, dass Wilson zum Wohlergehen des Dorfes auch langfristig enorm beitragen könnte, wenn man nur einen Grund für den Engländer fände, sich dort dauerhaft niederzulassen. Die Dorfältesten setzten sich zusammen und entschieden, dem jungen Abenteurer das schönste Mädchen niedriger Kaste ins Zelt zu schmuggeln. In der Tat ging die Rechnung auf. Wilson nahm das Mädchen an, und als sie ihm keine Kinder gebären konnte, heiratete er ihre etwas jüngere Tante Sangrami.
Eine andere Geschichte behauptet, Wilson habe Sangrami für sechzig Rupien gekauft, da diese schon verheiratet gewesen sei und der Ehemann entschädigt werden musste. Eine offizielle Hochzeit zwischen Wilson und Sangrami folgte erst 1875, Jahre nach dem die Wilsons drei Kinder bekommen hatten. Zu dieser Zeit hatte Wilson allerdings schon eine Geliebte, die Nichte Sangramis, Raimta.
Für die Bewohner von Mukhba war das Problem zunächst gelöst. In den folgenden Jahren führte Wilson den Anbau von Kartoffeln im Bhagirathi-Tal ein und gründete die ersten Apfelplantagen.

Nach einem Frühstück, das aus *Chai* und *Paratha* besteht, überqueren wir die Hängebrücke in Darhali und laufen das breite

Flussbett hinauf. Aroon verbringt eine Stunde mit einer Frau aus Mukhba, die am Flussufer ihre Puja absolviert.
Der Ganges ist hier milchig blau, eiskalt und schnell. Eine Maultierkolonne, schwer mit Steinen beladen, zieht an uns vorbei, und kleine Flussvögel mit langen, halbmondförmigen Schnäbeln jagen sich gegenseitig über den Sand. Am Rande des Flussbetts wachsen sogar ein paar Birken, die wahrscheinlich in den letzten zwanzig Jahren gepflanzt wurden. Wir laufen bis zu einem kleinen weißgetünchten Tempel auf der linken Talseite, einen Kilometer flussaufwärts von Darhali. Auf der gegenüberliegenden Flussseite, sitzen ein paar *Sadhus* in der Sonne und rauchen einen *Chilam*, während ihre frischgewaschenen *Dhotis* und Tücher auf den heißen Steinen trocknen.
Der Tempel steht inmitten einer kleinen Ansammlung von alten Häusern, die sogar meist noch Holzdächer haben.
Die Dorfbewohner – jedenfalls der weibliche Teil - sind überrascht und erfreut, Besuch zu bekommen, und wir sind sofort von einer großen Schar junger Frauen und Mädchen umringt. Die Männer sind nirgends zu sehen. Die Mädchen führen uns durchs Dorf und zeigen uns die langsam verfallenden Häuser. Mehr als 150 Jahre alt sollen die Gebäude in Matli sein. Manche der Häuser hat man bereits den Elementen überlassen, andere haben Metalldächer. Aus der Wand eines der größeren Häuser ragt der geschnitzte Kopf einer Kuh unter einem kleinen Dach heraus, was dem Gebäude einen sehr archaischen Charakter verleiht. Die Balkonpfeiler sind mit Blumenschnitzereien verziert.
Am eindruckvollsten sind die kleinen Türen, welche die einstöckigen Speicherkammern des Dorfes verschließen. Diese quadratischen Öffnungen, grade groß genug für ein Kind, sind mit rostigen Schlössern versehen, die wie Notenschlüssel aussehen.
Wir verlassen die kichernden Mädchen von Matli, die uns wie *Gopis* ein Stück des Weges folgen und uns immer wieder zuwinken, bis wir um die nächste Biegung am Berg laufen und dem talabwärts, aber hangaufwärts führenden Pfad in Richtung Mukhba folgen.

Die Hänge sind dicht mit Apfel- und Aprikosenbäumen und Hanfpflanzen bewachsen, aber Terrassen haben die Garhwalis nicht angelegt. Dafür ist es zu steil. Dennoch werden hier auch ein wenig Hochlandreis und Gemüse angebaut. Das sieht sehr arbeitsintensiv aus. Einfach ist das Leben der Bauern im Himalaya nicht. Das Dorf Mukhba liegt jetzt wie ein uraltes Trugbild, eine unheimliche Fata Morgana genau über uns. Die verwitterten, fast schwarzen Häuser ragen bedrohlich in den bösen, wolkenverhangenen, grauen Himmel, und ein eiskalter Wind bläst uns ins Gesicht. Drei alte Frauen tauchen wie die Hexen aus Shakespeares Macbeth auf einmal auf dem Pfad vor uns auf, allesamt in dicke Wolldecken und Tücher gehüllt. Sie unterhalten sich lautstark, um sich trotz des Windes, der den Staub auf dem Weg vor uns aufwirbelt, verständlich zu machen.
Echsen flitzen von den vor kurzem noch heißen Steinen am Wegrand in ihre Höhlen, und grauer Nebel zieht über die Bergspitzen oberhalb Mukhbas. Als wir schließlich im Dorf ankommen, ist die Sonne längst verschwunden. Es fängt an zu regnen, und es ist niemand zu sehen.
Hier also fand Wilson seine Frau Gulabi Ruth, die in Wirklichkeit Sangrami hieß und im untersten Teil des Dorfes, das für niedere Kasten vorgesehen war, geboren wurde.

Der Tempel ist das Dorfzentrum und scheint das modernste Gebäude im Ort zu sein. Die meisten Häuser sind im gleichen Stil wie die in Matli gebaut, aber alles ist hier größer. Ein paar der älteren Häuser sind bereits aufgegeben und verfallen so langsam. Da Mukhba nur zu Fuß zu erreichen ist, wäre es zu viel Aufwand, diese Ruinen abzureißen, man wartet auf den natürlichen Verfall. Außer ein paar Kindern, die gleich von einer uralten Frau davon gescheucht werden, spricht uns niemand an. Ein paar Männer arbeiten oberhalb des Dorfes am Bau einer Brücke, aber das Wetter wird immer schlechter, und wir folgen einem kleinen Pfad zurück ins Tal.

Frederick Wilson fühlte sich hier zu Hause und wurde nach einigen Jahren zum bekanntesten Jäger der Gegend. Aber es war ein undankbarer Job, die exotischen Tiere zu jagen, auszustopfen und dann nach Dehra Dun und Mussoorie zu transportieren, und so begann Wilson ab dem Sommer 1844 wochenlange Expeditionen reicher Briten auf der Suche nach Wild zu organisieren.
Geschrieben hat Wilson über diese Touren auch - ein paar Kapitel über das Leben des Jägers im Himalaya wurden unter dem Pseudonym *Mountaineer* 1860 in einem Buch mit dem Titel *A Summer Ramble in the Himalayas* veröffentlicht. Es besteht kein Zweifel, dass Wilson ein Experte für die Flora und Fauna des Himalaya war, aber über sich selbst schrieb der Mann nichts.
*A Summer Ramble in the Himalayas* erwähnt auch, dass Wilson eine Brücke über die tiefe Schlucht des Jadh Ganga, einen wilden Zufluss des Bhagirathi, bauen ließ. Diese wurde ein paar Jahre später von einem Engländer namens Callaghan ersetzt und schließlich von der indischen Eisenbahngesellschaft komplett neu gebaut – sie ist 1380 Fuß (ca. 420 Meter) hoch.
Eine Anekdote über den wilden Wilson erzählt, dass er, als einige Pilger zu große Angst hatten, die gefährlich aussehende Brückenkonstruktion auf allen Vieren zu überqueren, mit seinem Pferd im Galopp zweimal darüber ritt, um die Leute dazu zu bringen, ihre Reise fortzuführen. Die alten Brückenpfeiler stehen noch.
Was für politische Kontakte Wilson in den ersten Jahren seines Lebens im oberen Ganges-Tal hatte, ist ungewiss. Bekannt ist allerdings, dass er um 1845 die Expedition eines Prinzen Waldemar aus Preußen, dessen Führer an Cholera erkrankt war, übernahm. Diese schlug auf dem Weg nach Tibet in Mukhba fehl. Wilson wurde gefeuert. Es ist gut möglich, dass Wilson im Interesse der Briten handelte und aus politischen Gründen die Expedition verhinderte. Handfeste Beweise gibt es allerdings keine.

Am Abend finden wir an der Wand einer der *Dhabas* ein altes Foto der Flusstempel von Darhali. Das Bild wurde von Samuel Bourne

aufgenommen, der zwischen 1863 und 1869 mehr als zweitausend Bilder in Indien machte. Bourne unternahm zwei Reisen durch den Himalaya, bevor er nach England zurückkehrte.
Es ist schwer vorstellbar, was für einen Aufwand ein einziges Foto damals verlangte. Schließlich musste Bourne mit unzähligen Packtieren und Trägern auf seinen monatelangen Exkursionen umherziehen, um solche wundervollen einzigartigen Bilder in diesem extremen Klima machen zu können.

Wilson machte es sich einfacher.
1858, ein Jahr nach dem großen indischen Aufstand, bei dem Wilson seinen Landsleuten nicht zu Hilfe kam, sondern in den Bergen abtauchte, sprach er beim Raja von Tehri, Sudarshan Shah, vor.
Wilson erkaufte sich das Exklusivrecht, im Bhagirathi-Tal Bäume zu fällen - für 6000 Rupien pro Jahr, was damals eine stolze Summe war, auch für den verarmten Raja von Tehri, der Wilson für eine goldene Gans hielt, denn der Raja konnte sich nicht vorstellen, wie Wilson mit seiner Lizenz Geld verdienen wollte.
Die Berater des Rajas lachten sich halbtot über den britischen Exzentriker, denn wie sollte das Holz auf den Markt in Hardwar kommen. Es gab damals keine Straßen ins Bhagirathi-Tal.
Wilson hatte dieses Problem natürlich auch gesehen und mit einigen geheimen Tests im Vorjahr gelöst. Seine Baumstämme wurden bis nach Hardwar geflößt, wo er in den frühen 1860ern ein Depot bauen ließ. Zur gleichen Zeit bauten die Briten ihre Eisenbahnen von Kalkutta nach Delhi und Bombay, und die Nachfrage nach Holz für Eisenbahnschwellen war gigantisch. Innerhalb kürzester Zeit wurde Wilson zu einem der reichsten Männer Nordindiens.
Wilson wurde so reich, dass er in diesen Jahren begann, seine eigenen Münzen zu prägen, die in den folgenden zwanzig Jahren von Hardwar bis Tibet als legale Währung anerkannt wurden. Nicht einmal der neue Raja von Tehri, Bhawani Shah, protestierte.

Die Münzen waren es schließlich auch, die Wilson den inoffiziellen Titel *Raja Wilson* verliehen.

Von einem englischen Reiseschriftsteller, der Wilson 1873 kennenlernte, wurde der weiße Raja als europäischer Bummler oder Faulenzer bezeichnet, aber dies war wohl eher ein Kommentar zum unorthodoxen Lebensstil Wilsons.

Mehr als 2000 Träger, Holzfäller und andere Angestellte arbeiteten für Wilson, der enge Flussstellen und Schluchten mit Dynamit hatte sprengen lassen, um seinen Bäumen eine leichtere Reise zu ermöglichen.

1864 schloss Wilson einen Vertrag mit den Briten, aus dem der Raja von Tehri ausgeschlossen wurde. Die Forstamt der Engländer hatte zwar geplant, auch Wilson die Kontrolle über die oberen Ganges-Täler zu nehmen, aber die einheimischen Arbeiter verweigerten die Kooperation mit den Kolonialherren, und Wilson bekam seinen Vertrag, der bis zu seinem Tode im Jahr 1883 lief.

Das Geld verschaffte Wilson Ansehen und Respekt, und der reich gewordene Engländer kaufte Häuser in Dehra Dun und Mussoorie.

Ohne Frage hat Frederick Wilson zu der massiven Umweltzerstörung in den höher gelegenen Tälern im Garhwal beigetragen. Man kann behaupten, dass Wilson den Prozess der systematischen Ausschlachtung der Natur zunächst mit der Jagd und später mit den Rodungen begonnen hat. Andererseits hätten die Briten so oder so ihre Eisenbahnen gebaut. Der gigantische Bedarf an Holz war der

*Die Münze Raja Wilsons*

Hauptgrund für die erste Welle der Abholzung im Garhwal Himalaya; Wilson war der Opportunist, der seine Chance sah, den Briten gegenüber seine Unabhängigkeit zu behaupten und auf seinen eigenen Beinen zu stehen. Wilson wurde vom Freibeuter zum Großunternehmer. Der Preis, den die Umwelt dafür bis heute zahlt, ist deutlich sichtbar, schaut man auf die kahlen Bergrücken in der Region .

## Attagiri, Pirat der Sieben Seen

„Das sind nur neunzig Minuten bis zu den Sieben Seen. Da kommt ihr ohne Probleme heute noch hin."
Es ist zwar schon Mittag, aber der junge Mann, mit dem wir in einer Dhaba sprechen, empfiehlt uns dennoch, nach *Saat Tal* zu laufen.
„Es gibt allerdings nur drei Seen, die anderen sind trocken."
Der Junge deutet den Berg hinauf, aber die Seen kann man natürlich von der Straße aus nicht sehen, lediglich eisige Bergrücken und dichter Fichtenwald, der bis an das obere Ende von Darhali herabreicht, sind erkennbar.
Obwohl ich vermute, dass der Junge die Entfernung zu den Sieben Seen an der Laufgeschwindigkeit der Einheimischen misst, ziehen wir los und klettern durch Apfelplantagen zum Dorf hinauf. Darhali liegt etwa zweihundert Meter über der Straße.
Die Häuser sind nicht so alt und verwittert wie in Mukhba, was daran liegen mag, dass die neuen Hotels unter uns den Bewohnern Darhalis gehören, die aufgrund des Pilgertrubels seit ein paar Jahren Geld haben, um ihr Dorf zu restaurieren. Wie in Mukhba sind die Häuser zwar aus Steinen und Holz gebaut, aber die meisten Gebäude sind verputzt, und die alten Schnitzereien an den Verandas fehlen.
Ein paar Familien bauen diskret Opium in ihren Gärten an, inmitten wunderschöner Bergrosen und inmitten von Feldern voller Kartoffeln, Bohnen und Tomaten.

Darhali hat einen kleinen Dorfplatz, der von drei großen Häusern flankiert ist und von dem aus man einen fantastischen Blick über das Tal hat. Von hier haben die Bewohner von Darhali, die Panwar Thakurs, einst das Bhagirathi-Tal überwacht und vor Wegelagerern und Banditen aus den Nachbarregionen geschützt. Das Tor, das auf den Platz führt, ist älter als die Häuser und leider am Zusammenbrechen. Der Dorfplatz ist mit großen, flachen Steinen ausgelegt, und eine kleine Horde Kinder spielt gerade Kricket, genau wie in Mukhba auf der gegenüberliegenden Talseite.

Die Dorfältesten sitzen im Schatten der Veranden und schauen zu. Die Männer und Frauen sind alle über sechzig und haben tiefe Falten in ihren trockenen, von der Sonne verbrannten Gesichtern. Die Frauen tragen *Salwar Kamiz* und haben lange, dünne Goldreifen im Ohr. Die Männer haben abgewetzte *Khadi*-Jacken an und sind unrasiert. Wir sitzen mit einer fünfundsechzigjährigen Frau zusammen, die ihrer Enkelin die Haare kämmt und sich ihrerseits von ihrer Tochter die Haare kämmen lässt. Von Raja Wilson hat sie nie etwas gehört. Sie meint allerdings, dass es nun nur noch eine Stunde zu den Sieben Seen ist, und so steigen wir weiter den Berg hinauf.

Der Pfad führt oberhalb des Dorfes in dichten Wald, der stark nach Harz und Winterluft riecht. Ein kalter Wind weht den Berg hinunter, was das Laufen angenehmer macht. Überall liegen gefällte Bäume herum, aber wir begegnen keiner Menschenseele. Wir beobachten eine halbe Stunde lang einen großen Specht, wie er geduldig ein Loch in eine Baumrinde klopft. Bis auf das Pochen des Vogels ist es totenstill.

Irgendwo über uns liegt ein Bergrücken und obwohl wir den Pfad immer wieder verlieren und auf der Direttissima weitersteigen, scheint der Aufstieg kein Ende zu nehmen. Ein Adler kreist eine Weile über den Baumkronen und beobachtet, wie wir immer langsamer werden

Nach zwei Stunden erreichen wir schließlich den Bergrücken, wo sich der Wald lichtet und ein Pfad über eine Geröllhalde auf ein

*Bugyal*, eine Hochebene, führt. Die Sonne ist inzwischen hinter dunklen, bedrohlich aussehenden Wolken verschwunden, und von den sieben Seen gibt es keine Spur. Es beginnt zu regnen, und wir können außer ein paar grasenden Kühen kein Lebewesen sehen. Oberhalb des *Bugyal* liegen graue Geröllhalden bis zur Schneegrenze hinauf, darüber ragen eisverkrustete Felsformationen in den unfreundlichen Himmel. Ein kleiner Fluss windet sich durch den *Bugyal*. Große Farne und blaue und lilafarbene Bergblumen wachsen am Ufer des glasklaren Flüsschens.
Ich kann mir gut vorstellen, dass Frederick Wilson hier vor hundertfünfzig Jahren auf die Jagd ging.
Uns wird es allerdings immer kälter, und da wir keinen einzigen See sehen können, entscheiden wir uns, in den Schutz des Waldes hinunter zu klettern. Gerade als wir wieder über die Bergkuppe zurücklaufen, erscheint eine Gruppe Trekker am oberen Ende des *Bugyal*, und ich kehre um, um nach den Seen zu fragen. Die Trekker, junge Männer aus Gujarat mit einem einheimischen Führer, tragen alle nur T-Shirts und fotografieren die Landschaft mit ihren Handys.
„Wir sind hierher gelaufen, um uns für den Marsch nach Gaumukh zu akklimatisieren."
Aroon und ich haben die sieben Seen natürlich verpasst, aber die jungen Männer beschreiben uns den richtigen Weg.
Wir folgen fünfzehn Minuten lang einem kaum erkennbaren Pfad oberhalb der Baumgrenze, bis wir auf den ersten See treffen. Der See ist allerdings ein Moor, auf dem eine weiße Stute und ihr Fohlen grasen. Das sieht sehr unwirklich und märchenhaft aus.
Mitten in diesem Sumpf, der, wie sich herausstellt, der größte der sieben Seen ist, lebt Attagiri Baba, ein *Naga Sadhu*, in einer kleinen wackeligen Hütte.
Attagiri Baba haust hier in fast völliger Isolation seit mehr als sieben Jahren. Der dürre und etwas verwahrlost aussehende Asket hat unter seinem Vollbart und seinen langen verfilzten Haaren ein freundliches Gesicht, lädt uns in sein bescheidenes, aber urgemüt-

liches Heim ein und beginnt sogleich, einen *Chilam* zu bauen, während er gleichzeitig an seinem Kurzwellenradio herumspielt, bis er einen Sender mit hinduistischen Gesängen gefunden hat. In der Hütte ist es fast stockdunkel und völlig verraucht.
Ein zweiter, jüngerer und schweigsamer *Sadhu*, ebenso unterernährt wie Attagiri Baba, kocht den Tee auf.
Die zwei erinnern an Robinson Crusoe und seinen Mann Freitag. Allerdings leben die *Sadhus* ja freiwillig in ihrer Isolation.
Genau in der Mitte der Hütte ist ein tiefes, rundes Loch in den Boden eingelassen, in dem das heilige Hausfeuer brennt. Ein rostiger Ofen, auf dem ein rußiger Wasserkessel steht, strahlt ebenfalls Wärme aus. Vor dem Ofen balanciert ein Kessel voller kochendheißem Chai auf den glühenden Kohlen.

Attagiri Baba setzt seinen *Chilam* in Brand, und Sekunden später ist das Heim des *Sadhus* auch noch mit dickem, grauen Cannabisrauch gefüllt. Der Asket ist nur noch als Schatten im Zentrum der Rauchwolken zu erkennen. Attagiri Baba beginnt, diverse Mantras vor sich hin zu murmeln, während sein Assistent uns fragt, ob wir nicht die Nacht bleiben wollen.
Auf einmal geht die Tür der Hütte auf, und eine indische Großfamilie – zwei Männer und sieben Frauen - quetscht sich zu uns herein. Die Tagesausflügler sind aus Harsil gekommen. Die beiden Männer sind Soldaten, die dort stationiert sind. Ursprünglich stammen sie aus Bihar.
Der jüngere Offizier ist sehr freundlich.
„Waren Sie schon einmal in Bodh Gaya?" will er wissen, es sei doch so wunderschön. Der Mann ist mit seinem Leben im Bhagirathi-Tal sehr glücklich.
„Ich komme aus der Nähe von Patna und habe mich 2002 zum Dienst gemeldet. Ich war seitdem bereits in Madhya Pradesh, Rajasthan und jetzt hier in Uttaranchal stationiert. Mein Job ist toll, und ich habe für zwanzig Jahre unterschrieben."
Der zweite Mann, ein älterer Soldat mit einem erstarrten Gesichts-

ausdruck, ist nicht sonderlich freundlich, weder zu uns noch zu den zwei *Sadhus*, die seit dem Eintritt der Familie kein Wort mehr gesagt haben. Er bringt die Unterhaltung schnell ins Stocken, und so sitzen wir uns alle schweigend gegenüber, während Attagiri Baba in aller Ruhe seinen *Chilam* zu Ende raucht.
Es regnet noch immer, und es ist später Nachmittag. Attagiri Baba zeigt keinerlei Enttäuschung, dass wir nicht in seiner Hütte übernachten. Auch die Familie aus Bihar scheint ihm egal zu sein. Draußen grasen die Pferde im Sumpf. Die *Sadhus* winken uns ein kurzes Lebewohl zu, aber sie bekommen im sterbenden Tageslicht die Augen gar nicht richtig auf und verschwinden schnell wieder in der Hütte.
Wie viele Menschen leben heute noch in einer solchen selbstgewählten Einsamkeit?
Wir laufen einen schmalen Fluss entlang und passieren ein paar weitere Sümpfe, aber es ist schon zu kalt, dunkel und nass, um zu zählen, ob es wirklich sieben sind. Einige hundert Meter weiter laufen wir in den dichten Wald zurück, um dem Regen zu entkommen.
Eine Stunde später sind wir wieder unten an der Straße, die am frühen Abend mit Pilgerbussen verstopft ist. Eine ganz andere Welt.

# Gangotri

# Den Bhagirathi entlang zum Tempel der Erlösung

Schon im Morgengrauen dröhnen die Hupen der Busse durch Darhali. Sobald der Schnee auf den Straßen schmilzt, ist Hochsaison für die Pilger. Die *Dhabas* sind voller verschlafener Menschen, die grade ihren ersten *Chai* schlürfen, bevor es weitergeht - nach Norden, nach oben, zum zweiten und vielleicht wichtigsten Tempel der *Char Dham Yatra*, nach Gangotri.
Wir warten auf den ersten öffentlichen Bus aus Uttarkashi, der um 9.30 Uhr durch Darhali rollen soll. Sicher werden wir bis Gangotri stehen müssen, aber das sind ja nur siebenundzwanzig Kilometer, kaum mehr als eine Stunde Fahrt.
Aroon kaut gerade an fettigen *Allu Pakora*, da erscheint auf einmal Mr. Bunty, ein junger geschäftiger Reiseführer aus Mussoorie, der ein freundliches, umwerfendes Lächeln zur Schau trägt. Wie ein Mann, der noch nie einen Kater gehabt hat. Vielleicht macht er diesen Eindruck, weil er eine Baseballmütze auf dem Kopf hat und mit einem starken amerikanischen Akzent spricht.
„Sollen wir Euch mitnehmen? Mein Wagen ist leer, und wir fahren bis nach Gangotri hoch."
Ein Sitzplatz in Mr. Buntys blitzsauberem, weißen Ambassador ist der Busreise auf alle Fälle vorzuziehen, und fünf Minuten später sind wir auf dem Weg.
Mr. Bunty fährt selbst, und der Beifahrer, ein 70-jähriger kanadischer Schriftsteller, der sich als Mr. Robert vorstellt, erzählt von seinem derzeitigen Buchprojekt, während wir uns durch eine Herde Schafe und Ziegen schlängeln.
Mr. Robert arbeitet seit zwei Jahren an einem Roman über Frederick Wilson.
Mr. Roberts Anekdoten sind packend, und die Fahrt ist unterhaltsam. Doch ein paar Kilometer vor Gangotri kommt der Verkehr ins Stocken, und schließlich stecken wir fest. Hunderte von Jeeps und Bussen stehen ineinander verkeilt. Tausende von Pilgern packen ihre Bündel und laufen den Rest des Weges nach Gangotri.

Die Straße ist kaum breit genug, um zwei Busse aneinander vorbeifahren zu lassen, und die Polizei ist hilflos. Die Pfeifen der Beamten werden ignoriert.
Mr. Bunty hat kein gutes Wort für seine gläubigen Landsleute übrig: „Seit Jahren kommen diese Idioten aus dem Flachland hier herauf und machen alles kaputt. Ich schätze, mehr als eine Million Menschen quetschen sich in der Saison durch dieses enge Tal nach Gangotri, und die Natur ist natürlich durch den ganzen Pilgerrummel völlig ruiniert."
In der Tat kann man die dünne Gebirgsluft, angereichert durch die schwarzen Rußwolken der Busse, kaum atmen.
„Die für den Fremdenverkehr zuständige Behörde von Uttaranchal plant, die Char Dham Yatra auf das ganze Jahr auszudehnen. In den kalten Wintermonaten und während der Regenzeit werden die Gottheiten in Yamunotri, Gangotri, Kedarnath und Badrinath einfach in tiefere Lagen zu anderen Tempeln gebracht, wo die Leute dann ihr Darshan machen können."

Das ist natürlich keine ganz so abwegige Idee. Andere indische Gottheiten gehen jedes Jahr auf Reisen. So wird zum Beispiel der Gott Jagannath in Puri, im subtropischen Staat Orissa, im Juli zu einem Sommertempel gebracht und dann zwei Wochen später wieder abgeholt – von ein paar Millionen Menschen.
Während des Dussehra-Festes im Kullu-Tal im Staat Himachal Pradesh werden unzählige Gottheiten in gewaltigen Prozessionen begleitet von den grandiosen Klängen traditioneller kupferner Blasinstrumente an den Beas-Fluss transportiert, um dort einige Tage von Tausenden verehrt zu werden.
Sollte die *Char Dham Yatra* das ganze Jahr über möglich sein, würden sich die Menschenmassen etwas verteilen, und der Druck auf die vier Haupttempel und die Täler, in denen die Tempel liegen, wäre nicht mehr so massiv.
Mr. Bunty ist anderer Meinung: „Da kommen mehr Leute. Da kommt mehr Geld rein. Es geht nur ums Geld."

Schließlich steigen wir aus, und Mr. Bunty lässt den Wagen einfach am Straßenrand stehen. Wir laufen den letzten Kilometer nach Gangotri. Die enge Bergstraße, etwa hundert Meter über dem Bhagirathi, ist durch Menschen, Fahrzeuge und Tiere – heilige Kühe leben auch in den Höhenlagen Indiens – blockiert. Mit unseren schweren Taschen quetschen wir uns zwischen uralten, rußenden Bussen hindurch.
Die Pilger sind, angesichts der niedrigen Temperaturen, für ihre lange Reise unzureichend gekleidet. Die meisten sind Arme vom Land und tragen ihre traditionellen Trachten.
Rajasthani Frauen schleppen sich in ihren dünnen, bunten Polyester-Saris und mit Plastiksandalen, allenfalls leichten Schuhen aus Kamelleder, mühsam den Berg hinauf. Hier, im eisig kalten Schatten des Himalaya sehen viele der Pilger schon halb erfroren aus, als sie, in ein paar Decken gehüllt, aus ihren Bussen steigen.

Gangotri liegt in einer tiefen Felsschlucht. Im Norden sieht man die Spitzen der Bhagirathi-Gipfel zwischen steilen Felswänden hervorragen. Aber der atemberaubende Blick geht im Chaos des Pilgerortes zunächst etwas verloren.
Hinter dem schlammigen Busparkplatz, der von *Lathi* schwingenden Polizisten patrouilliert wird, passieren wir ein Tor und gelangen durch eine winzige Gasse zum Tempelgelände. In diesem engen, überlaufenen Basar gibt es einfach alles, was der Pilger braucht, und zwar zu Pilgerpreisen. Immer wieder beobachten wir, wie arme Pilger ihre paar Münzen zählen und dann den extra Schal für dreißig Rupien doch nicht kaufen. Man friert.
Der große Renner ist das Gangeswasser, das in einer endlosen Auswahl von Behältern aus Messing, Kupfer oder Plastik verkauft wird. Messinggefäße sind am teuersten. Man kann die Behälter auch leer kaufen, und das heilige Gangeswasser selbst einfüllen, um so einen Teil des Gottes mit nach Hause zu nehmen und mit den im Heimatdorf gebliebenen Freunden zu teilen.
An unzähligen Ständen werden kitschige Bilder verkauft - ge-

rahmt, unter Glas, lackiert oder als Postkarten.
Oft finden sich auf einem einzigen Bild mehrere kleine Abbildungen - von Göttern, von *Lingams*, vom Tempel von Gangotri, von den Bergen und von Gaumukh, der Gangesquelle, die nur die wenigsten der Besucher zu Gesicht bekommen.
Der moderne Pilger kann sich auch eine ganze Sammlung an DVDs zulegen – etwas wackelig gefilmte Berg- und Tempelszenen werden durch Gebetszeremonien verschiedener *Yogis* und *Swamis* aufgelockert, und fast jeder kleine Stand hat einen Fernseher, aus dem *Bhajans* und *Pujas* laut genug herausschallen, um in den Felswänden um Gangotri Lawinen auszulösen.
Alte Garwhalis sitzen auf kleinen Hockern, eine Waage aus Messing in der Hand und preisen Safran an: „Hundert Rupien für fünf Gramm. Kuriert garantiert Hepatitis, Durchfall, Fieber und alle anderen Krankheiten und deren Symptome."
Mir hält einer der Verkäufer ein dickes, vergilbtes Pamphlet unter die Nase, das in der Tat die Heilung fast aller Krankheiten, von denen ich schon einmal gehört habe, verspricht. Und die Leute kaufen und kaufen.
Auch ein Arzt bietet im Basar seine Dienste an. In einer kleinen Kammer neben einem *Hanuman*-Schrein befindet sich ein Schreibtisch, dahinter ein Vorhang, hinter dem Patienten untersucht werden können. Ein großes Regal mit Medikamentenschachteln, viele davon von der Sonne völlig ausgeblichen, hängt augenfällig hinter dem Schreibtisch. Die Schlange vor dieser Arztpraxis ist genauso lang wie die vor den Ständen, die homöopathische Mittel und *Ayurveda* anpreisen.
Wo immer zwischen den hunderten kleinen Geschäften und Ständen Platz ist, sitzen *Sadhus*. Gangotri ist ein Paradies für Indiens heilige Asketen. Hier kann man sich zur Schau stellen. Es wird gebettelt und geraucht, und der gesamte Basar riecht nach *Bhang*, dem billigen trockenen Hanf, den die *Sadhus* rund um die Uhr konsumieren.
Als ausländischer Besucher steht man natürlich im Mittelpunkt

des Interesses der *Sadhus* – ich werde pausenlos von safrangelb gewandeten Gestalten angesprochen, nicht nur weil ich am Wegrand mitrauchen soll, sondern meist auch, weil der *Baba* unbedingt eine Mütze und ein paar Socken braucht.

Ein junger *Sadhu* sitzt auf seiner Decke, von Kopf bis Fuß knallig blau angemalt und trommelt geistesabwesend vor sich hin.

Die Pilger spenden gerne, und so erhalten die *Babas* genügend Rupien, um mit Kollegen zu feiern, die sie vielleicht lange nicht gesehen haben.

Der Basar windet sich durch mehrere Tore, bis wir schließlich in glühend heißer Sonne den Gangotri Tempel erreichen. Natürlich sind wir nicht die ersten, und eine lange Menschenschlange windet sich um den Tempel herum. Hier und jetzt werden die Pilger endlich den *Darshan* empfangen.

Diese Menschen würden ihre Dörfer niemals verlassen, um den Himalaya zu sehen. Allein der Glaube ist es, für den sie diese unsägliche Reise auf sich nehmen. Jeden Tag bricht irgendwo in Indien in einem abgelegenen kleinen Dorf eine Gruppe Menschen zu den heiligen Quellen auf, meist unter der Führung eines Dorfältesten, der schon einmal dort war.

Der Gangotri Tempel, aus solidem Stein gebaut und leuchtend weiß gestrichen, ist eindrucksvoll - zumal schon der Bau eines relativ großen Gebäudes in 3000 Metern Höhe bemerkenswert ist. Der Tempel liegt von *Ashrams* umgeben oberhalb der Gangotri *Ghats*, die zum rauschenden Bhagirathi hinunterführen. Auf den Stufen drängeln sich Tausende. Nach einer Weile auf dem Tempelvorhof bemerkt man trotz der überwältigenden Atmosphäre der Hingabe auch die Berge wieder, die an beiden Flussseiten in die Höhe ragen und über die Gläubigen zu wachen scheinen.

## Im heiligen Schoß des Himalayas

Wir sitzen auf den *Ghats* unterhalb des Tempels und schauen den zahllosen *Pandits* zu, die hier ihren Beruf ausüben. Familien und

Gurus sitzen im Kreis um die brahmanischen Priester. Sie beten und trinken das Wasser des Ganges. Die Priester verlesen Horoskope und segnen die Pilger, denen das Glück ins Gesicht geschrieben steht.

Im strahlenden Sonnenschein, vor der Kulisse des Himalaya ist das kein Wunder. Man hat das Gefühl, die Götter hätten sich gerade erst kurz vor dem Eintreffen der Pilger in ruhigere Höhenlagen zurückgezogen.

Von den *Ghats* lassen wir uns mit der Menge zurück zum Tempel treiben.

Die Warteschlange ist heute besonders lang. Hunderte harren in der heißen Sonne, die von der weißen Tempelmauer reflektiert wird, geduldig aus, bis sie in das Tempelinnere eintreten und sich von *Pujaris*, den Brahmanen aus Mukhba, segnen lassen können.

Am Nachmittag sitzen wir auf der Terrasse unseres Hotels. Der Fluss rauscht fünfzig Meter unter uns, und Pilgerfamilien beziehen die letzten freien Zimmer. Im Mai und Juni, in der Hochsaison für die *Char Dham Yatra*, gibt es schon nachmittags keine Unterkunft mehr. Auch die *Ashrams* auf der anderen Flussseite sind voll, voll von Menschen, die unzählige verschiedene Sprachen und Dialekte sprechen und doch durch den Glauben verbunden sind.

Ich beobachte die Krähen eine Weile, die über dem rauschenden Wasser herumflattern. Diese kleinen, zähen Vögel haben knallgelbe Schnäbel und haben vor den Menschen keinerlei Scheu, leben sie doch schon ihr ganzes Leben von den Abfällen, die die Pilger zurücklassen und die unter den zahlreichen Hotels unterhalb des Tempels langsam in den Fluss gleiten.

„Hallo, ich bin aus Kanpur, wo sind Sie denn her?", ein kesses, kaum zwanzigjähriges Mädchen steht auf einmal neben mir und grinst mir ins Gesicht.

„Kann ich Sie fotografieren?"

Nachdem ich ein paar Mal vor der sinkenden Sonne strammgestanden habe, überschüttet mich die überaus selbstbewusste Shil-

pa mit tausenden Fragen.
„Wo sind Sie her? Was machen Sie hier? Wie gefällt Ihnen Indien? Sind Sie das erste Mal hier?"
Shilpa ist neunzehn und studiert Volkswirtschaft.
„Das studiert man eben heute. Kanpur ist eine Industriestadt, da bekomme ich bestimmt eine Stelle, wenn ich einen guten Abschluss mache."
Ihre Miene lässt keinen Zweifel daran, dass sie an der Uni gute Noten bekommen wird.
„Jetzt sind wir Freunde, und Sie können mir ja mal Ihre Emailadresse geben, und wenn Sie nach Kanpur kommen, können Sie bei mir wohnen."
Shilpas Familie hat die Unterhaltung bis jetzt aus der sicheren Distanz der Tür ihres Zimmers beobachtet. Unser Treffen ist nun so weit fortgeschritten, dass drei Generationen der Familie aus Kanpur keine Angst mehr vor mir haben.
Shilpas Vater ist der erste, der mich anspricht.
„Woher?", fragt er in gebrochenem Englisch.
Eine zweite Runde Fotos folgt. Nach und nach umringt mich die gesamte Familie, und Shilpa genießt jeden Augenblick ihrer neuen Freundschaft.
Schließlich gesellt sich ein Onkel zu uns: „Sie sind wohl nicht das erste Mal in Indien?" meint der Mann und seine große Familie hört gespannt zu.
Ich bestätige, dass der Mann ganz recht hat.
„Ausländer wie Sie führen immer etwas im Schilde," meint der Mann. „Leute, die immer wieder nach Indien kommen, treiben hier irgendeinen Handel, ich weiß das. Niemand würde so oft nach Indien reisen, nur um Land und Leute zu sehen."
Die Stimmung in unserer kleinen Gruppe schlägt um. Der Abendwind weht, die kalte Bergluft pfeift durch mein dünnes Hemd, und der Onkel sieht triumphierend in die Runde. Auch Shilpa fällt dazu nichts ein, und was immer ich jetzt sage, wird kaum durchgehen.

Der älteste Mann in der Familie hat das letzte Wort, und Touristen aus dem Ausland, das ist doch logisch, können einfach keinen harmlosen Grund haben, dieses arme Land immer wieder zu besuchen. Shilpa ist enttäuscht – nun hat sie innerhalb von wenigen Minuten einen Freund gefunden und gleich wieder verloren. Nach ein paar weiteren Fotos verabschiede ich mich. Der Onkel trottet zufrieden in das Familienzimmer zurück.

*Der Bhagirathi in Gangotri*

Vor unserem Gasthaus, das sich in der Nähe der Bus- und Jeephaltestelle von Gangotri befindet, hat sich eine Gruppe Träger und Führer versammelt. Harte, kaum erwachsene Jungs aus den umliegenden Bergdörfern trinken *Chai*, rauchen *Bidis* und warten auf Kunden. Sie tragen abgewetzte, zerrissene Bergklamotten, Winterjacken der zehnten Generation. Ihre Gesichter, fast noch kindlich, wenn sie lächeln, sind von der Sonne gegerbt und wirken alt.
Man will hören, wo wir hinwollen, denn die meisten Trekker, die nach Gangotri kommen, und viele sind das nicht, reisen in Gruppen aus Delhi oder Hardwar an und bieten kaum Arbeitsmöglich-

keiten – Führer und Köche werden von den Trekkingfirmen gestellt, und so bleibt nicht viel für die Leute vor Ort.
Als ich mich schließlich zu der Gruppe setze, werde ich sofort umringt und mit Fragen bombardiert.
Wie weit will ich laufen? Brauche ich Führer oder Träger, oder wäre es nicht am besten, beide einzustellen? Der Weg nach Gaumukh, zur Gangesquelle also, die achtzehn Kilometer nördlich von Gangotri liegt, ist leicht zu finden. Schließlich pilgern täglich Hunderte zu dem Loch im Gletscher, dem die heiligen Fluten entspringen.
Während die Jungen versuchen, mir gleichzeitig sich, ihre Freunde und ein wenig Haschisch anzudrehen, wird schnell klar, dass Informationen darüber, wie kalt es in Gaumukh sein mag, ob noch Schnee liegt und was es dort für Schlaf- und Essensmöglichkeiten geben mag, nicht besonders akkurat sind.
Nach einer Stunde und weiteren Runden *Chais* und *Bidis* sind wir uns schließlich einig und heuern einen Träger an. Bijmon, ein 21-jähriger Bauernsohn aus einem Dorf in der Nähe von Uttarkashi, ist bereit, uns bis nach Gaumukh oder - falls das Wetter es erlaubt - bis nach Tapovan, einem *Bugyal* fünfhundert Meter oberhalb der Gangesquelle, zu begleiten.
Bijmon spricht nur ein paar Brocken Englisch, aber er ist optimistisch und versichert mir, dass die Temperaturen erträglich sind. Ich bin mir nicht so sicher, denn schon in Gangotri friere ich wie ein junger Hund, sobald die Sonne hinter einer Wolke verschwindet. In den Höhenlagen des Himalaya sinken die Temperaturen in ein paar Sekunden von sommerlichen dreißig Grad auf kaum zehn Grad, nachts kaum mehr als drei Grad. Unter Null! Zwei Wochen vor unserer Ankunft lagen in Gangotri dreißig Zentimeter Neuschnee. Und das Mitte Mai.
Neben dem mit minimalem Luxus ausgestatteten Gasthaus, in dem ein winziges, eiskaltes und fast sauberes Zimmer fünfhundert Rupien kostet, steht ein im Bau befindliches Hotel.
Die dem Tal zugewandten Zimmer haben noch keine Wände und

sind bis auf das Dach völlig ungeschützt. Aber auch hier ist jeder Zentimeter freier Boden vermietet - eine Busladung Pilger aus Gujarat bereitet sich auf eine kalte Nacht vor. Keine Toilette, kein Bad, kein Licht. Auf rostigen Benzinkochern werden dampfender *Dal* und Reis zubereitet, *Rotis* werden auf offener Flamme geröstet. Die Männer sitzen in kleinen Gruppen dicht beieinander und qualmen *Bidis*, während die Frauen versuchen, neben der Betreuung der „Küche" auch noch die wegen der Kälte und Höhe weinenden und frustrierten Kinder zu beruhigen. Die Bewohner eines mittelalterlichen Wüstendorfes haben sich mit Hilfe moderner Verkehrsmittel kurzfristig auf das Dach der Welt katapultiert und versuchen, so gut es geht, in dieser fremden Welt wie zu Hause zu leben. Bis spät in die Nacht hören wir dem sporadischen Singen, Geraune und Husten der Gruppe zu, die sich frierend dem Morgengebet und dem traditionellen Bad im eiskalten Ganges entgegensehnt.

## Das Global Village auf dem Dach der Welt – von Gangotri nach Bhojbasa

Morgens um sieben klopft Bijmon uns wie geplant aus dem Bett und nach einem schnellen Chai machen wir uns auf den Weg. Die Pilger nebenan sind schon weg.
Bijmon trägt natürlich die Hauptlast – unsere Kleidung, Kameraausrüstung und Laptop, während ich die Schlafsäcke und Jacken übernehme. Aroon hat ihre zwei Kameras zu schleppen, was in Gangotri ungeheuer anstrengend ist. Sie hat im Basar eine Monkey Cap erstanden, eine Bommelmütze im Balaclava-Design, die man ganz übers Gesicht zieht. Nun sieht sie aus wie hunderte der Pilger aus Bengalen und Madhya Pradesh, die ebenfalls versuchen, mit diesen dicken, wollenen Kopfbedeckungen die Kälte abzuhalten. Inkognito.
Wir marschieren einen Pfad oberhalb der Bushaltestelle entlang, der zunächst durch dichten Fichtenwald führt. Der Himmel ist

wolkenlos, die Welt liegt im Schatten, und die Berge um Gangotri wachen gerade auf. Früh morgens ist Indien am saubersten. Das Land hat die zahllosen Katastrophen, Sünden und Leiden des Vortages verarbeitet. Der Staub, den eine Milliarde Menschen in achtzehn Stunden aufwirbelt, hat sich gelegt, und es ist so schön, dass man das Gefühl hat, dass heute auf der Welt alles besser wird.

Die *Sadhus*, die hier zwischen den Bäumen ihre nicht sehr solide aussehenden Zelte aus Plastik aufgeschlagen haben, beginnen gerade ihren Tag. Manche winken freundlich und rufen uns *Namaste*, Hari Om oder einen anderen Pilgergruß zu. Andere starren uns verschlafen aus verschwollenen Augen an und halten die Hand auf.
Auch viele der Träger leben hier während des Sommers in ähnlich improvisierten Unterkünften, ihre Ponys direkt neben den Schlafstätten an Bäumen angehalftert. Es riecht nach Mensch und Pferd und frischem Harz.
Ein paar hundert Meter den Berg hinauf erreichen wir das Tor des Gangotri National Parks, wo wir unsere Namen hinterlassen und für uns, Bijmon und die Kameras Eintritt zahlen.
Nach dem in Indien üblichen Ausfüllen diverser Formulare, die unter anderem nach dem Namen meines Vaters fragen, machen wir uns auf den Weg. Und auf was für einen Weg.

Der Pfad führt aus dem Wald die linke, westliche Talseite hinauf, sanft ansteigend in der Morgensonne. Die Bergrücken zu beiden Seiten des Bhagirathi-Flusses, allesamt massive graue Felsformationen, ragen zweitausend Meter über uns in den Himmel. Bald können wir ein paar Kilometer das sich windende Tal hinaufsehen, die Plastik- und Blechdächer von Shivbasa, einem kleinen Zeltdorf neun Kilometer nördlich von Gangotri, schimmern an einem Waldhang in der diesigen Ferne. Aber das sind nur dunkle Punkte in der gewaltigen Einöde des Tals.
Der Bhagirathi rauscht jetzt weit unter uns, und der Weg führt

durch eine karge Buschlandschaft, in der dutzende Blumenarten wachsen. Überall leuchtet es rot und lila, gelb und saftig grün. Dichte Bergrosenbüsche wuchern an den steilen Hängen. Wilde Erdbeeren wachsen in diesem kalten, kargen Boden, wo immer wir durch ein paar Meter Wald laufen. In schattigen Gesteinsnischen gedeihen saftige Farne, deren Blätter im Garhwal gekocht und gegessen werden. Auch ein paar Tiere tummeln sich hier. Unter einem Rosenbusch springt auf einmal ein Hörnchen, ein etwa fünfzig Zentimeter langer blitzschneller Schatten, vor uns auf den Weg, sieht sich um und huscht den Abhang hinunter. Sobald es heiß genug ist, sonnen sich Echsen und Schlangen auf ausgebleichten Felssteinen am Wegrand.

Alle paar hundert Meter durchqueren wir wüste Geröllhalden. Über unseren Köpfen ragen riesige Felsen, die jeden Moment abrechen und ins Tal fallen können. An diesen Stellen läuft Bijmon schneller und winkt uns alle paar Meter zu, nicht stehenzubleiben. Mit Hilfe von Brücken, die meist aus ein paar zusammengenagelten Holzlatten bestehen, überqueren wir zahllose kleine Gebirgsbäche. Zwischen den Steinen liegt alter Schnee, was besonders Aroon begeistert. An fast jeder Brücke sitzen *Sadhus* knietief im Wasser und waschen sich.

Während Aroon versucht, die Pflanzen am Wegrand zu benennen und zu fotografieren, frage ich Bijmon nach den Namen der Berggipfel, die um uns in die Höhe ragen. Schon der erste Gipfel auf der gegenüberliegenden Talseite, der Talesagar, teils schwarzer Stein, teils Eiskruste, ich schätze um die 6000 Meter hoch, sieht aus wie eine von Gaudí entworfene und im Weltall gebaute überdimensionale Kathedrale und strahlt mehr spirituelle Macht und göttliche Gegenwart aus als Angkor Wat oder der Petersdom. Angesichts dieser überwältigenden Natur nehmen sich auch die wildesten, furchtbarsten und intelligentesten menschlichen Errungenschaften sehr bescheiden aus. Je höher die Berge werden, desto kleiner, machtloser und verlorener wirkt der Mensch. Ein gutes Gefühl.

Ich muss an die Ölbilder von Nikolas Roerich, dem mystischen russischen Maler, denken, der von 1874-1947 lebte, im frühen 20. Jahrhundert durch den Himalaya reiste und lange in einem Haus in Naggar, einem Dorf im Kullu-Tal, im Staat Himachal Pradesh lebte. Heute ist das Roerich-Haus ein Museum. Die dort ausgestellten Bilder sehen aus der Nähe betrachtet fast kubistisch und verführerisch einfach aus. Steht man allerdings zwei Meter entfernt von den Leinwänden, so entsteht der Eindruck eines fantastischen realistischen Fotos. Die Berge, die jetzt vor uns in der Luft zu schweben scheinen, haben diese widersprüchlichen Qualitäten, die Roerich in seinen Bildern festzuhalten versuchte, schon seit Urzeiten – zerklüftete Formationen, die sich innerhalb von Minuten durch ein paar Sonnenstrahlen, wie durch ein Kaleidoskop betrachtet, tausendfach verändern.

Bijmon läuft wie eine Maschine. Seine Schritte sind immer mehr oder weniger gleich groß, das Tempo variiert kaum, ob es nun bergauf oder bergab geht, ob der Weg holprig ist oder nicht.
Der junge Träger hat kein Gepäck mit dabei. Er trägt ordentliche, etwas ausgetretene Bergschuhe, Baumwollhosen, ein kariertes Baumwollhemd und eine dicke Winterjacke. Seinen Schal benutzt er dazu, die Last auf seinem Rücken etwas zu polstern. Wir hecheln ihm hinterher.
Für die Pilger ist Gangotri in der Regel die Endstation im Bhagirathi-Tal. Schließlich kommen die meisten Besucher allein für ihren *Darshan* nach Gangotri und fahren nach schon einem Tag, an dem alle Gebete, Rituale und Waschungen erledigt werden, wieder ab, um so schnell wie möglich Kedarnath und Badrinath, die zwei letzten Flussquellen der Pilgerfahrt, die den Ganges speisen, zu erreichen.
Obwohl also nur ein Bruchteil der Pilgerscharen von Gangotri aus zur Quelle aufbricht, sind es täglich aber doch sicher ein paar hundert. Auch kleine Gruppen *Sadhus* überholen uns, beladen mit dicken Wolldecken und Messinggefäßen für das Quellwasser.

Der Großteil der Pilger, die sich über Gangotri hinauswagen, unternimmt keinen Versuch, in Richtung Gaumukh zu laufen. Vor allem die Gruppen neureicher Bengalen, die verzweifelt am Wegrand sitzen, weil ihre Handys keinen Empfang haben, mieten Pferde und lassen sich für achthundert Rupien (15 €) pro Nase den Berg hochtragen. Sicher verbringen die meisten Pilger zum ersten Mal in ihrem Leben einen Tag im Sattel, und der Zweifel, ob dieses Unterfangen wirklich eine gute Idee ist, steht vielen ins Gesicht geschrieben.
Für Mr. Bunty aus Mussoorie ist die Pferdesafari spiritueller Betrug: „Die Leute wollen es sich immer leichter machen, so wenig wie möglich laufen und so schnell wie möglich den Berg rauf - und runterkommen."
In der Tat scheinen viele dieser unfreiwilligen Himalaya-Cowboys und -Cowgirls die Berge um uns herum kaum wahrzunehmen. Lieber versteckt man sich unter tief ins Gesicht gezogenen Baseball-Kappen oder Schals und starrt vor sich hin.

Wer es sich leisten kann, reist für 5000 Rupien (100 €) pro Tag in einer *Palki*, dem vielleicht unbequemsten Transportmittel im Himalaya. Wie in Tungnath werden diese hölzernen Sänften von vier Männern getragen. An den lawinengefährdeten Wegstrecken ist dies allerdings unmöglich. An solchen Stellen übernehmen nur zwei der Träger die gesamte Last und rennen so schnell wie möglich über das steinige Geröll, um so in einem Sprint den nächsten lawinensicheren Abschnitt des Pfades zu erreichen.
Ich kann mir vorstellen, dass man bei dem wilden Geschaukel leicht höhen- und seekrank wird.
Auch die Pferdebesitzer scheinen weiter oben im Tal Kunden zu finden, denn wir begegnen immer wieder kleinen Gruppen einheimischer und ausländischer Touristen, die offensichtlich an der Höhenkrankheit leiden und auf Pferden ins Tal gebracht werden. Die Höhenkrankheit entsteht durch Abnahme des Luftdrucks und kann schon ab 2000 Metern Höhe das Befinden der Wanderer be-

einträchtigen. Kopfschmerzen, Appetitverlust, Erbrechen, Müdigkeit, Atemnot, Schwindel, Schlafprobleme und verminderte Wasserausscheidung sind typische Symptome. In ernsten Fällen füllen sich die Lunge und das Gehirn mit Wasser, was tödlich sein kann. Jeder Mensch, gleichgültig, ob er fit ist oder nicht, ist von Höhenkrankheit anders betroffen. Auch wir.
Durch den Trek zum Tungnath Mandir haben wir uns akklimatisiert, aber ich schnaufe nach den ersten paar Kilometern in der heißen Sonne, und der Rucksack scheint sich langsam mit Steinen zu füllen. Fast beginne ich mich wie ein Pilger zu fühlen, der seine Energie opfert, um den Göttern näher zu kommen.
Aber der Blick ins Tal ist einfach zu schön für Meditationen oder Träumereien. Der Wunsch zu sehen, was hinter der nächsten Biegung, hinter dem nächsten Berg auftaucht, genügt, um uns hinter Bijmon herzutreiben.

Nach zwei Stunden erreichen wir Shivabasa, wo Bijmon uns zielstrebig in eine *Dhaba* führt und Mittagessen bestellt - *Dal* und Reis mit *Roti*. Mir war von Anfang an klar, dass nördlich von Gangotri außer klebrig-salzigen Maggi-Nudeln nichts gekocht würde, und wir haben ein paar hundert Gramm Nüsse und Rosinen sowie Kekse aus Uttarkashi mit, um die monotone Hochlandkost etwas anzureichern. Auf der Kekspackung ist ein Bild von Shah Rukh Khan, dem charmanten und geldliebenden Bollywood-Schauspieler des neuen Indien, der schamlos für Unmengen von Produkten wirbt.
Bijmon bemerkt, dass wir das Wort Keks durch den Namen des Schauspielers ersetzt haben und bittet mich nun bei jeder Teepause um „Shah Rukh Khans", während ihn die *Chai-Wallahs* verständnislos ansehen.
Vor der *Dhaba* sitzt eine Gruppe deutschsprachiger Trekker. Die vier Besucher aus München und Wien sind hier, um mit einem deutschen Theologen auf den Spuren des Benediktinermönchs Henri Le Saux (1910-1973) zur Gangesquelle zu pilgern. Henri Le

Saux, der in Indien als Swami Abhishiktananda bekannt ist, besuchte das Land erstmals 1948 und blieb bis zu seinem Tode. Jahrelang lebte der Franzose als Eremit in den Höhlen des Himalaya, und auch bis an die Quelle des Bhagirathi ist er gereist. Le Saux gründete einen *Ashram*, aber lehnte das Christentum nicht ab und wird deshalb als Brücke zwischen hinduistischen und christlichen Philosophen gesehen.
Der Theologe, Christian, ist noch in Gangotri, um in ein paar Szenen in einem Dokumentarfilm des bayrischen Rundfunks als Experte dieses Thema zu kommentieren. Die vier Westler sind zwischen fünfundzwanzig und fünfzig Jahre alt und wirken keineswegs wie Sinnsucher auf dem Weg zur Erleuchtung. Nagelneue Rucksäcke und Skistöcke, teure Schuhe und ein Englisch sprechender Führer vermitteln eher den Eindruck einer professionellen Bergexpedition.
Die kleine Gruppe ist wie wir nach Bhojbasa unterwegs.
Der einheimische Führer, er heißt Gopi, wie die Hirtenmädchen Krishnas, klatscht mir nach den üblichen Höflichkeitsfloskeln auf den Rücken: „So, wie geht's Dir, Thomas?"
Gopi lacht in die Runde: „ In Darhali bist Du bekannt. Deine Frau Aroon auch. Da bleibt kaum mal ein Tourist drei Tage und schon gar nicht jemand aus Thailand, und mein Onkel hat Euch von Harsil nach Darhali mitgenommen."
In der Tat erinnere ich mich sofort an den Pflanzen verkaufenden Onkel, der Deutsche mochte, weil sie arisch sind, der aber keinerlei Rücksicht auf seinen halbkaputten Maruti-Kleinwagen nahm.
Nach einer halben Stunde Bergtratsch ziehen die Trekker weiter, während wir noch eine Weile im Schatten sitzen bleiben.
Es sind noch fünf Kilometer bis Bhojbasa, dem letzten Camp vor Gaumukh, das auf fast 3900 Meter liegt.
Zunächst laufen wir wieder durch kühlen Nadelwald. Ein Schild der Behörden in Uttarkashi weist darauf hin, dass hier im Jahr 2001 ein Wiederaufforstungsprojekt begonnen wurde, und dass damals Zedern, Pinien, Tannen und Fichten gepflanzt worden seien.

Aroon kommentiert trocken, dass die meisten Bäume allerdings schon mehr als zwanzig Jahre alt sind.

Der Weg wird steiniger, die Luft dünner, die Leute langsamer. Vor mir schlurft ein junger Mann wie ein Zombie und zerrt seinen Stock hinter sich her. Eine halbe Stunde später sehe ich ihn im Schatten eines Felsens sitzen und völlig erschöpft eine Zigarette rauchen. Wird er den Rest des Weges schaffen?

Nach vierzehn Kilometern Marsch sind wir auch ziemlich gerädert, aber als wir über eine Geröllkuppe klettern, liegt Bhojbasa im halbmondförmigen Bhagirathi-Tal unter uns. Ein Stück weiter nördlich ist Gaumukh im Abendlicht zu sehen, und über der Gletscherwand ragen die Gipfel von Bhagirathi 1 und 2 in den klaren Himmel.

Alles – Berge, Himmel, Tal - ist zu groß, zu gewaltig, um den Anblick auf einmal verarbeiten zu können. So hebt man fast ehrfürchtig den Kopf, um einen Abschnitt der kolossalen Bergkulisse zu bestaunen, bevor man den Blick wieder ins Tal richtet, wo der von hier aus winzig wirkende Bhagirathi vor sich hinbrodelt. Sekunden später wandert der Blick aber wieder nach oben zu den atemberaubenden mythischen Gipfeln.

Man kann nur hoffen, dass die Straße Bhojbasa nie erreichen wird. Bhojbasa setzt sich aus ein paar *Ashrams*, Tempeln und einer Wetterstation zusammen. Der Bhagirathi schäumt eiskalt über bleiche, ausgehöhlte Felsen an einem Tempel vorbei, in dem ein halbnackter Sadhu herumirrt.

Die Luft ist so dünn, dass jedes Foto Aroon ungeheure Anstrengung kostet. Das Teleobjektiv scheint ein Gewicht wie ein Maschinengewehr zu haben, und deshalb fällt es ihr schwer, die Kamera ruhig zu halten, um die Bergkrähen, die ein paar Meter über uns vor den Bergen dahinsegeln, abzulichten.

Die beste Unterkunft in Bhojbasa ist eine kleine Zeltsiedlung, die als *Ashram* von einem ganz in Weiß gekleideten *Swami* mit einem strahlenden Grinsen gemanagt wird.

Für eine Spende von 200 Rupien bietet Shri Ram Baba ein warmes Bett und Abendessen. Am attraktivsten sind allerdings die blitzsaubere Toilette und das angeschlossene Bad in einer Wellblechhütte. Selbst die Götter würden sich in dem sauber geschrubbten Keramikplumpsklo bei der Morgensitzung wohl fühlen.

Die einzig wirklich in Frage kommende Alternative ist ein größerer *Ashram,* wo man auf dem eiskalten Fußboden in einem großen Schlafsaal übernachten kann. Das Camp von Shri Ram Baba ist beliebter und im Nachbarzelt hat Gopi die deutsch-österreichische Gruppe samt dem Indienexperten Christian bereits untergebracht. Ein weiteres großes Zelt ist von zwei Paaren aus Neuseeland belegt, die allesamt halb wie Hippies und halb wie Sadhus gekleidet sind.

*Shri Ram Baba in Bhojbasa*

Eine der nicht mehr ganz jungen Frauen trägt einen langen schwarze Mantel, der aussieht wie eine Druidenkutte und erkundigt sich mit etwas wildem Blick bei mir nach dem Datum.

Sonst empfindet die Gruppe gegenüber normaler gekleideten Menschen eher missmutige Ablehnung. Man will die Freiheit, die man in sich selbst entdeckt hat, für sich behalten oder allenfalls mit Gleichgesinnten teilen, die eine identische Vorstellung vom alternativen Lebensstil haben.

245

Bei Sonnenuntergang sitzen Bijmon, Gopi und ein paar andere Träger vor unserem Zelt, und der zweiundzwanzigjährige Gopi erzählt, wie er von einer zweiundvierzigjährigen britischen Touristin ein Heiratsangebot bekam.
„Ich dachte mir, das ist mein Flugschein aus Indien. Jetzt habe ich eine Chance rauszukommen."
Gopis Familie wohnt in einem kleinen Dorf in der Nähe von Uttarkashi und hat einen kleinen Bauernhof. Ein paar Felder, auf denen Kartoffeln und Apfelbäume wachsen, drei Kühe und ein halbes Dutzend Hühner bestimmen den Familienalltag.
Da ist das Sommereinkommen des Sohnes wichtig: Gopi hat eine Trekkingführerlizenz der Regierung, auf die er mächtig stolz ist, und verdient somit auch mehr Geld als Bijmon, der kaum einen Brocken Englisch spricht und auch kein großes Interesse hat, mehr als das zu erlernen, was er schon kann, nämlich tragen und laufen. Gopi ist das nicht genug, aber er weiß nicht so recht, was er will. Was er von den Touristen aus dem Ausland sieht, ist verwirrend und verlockend - die haben tolle Kleider, einen Haufen Geld und machen Urlaub.
„Ich hatte noch nie Urlaub. Wir arbeiten jeden Tag, an dem wir Arbeit haben. Und wenn wir keine Arbeit haben, dann haben wir auch kein Geld und warten auf die nächste Arbeit. Mein Vater wäre noch nie auf die Idee gekommen, Urlaub zu machen. Das gibt es im Garhwal gar nicht."
So ist Gopi in seiner eigenen Kultur verhaftet. Irgendwann wird er ein Mädchen seiner Kaste, höchstwahrscheinlich aus einem Nachbardorf, heiraten, eine Frau, die er vor der Hochzeit gar nicht kennenlernen wird. In den Bergregionen ist der Liebesheirat, also eine Heirat mit einer Frau, die man selbst findet, anstatt das Ganze von den Eltern arrangieren zu lassen, noch immer ein Traum.
Mehr als neunzig Prozent der Inder gehen eine von den Eltern oder anderen Verwandten arrangierte Ehe ein, und man ist davon überzeugt, dass diese Eheschließungen westlichen Liebesbündnissen überlegen sind. Die ungeheuer hohe Scheidungsrate im West-

en weise ja darauf hin – meint Gopi - , dass einer Liebesheirat etwas Unmoralisches und Zügelloses anhafte. Dass Scheidung in Indien auf dem Land die völlige Ächtung vor allem der Frau, aber auch ihres Ehemannes bedeutet, wird unterschlagen.

„Ich habe die Engländerin mit in mein Dorf genommen. Ich habe ihr unsere Kühe und Hühner gezeigt, und sie hat eine Nacht bei uns im Haus verbracht. Sie fand das ganz toll. Romantisch und wunderschön hat sie gesagt. Wenn man hier aufwächst und sein ganzes Leben verbringt, ist der Alltag aber ganz normal, auch die Berge waren schon immer da, solange ich zurückdenken kann. Für uns ist das nicht romantisch, für uns sind Großstädte interessant."
Gopis Freunde nicken eifrig. Alle träumen von der Landflucht.
„Dann habe ich ihr gesagt, dass ich sie gerne heiraten würde, solange sie nicht erwarte, Kinder von mir zu bekommen. Aber vorher müsse sie mir ihre Familie und ihr Dorf vorstellen, damit wir auch ganz sicher sein könnten, dass das funktioniert. Wir hatten keinerlei Gemeinsamkeiten. Am nächsten Morgen hat sie sich dann verabschiedet und mir gesagt, dass sie noch einen anderen jungen Mann treffen würde, in Rishikesh, und dass sie mich dann anrufen würde. Ich glaube, sie hat einen indischen Mann gesucht, um hier leben zu können. Ich hab nie wieder von ihr gehört."
Träume bleiben also Träume, und Gopi kennt eigentlich nur einen realistischen Ausweg.
„Der einzige Weg, aus meinem Dorf fortzukommen, ist es, Sadhu zu werden, meiner Gemeinde und der Familie den Rücken zu kehren und mich von Indien verschlingen zu lassen. Aber das ist ein großer Schritt, eine Entscheidung, die endgültig ist. Ich träume weiter davon, irgendwann einmal ein junges Mädchen aus dem Ausland kennenzulernen, das sich in mich verliebt und mir ihre Welt zeigen will."

Unser Abendessen nehmen wir in einem fast stockdunklen Küchenzelt ein.
Nachdem die Sonne hinter den Bergen versunken ist, und die

Welt schnell in der kalten Nacht versinkt, ist diese kaum schulterhohe Baukonstruktion der wärmste Ort in Bhojbasa.
Allerdings können immer nur fünf Leute gleichzeitig essen, und so quetschen wir uns mit zwei jungen Engländerinnen und einer älteren, charmant verlebten Schweizerin, die seit mehr als dreißig Jahren pausenlos reist, in die Esshöhle um *Dal* und Reis mit *Roti* hinunterzuschlingen.
Ein dürrer, alter Bergmensch röstet die *Rotis* über dem Kerosinfeuer, während sein Kumpel in der dunkelsten Ecke des Zeltes einen *Chilam* vorbereitet. Es duftet nach Linsen und Haschisch.
„Wir wollten eigentlich im großen Ashram schlafen, aber im Schlafsaal war schon ein indisches Paar, ein alter Typ und ein junges Mädchen, und es sah wirklich so aus, als ob die beiden gleich unter der Decke zur Sache kommen würden," berichtet Lydia, eine der englischen Kunststudentinnen.
Marie, die Schweizerin setzt hinzu: „Ich reise nun schon seit sieben Jahren durch Indien, und ich hab schon alles erlebt – aggressive Sadhus und grapschende Teenager. Ich bin zum Swami und habe ihn gefragt, warum es in einem Ashram keine nach Geschlechtern getrennten Räume gibt. Ich hab ihm auch erzählt, wie es in dem uns angebotenen Raum zugeht. Aber der hat nur gelacht, das sei hier ja schließlich kein Fünfsternehotel."
Mir gehen Naresh und Manjula durch den Kopf, aber ich kann mir nicht vorstellen, dass die zwei sich auf dem Fußboden in einem eiskalten *Ashram* in leidenschaftlicher Umarmung paaren könnten.

Glücklicherweise findet Marie einen Platz im Zelt der deutschösterreichischen Gruppe. Aber was tun mit den Engländerinnen? Shri Ram Baba kommt draußen die Hände ringend auf mich zu. Wir hätten ja ein extra Bett in unserem Zelt. Das Ganze ist dem guten Mann peinlich, aber Lydia und ihre Freundin Claire lösen das Problem so charmant wie möglich.
„Wir brauchen nur ein Bett, das ist gar kein Problem," und tragen

ihre Taschen, ohne auf eine Reaktion zu warten, in unser Zelt.
Der *Swami* steht angesichts der emanzipierten Einstellung der jungen Engländerinnen etwas hilflos in der Kälte, aber ich grinse ihn an und wackle mit dem Kopf – das ist die wichtigste Geste der reichen indischen Körpersprache und bedeutet in diesem Fall: das geht schon in Ordnung. Shri Ram Baba zieht sich seine weiße Wollmütze tief ins Gesicht und lacht: „Für dich kein Problem, für mich kein Problem," und klopft mir auf die Schulter.
Richtig findet der Mann das wahrscheinlich nicht, aber wie so oft in Indien siegt angesichts praktischer Herausforderungen die Toleranz über die Tradition.


Christian, der Theologe aus München, ist nur ein paar Jahre älter als ich und hat gerade seine erste Fernseherfahrung hinter sich.
Christian ist ein Freigeist und hat Theologie studiert, um Pfarrer zu werden. Schon während des Studiums bekam er Probleme mit der evangelischen Kirche, da er in seinen Seminararbeiten und der Dissertation immer wieder Christentum und Hinduismus behandelte. Nach Abschluss des Studiums wurde ihm das Vikariat verwehrt, auch als Religionslehrer bekam er keine Stelle.
„Ich hatte keine Wahl," erzählt dieser merkwürdige Christ, der den vertraulichen Ton des professionellen Gottesmannes perfekt beherrscht. Diese Gabe verbindet er mit der typisch mystischen Ausstrahlung der indischen *Swamis*, die er sein Leben lang studiert hat, und dem sozialen Engagement seiner Jugend – Christian hat in seiner Jugend an zahlreichen Hausbesetzungen und Demonstrationen teilgenommen.
„Ich war gezwungen, meinen eigenen Weg zu finden. Ich musste mich selbstständig machen. Meine Liebe zu Indien hat das ermöglicht."
Während Christian sich mit seinem Glauben arrangiert hat und auch ein Auskommen gefunden hat, zunächst als Yoga-Lehrer, dann als Privatdozent mit dem Themenschwerpunkt „Christentum und Hinduismus", ist mein Interesse an den Religionen

Asiens durch meine vielen Reisen durch den indischen Subkontinent und den Mittleren Osten über Jahre gewachsen.
Wir betrachten das gleiche Phänomen aus verschiedenen Perspektiven – der Theologe sucht nach dem Kern des Glaubens in der Religion, während ich nach der politischen Kern des Glaubens suche.

Wie meine dem etablierten Christentum fern stehende Mutter immer wieder feststellt: „Um unsere Kultur zu verstehen, braucht man ein rudimentäres Wissen der christlichen Lehre. Das hat mit Glauben gar nichts zu tun. Wir leben nun einmal in einer Kultur mit einer sehr langen christlichen Tradition, ob wir uns heute noch als Christen verstehen oder nicht."
Als die Generatoren in Bhojbasa um 21 Uhr den kollektiven Geist aufgeben, bleiben wir noch eine Weile unter einem sternklaren Himmel - komplett mit Milchstraße und Großem und Kleinem Bären - sitzen, während die Kälte langsam in den Knochen hochsteigt, und die Wärme des Linsengerichts viel zu schnell verdrängt. Als ich schließlich ins Bett falle, sind die drei Frauen schon tief in ihre Schlafsäcke eingepackt.

# *Gaumukh*

# Die Urquelle

Bijmon, der mit seinen Trägerkumpels lieber etwas oberhalb von Bhojbasas schläft, ist pünktlicher als ein japanischer Pendlerzug. Um Schlag sieben steht er auf der Matte vor unserem Zelt.
Vor uns liegt *Devabhumi*, das Land der Götter – so nennen und verstehen die Hindus die hohen Bergregionen des Himalaya.
Aroon wandert schon irgendwo im Tal umher, um den Sonnenaufgang zu fotografieren, während ich mir noch den Sand aus den Augen reibe und meine Zahnbürste suche.

Shri Ram Baba, der wieder mit einer makellosen schneeweißen Kutte bekleidet ist und eine ebenso weiße Bommelwollmütze auf dem Kopf hat, erklärt sich bereit, unser Gepäck zwei Tage aufzubewahren. Heute hat Bijmon lediglich einen Rucksack mit Jacken und Schlafsäcken zu schleppen. Die Sonne steht schon hoch über dem Bhagirathi-Tal, als wir nach einer Tasse Zitronentee Richtung Gaumukh, der sagenhaften Quelle des Ganges, aufbrechen.
Der Weg führt an der linken Talseite entlang und verwandelt sich nach ein paar Kilometern in eine Spur, die über Geröll, kleine, klare Rinnsale und altes, schwarz verkrustetes Eis führt. Hier helfen auch Pferd und *Palki* nicht mehr, nur zu Fuß geht es jetzt weiter. Die Luft ist sauber, trocken und kühl.
Am letzten Teestand unterhalb des Gletschers kostet ein Teller Magginudeln stolze 45 Rupien (statt der sonst üblichen 15), und der *Chai-Wallah* sieht verschlafen aus. Entweder ist er in der Nacht zuvor fast erfroren, oder er ist der endlosen Bettelei vorüberziehender Sadhus um Almosen müde.
Fast die Hälfte der Leute, die es bis nach Gaumukh schaffen, sind *Sadhus*. Selbst ein paar fast nackte *Naga-Babas*, beladen mit Ketten und Trommeln, die Körper mit Asche beschmiert, kommen lachend und singend an uns vorbei. Einen Tee wollen sie nicht, lediglich auf *Charas* sind diese unglaublich wild aussehenden Asketen aus.

Wir erklimmen ein paar weitere Geröllhalden und laufen an einem kleinen *Lingam*-Schrein vorbei, vor dem ein *Sadhu* mit langen verfilzten Haaren und einem noch längeren grauen Bart gerade eine Gruppe erschöpfter Pilger segnet und sie mit einem *Tilak* auf der Stirn in Richtung Fluss schickt.
Und dann liegt die Quelle der Ganga Ma, das große Heiligtum aus Eis, der wichtigste Ursprung des heiligen Flusses, auf einmal direkt vor uns.
Wir haben das Hauptziel unserer Reise erreicht.
Vor uns gähnt die Leere des hinduistischen Universums, das Unnennbare, das Mysterium der Welt. Gaumukh, der Mund einer Kuh - die Quelle soll von einem *Sadhu* so genannt worden sein - ist ein schwarzes Loch in einer riesigen Gletscherwand. Hier entspringt der Bhagirathi dem Gangotri-Gletscher, der sich noch kilometerweit nach Norden zieht und am Fuß der Bhagirathi-Gipfel vorbeiläuft. Der Rest des Gletschers ist nicht zu sehen. Je näher man an das schwarze Loch herantritt, desto mehr schäumt das Wasser im Fluss. Es rauscht, es braust, es tost, es brodelt.
Nachdem wir eine Weile lang stumm auf die gewaltige Eiswand gestarrt haben, klettern wir zum Flussrand hinunter.
Die Steine sind teilweise mit Eis bedeckt. Bläulich und silbern schimmernde Eisblöcke schwimmen an uns vorbei oder stecken zwischen Felsen mitten im flachen Flussbett fest.
Nach ein paar Minuten im Schatten der Eiswand wird erkennbar, dass der Gletscher sich langsam in immer größere Höhen zurückzieht. Immer wieder fallen Steine und Eisblöcke so groß wie Kleinwagen von der oberen Gletscherkante durch Eisschächte und klatschen wie Bomben ins Wasser. Vor ein paar Tagen fiel ein besonders großer Eisblock in die Fluten und riss einen *Sadhu*, der zu nahe am Höhlenrand gestanden hatte, mit.
Der Uferrand ist belebt. Ein paar Kinder bauen *Lingams* im Sand, während ihre Eltern laut jauchzend ihr heiliges, eiskaltes Bad nehmen. Eine junge Frau sitzt bis zur Hüfte in ihrem klatschnassen *Salwar Kamiz* in Wasser und weint. Ich weiß nicht, ob sie vor

Freude weint oder aus Schmerz wegen der eisigen Wassertemperatur.

Direkt an der Gletscheröffnung sitzt ein junger kahlrasierter Priester und meditiert, während zu seinen Füssen die Fluten schäumen und um ihn herum das Eis bricht und ächzt.

Über dem Mann kreisen die Krähen und lassen sich ab und zu auf einem Felsbrocken in der Gletscherwand nieder, der so locker im Eis hängt, dass selbst das Gewicht eines Bergvogels der Auslöser für eine Katastrophe sein könnte. Dem in sich versunkenen Brahmanen ist das gleichgültig, oder er hat es gar nicht gemerkt. Vielleicht hat er sich im Rauschen des heiligen Flusses verloren. Oder gefunden.

Wie schon Swami Abhishiktananda feststellte, ist die Schönheit der Landschaft den Pilgern weitgehend gleichgültig. Für die Pilger zählt nur das Ziel der Reise, der Moment des *Darshan* im Tempel. Ein Naturerlebnis beinhaltet die Pilgerfahrt nicht.

Etwas weiter den Fluss hinunter nimmt Christian mutig sein heiliges Bad. Ich erinnere mich daran, dass ich bereits während der *Maha Kumbh Mela* in Allahabad in den eisigen Fluten untergetaucht bin und verzichte diesmal auf die garantierte Erlösung von meinen in den letzten Jahren angesammelten und ohne Frage zahlreichen Sünden und Fehltritten.

Allein aufgrund der Lebensgefahr, in die man sich hier begibt, ist dieses natürliche Heiligtum heilig. An ihrer Quelle, an ihrer Geburtsstätte, verlangt Ganga Ma ihre Opfer. Daher kommt nach ein paar Minuten auch Bijmon angerannt und ermahnt uns, weiter zu gehen und nicht zu nahe an der Gletscherwand zu verweilen. Aroon reißt sich ungern von dem Anblick los.

Es erfordert viel Fantasie, sich vorzustellen, wie dieses Naturwunder aus Eis auf ein Kind der Tropen, das bis vor ein paar Tagen noch nie frischen Schnee aus der Nähe gesehen hatte, wirken mag. Als wir uns schließlich von der Quelle entfernen, habe ich fast das Gefühl, einen Tempel zu verlassen.

*Bijmon vor Gaumukh, der Quelle des Bhagirathi*

## Der Weg in den Himmel

Wir beschließen, den Gangotri-Gletscher zu erklimmen, zu überqueren und dann weitere dreihundert Höhenmeter auf ein *Bugyal*, die Hochebene Tapovan, hochzusteigen.

Tapovan liegt auf 4500 Meter direkt vor dem Gipfel des Shivling und bietet die letzten und höchstgelegenen Unterkünfte im Bhagirathi-Tal.

Um auf den Gletscher zu kommen, müssen wir dem Fluss ein Stück flussabwärts folgen, bevor wir direkt die linke Talseite hochkraxeln, bis sich der Pfad nach Norden wendet und auf den Gletscher führt. Dort herrscht Totenstille. Wir sind alleine. Der Gangotrigletscher ist fünfundzwanzig Kilometer lang und etwa zwei Kilometer breit. Zum Glück laufen wir quer darüber.

Der Pfad über den Gletscher ist durch kleine Steinpyramiden gekennzeichnet, die auf großen, leicht erkennbaren Felsen ruhen. Von Steinpyramide zu Steinpyramide ist der Pfad nicht immer

sichtbar, aber Bijmon läuft uns voraus, und er ist die Strecke schon unzählige Male gegangen. Schließlich arbeitet er seit sechs Jahren, seit er sechzehn ist, als Träger in der Gangotri-Region.
Wir kommen nur sehr langsam voran, denn oft müssen wir mühselig und völlig außer Atem über Geröll klettern, bevor wir wieder ein paar Schritte des Weges finden.
Um uns herum gähnen tiefe Gletscherspalten, die eisigen Ränder dieser kraterähnlichen Einbrüche funkeln wie mattes Silber durch den schmutzigen Schnee. Nichts wächst hier. Außer uns und den über uns schwebenden Krähen bewegt sich nichts. Es herrscht Stille. Gelegentlich überqueren wir eine Kuppe, von der aus wir sehen können, wie sich der Gletscher bis an das Massiv der Bhagirathi-Gipfel erstreckt, Kilometer auf Kilometer Eis und Gestein, das aussieht, als ob ein Gott das Tal mit einem gigantischen Pflug durchbrochen hätte.
Nach einer Stunde Kampf erreichen wir die östliche Flanke des Gletschers und halten unter einer steilen Geröllwand an.
Bijmon strahlt uns an und zeigt nach oben: „Tapovan, zwei Stunden."
Wir liegen erschöpft in der Sonne, essen die letzte Packung Shah Rukh Khans und beobachten, wie eine kleine Pilgergruppe, geführt von ihrem safrangelbgekleideten Guru, weit unter uns über den Gletscher läuft, rutscht und klettert. Die Krähen haben auch eine Schwäche für Shah Rukh Khan und fressen Bijmon aus der Hand.

Die zwei Stunden sind lang und tun weh.
Bijmon hat uns klugerweise vorenthalten, dass die Hochebene Tapovan nur ein paar hundert Meter entfernt ist. Leider geht es diese paar hundert Meter fast direkt nach oben. Jeder Schritt bringt mich aus der Puste und aufgrund der ungeheuren Anstrengung hoffentlich den Göttern näher. Die Tatsache, dass eines der englischen Mädchen, das in der vergangenen Nacht in unserem Zelt geschlafen hat sowie die Schweizerin mit ihrem Träger immer

mehr aufholen, macht mich auch nicht gerade glücklich. Die Frau ist mindestens zehn Jahre älter als ich und sieht aus, als ob sie auch schneller lebt. Und jetzt läuft und klettert sie auch noch schneller als ich.
Jedes Mal, wenn ich nicht mehr weitergehen kann, versuche ich einen meiner Füße irgendwie zwischen zwei Steinen zu verankern, lehne mich in die Geröllwand und starre über den Gletscher.
Der wird mit jedem errungenen Höhenmeter immer größer, weiter und böser.
Alles sieht toll aus.
Die Luft ist so dünn, die Sonne so heiß, dass ich immer wieder die vor mir liegende Aufgabe verdränge und in die unendliche göttliche Leere des Himalaya starre, bis Aroon oder Bijmon mich rufen. Völlig platt ohne Drogen. Jedem Jugendlichen aus dem Westen sollte ein Hochgebirgstrek bezahlt werden, ein Rauschzustand ohne Aufputschmittel.
Fühlen sich die Pilger auch so?
Die Krähen, die eine Vorliebe für Shah Rukh Khans entwickelt haben, folgen uns den Berg hinauf. Nach einer Stunde sieht es so aus, als ob wir die Bergkante fast erreicht haben, hinter der die paradiesische Hochebene von Tapovan liegt.
Je weiter wir laufen, desto mehr Fantasien entwickle ich. Tapovan wird fantastisch sein. Umgeben von all den Siebentausendern wird uns gleich ein Sadhu begrüßen und uns heißen Tee servieren und uns schließlich seinen Freunden, den Göttern, vorstellen.
„Gleich sind wir da," raune ich also Aroon optimistisch zu und deute nach oben, zu unserem Ziel, das kaum mehr als zehn Minuten weit weg sein kann. Das Sprachvermögen von Bijmon ist selektiv, er hört und versteht, was er hören will.
Einen leicht sadistischen Humor hat er auch.
„Eineinhalb Stunden."
Wir sind langsamer gelaufen, als unser Träger das von uns erwartet hat. Unter uns kann ich die Stimmen der beiden Damen und des Trägers schon hören. Wir steigen weiter.

Bijmon ist ein paar Mal auf losen Felsbrocken ausgerutscht und mitsamt unseren Schlafsäcken fast ins Tal, beziehungsweise eine Gletscherspalte gerutscht. Das macht mich mutiger.
Nach einer weiteren atemlosen Ewigkeit sehe ich schließlich die wirkliche Bergkante über uns.
Dort stehen schon ein paar Träger und winken uns zu. Ich kann fast ihr Gespräch hören, und die Distanz zwischen uns ist gering genug, um von einer Krähe mit einem einzigen Flügelschlag bewältigt zu werden, aber ich weiß natürlich, dass wir noch mindestens zwanzig Minuten in der Felswand herumzukraxeln haben.
Zunächst müssen wir allerdings einen rauschenden Gebirgsbach überqueren. Das Wasser ist milchig, eiskalt und schmeckt nach Sand. Wir sitzen im Schatten eines Felsens, während Bijmon versucht, den einfachsten Übergang zu finden.
Auf der anderen Flussseite, in ungefähr vier Metern Entfernung, versuchen zwei Trekker das Gleiche. Er ist völlig bleich und am Ende mit den Nerven, und seine Partnerin kneift ihn ermutigend in den Arm, um ihn dazu zu bringen, Kopf und Rucksack zu riskieren und den ersten Sprung von einem glitschigen, wunderschön kupferfarbenen Felsen zum nächsten ebenso glitschigen, wunderschön kupferfarbenen Felsen zu machen.
Bijmon streckt ihm seine Hand entgegen und irgendwann reißt sich der junge Mann zusammen und springt.
Zehn Minuten später stehen wir nach Luft schnappend, aber stolz auf die kleinen Triumphe des Lebens am oberen Ende der Felswand, die wir gerade durchklettert haben und schauen ins Paradies.
Tapovan liegt vor uns.

# *Tapovan*

# Die Wiese Gottes

Apfelbäume gibt es nicht, dafür aber einen offensichtlich irren *Baba*, der mit einem Tuch vor dem Gesicht vor einer dunklen Höhle auf- und abspringt.
„Komm her und setz dich," ruft mir der verrückte Bergtroll zu, der Gummistiefel trägt.
Shiva ist nirgends zu sehen, aber wir sind nicht entmutigt.
Tapovan ist in der Tat absolut bewusstseinserweiternd.
Das Sanskritwort Tapovan bedeutet *Ein von Menschen unberührter Ort, wo man wie ein Asket lebt* oder auch *Wald der spirituellen Übung*.
Vor uns liegt eine weite Heidelandschaft. Der Boden ist mit kurzen Gräsern und winzigen Blumen bedeckt. Kleine Rinnsale und Flüsse durchziehen in wilden Windungen die kilometerweite Ebene vor uns. Im Westen schirmen ein paar Geröllhalden den Blick über den Gletscher, den wir grade überquert haben, momentan ab. Im Osten erstreckt sich die Heide bis an den Fuß des 6500 Meter hohen Shivling, der wie das Haupt einer gewaltigen Nagaschlange über uns ragt. Der Gipfel scheint in der strahlenden Nachmittagssonne, die im lächelnden Gesicht Bijmons reflektiert wird, zu schweben. Es ist schwer zu schätzen, wie weit sich die Ebene vor uns bis zum Fuß des gewaltigen Berges erstreckt. Das sind wohl viele Kilometer. Andererseits ist der Shivling zum Greifen nahe.
„Lass uns Tee trinken," ruft Bijmon und folgt einem der Rinnsale unterhalb der Geröllhaufen.
Hier und da stehen ein paar Leute in der Gegend, Pilger, Trekker und Hippies mit langen verfilzten Haaren. Sonst ist nichts los. Es ist still.
Swami Abhishiktananda schrieb über seine Reise nach Gangotri: „Je weiter ich ging, umso mehr trat die Welt in den Hintergrund. Ihre Städte, ihre Geräusche, ihre Fahrzeuge, es schien mir, als hätte ich all dies abgelegt, weit hinter mir gelassen, immer weiter hinten in der Zeit, im Raum, in der Erinnerung, es interessierte mich

nicht mehr.... Und je mehr die Erinnerung an die Welt verblasste, umso mehr Frieden überkam die Seele."
Dieser Friede ist auf der *Char Dham Yatra* nur für die gläubigsten der Pilger zu haben, denn die Städte, ihre Geräusche und Fahrzeuge haben Gangotri längst erreicht.
Erst in Tapovan, der Eremitenheide, kann ich meine eigenen Schritte hören. Es scheint, als ob man im 21. Jahrhundert aufs Dach der Welt klettern muss, ins Wohnzimmer der Götter sozusagen, um seiner selbst gewahr zu werden.

Wir laufen einen Kilometer über den Boden, der mir ungeheuer weich vorkommt. Nach einer Weile merke ich, dass dieses Gefühl eher vom Zustand meiner Knie herrührt als von der Beschaffenheit der Heide.
Schließlich erreichen wir eine kleine Brücke aus zwei Holzlatten und ein paar darüber gelegten Sandsäcken. Auf der anderen Seite des Rinnsals winkt uns Mata Ji zu.
Mata Ji ist eine Frau aus Kolkata, die hier während der Sommermonate einen *Ashram* betreut.
Wie heilig sie ist, weiß ich nicht.
Mir kommt die Frau eher wie eine typische freundliche und geschäftstüchtige Bengalin vor, die hier den Job ihres Lebens gefunden hat. Einen *Ashram* im konkreten Sinn gibt es hier eigentlich nicht. Lediglich eine kleine Tempelhöhle mit einem *Lingam* und ein paar eingestürzte niedrige Steingebäude sind zu sehen. Mata Ji verschwindet mit einem der dürren Hippies, der sich immer wieder vor der Frau die Hände zusammenlegend verbeugt, in die Höhle.
Vor der Höhle dirigiert uns ein junger Mann auf ein langes Stück Plastikplane und schleppt einen enormen Teekessel heran.
„Dieses Wasser ist im Ashram gefiltert und gesäubert. Es ist absolut trinkbar und nicht so trübe wie das Flusswasser."
Das erste Glas schmeckt genauso nach Sand wie die Gangesfluten, aber das ist mir egal.

Der junge Mann beginnt eine Reihe von Yoga-Übungen, genau das, was ich mir eigentlich nach all der Kletterei selbst vorgenommen hatte. Auf alle Fälle beeindruckt er nicht nur mich und Aroon – Bijmon hat inzwischen zwei Zigaretten von mir geschnorrt und ist mit einem Mann in Militäruniform verschwunden – auch Lydia und Lisa sitzen inzwischen völlig außer Atem vor diesem Schauspiel.
Nach der Vorführung zaubert den junge Mann mit Hilfe von Mata Ji ein paar Teller *Kitcheri* hervor, angebratenen Reis, aus dem ein paar Karottenscheiben wie Edelsteine hervorfunkeln. Nichts schmeckt auf viereinhalbtausend Metern besser. Und sonst gibt es hier ja auch nichts.
Während wir schlapp wie Straßenhunde in der Sonne liegen und die Bergkulisse um uns atemlos bestaunen, beginnt hinter dem Tempel von Mata Ji auf einmal ein hitziger Streit.
Mata Jis Assistent, Bijmon und der ältere Mann in Uniform werden gerade von dem *Sadhu* mit dem Tuch vor dem Gesicht zur Rede gestellt.
„Ob der überhaupt ein Gesicht hat?" fragt Lisa.
In dem Streit geht es darum, dass heute keiner der Ankömmlinge müde oder verrückt genug war, der Einladung dieses unwahrscheinlichen Höhenlufthoteliers Folge zu leisten und bei ihm zu rasten.
Mata Jis nicht existierender *Ashram* hat Hochkonjunktur, weil niemand bei dem Mann mit dem Tuch vor der Nase in der Höhle schlafen will. Noch heftiger wird die Auseinandersetzung, als auch noch Christian, der Theologe aus Dachau, mit seiner Gruppe auftaucht und sich vor Mata Jis Tempel setzt.
Der *Sadhu* wird immer wütender und springt in seinen Gummistiefeln auf und ab. Leider verstehe ich nicht viel von dem Zank, und Bijmon grinst mir ab und an beruhigend zu, bis der arme Mann, der kein Gesicht hat – das hat die kleine Gruppe Trekker inzwischen entschieden – wortlos abzieht.
Ich nehme an, dass Mata Ji den Höhlentroll irgendwie entschädigt hat.

Nach dem Essen laufen Aroon und ich Richtung Norden.
Die Ebene ist an der Talseite von ein paar Hügeln durchsetzt. Wir passieren eine weitere kleine Siedlung aus zerfallenen Steinhütten – die Residenz von Shimla Baba, der aber derzeit nicht an Ort und Stelle ist.
Shimla Baba soll sehr freundlich sein, aber die paar vorgeblichen *Sadhus* und Hippies, die seine Küche besetzt haben und vor seinem Schrein kiffen, sind es nicht. Wir laufen zu dem höchsten der Hügel hinauf.
Weit unter uns in der Ebene steht ein kleines, buntes Zirkuszelt im Nirgendwo. Zumindest sieht das so aus. Mitten in dieser Einöde könnte das auch eine Fata Morgana sein.
Direkt unter uns, ein paar hundert Meter entfernt, überquert gerade eine ganze Herde junger, männlicher Blauschafe – Bijmon nennt sie *Bharal* – eine sumpfige Wiese.
Aroon klettert den Berg hinunter und erklimmt einen großen Felsen inmitten des Feldes. Zunächst rücken die jungen Böcke etwas von ihr ab, aber bald ist Aroon völlig vergessen und die Herde grast wieder, ohne sich stören zu lassen.
Die Prioritäten eines jungen Bergziegenbocks kommen schnell ans Licht – es geht um Sex und Gewalt.
Leider sind weit und breit keine Weibchen zu sehen und so bleiben, wie so oft in Indien, für die Rollenspiele nur Männer übrig. Die jungen, Testosteron geladenen und frustrierten Tiere versuchen immer wieder, mit ihren Freunden zu kopulieren, was aber zu nichts als Streit führt. Dieser Streit wiederum hat spektakuläre Duelle zur Folge. Immer wieder springen zwei Böcke aus der Herde heraus, um direkt vor Aroon - auf den Hinterbeinen stehend - mit gewaltiger Wucht den eigenen Schädel gegen den des abgeneigten Freundes zu rammen. Der Zusammenprall harter Knochen ist über die gesamte Tapovan-Ebene hinweg zu hören.
Die Steinböcke werden dieses Spiels, mal Sex, mal Gewalt, nicht müde, und ich schaue zu, wie Aroon auf ihrem Felsen geduldig die besten fotografischen Momente abwartet, bis die Sonne das Tal verlässt.

Wir haben uns noch nicht um Schlafmöglichkeiten gekümmert.
Bei Shimla Baba scheint alles voll. Auf dem Rückweg treffen wir Christian, der uns erzählt, dass Mata Ji eine Höhle als Schlafstätte vermietet, dass er diese gesehen habe und dass der Höhlenboden gegen die Kälte mit Decken isoliert sei.
Tapovan, das wissen wir, ist nur tagsüber und wenn die Sonne scheint, ein Paradies. Sobald die Schatten auf die Hochebene fallen, fängt alles bis auf die *Bharal* an zu zittern. Schon um halb sechs Uhr haben wir alle Kleidungsstücke übergezogen, die wir dabei haben, und Aroon sieht aus wie ein Bankräuber mit ihrer Balaclava aus Gangotri.
Vor Mata Jis Tempelhöhle schlingen wir einen wässrigen *Dal* hinunter und beobachten das Farbenspiel um die Bhagirathi-Gipfel. Der Himmel verfärbt sich von blau zu schwarzblau, hoch und endlos.
Lisa und Lydia sind wieder ins Tal hinuntergestiegen, die dürren Hippies sind in Shimla-Babas Küche verschwunden, und wir machen uns auf den Weg zu Mata Jis Höhle. Diese liegt einen halben Kilometer weiter den Abhang hoch in Richtung Shivling unter einem Stein so groß wie ein Einfamilienhaus.
Die Höhle besteht aus zwei Kammern, groß genug für uns alle und ist kälter als ein Grab. Im Kerzenlicht tauchen Bilder aus Karl-May-Filmen vor meinem inneren Auge auf, und die Filmmusik von Martin Böttcher geht mir durch den wegen des Sauerstoffmangels leeren Kopf. Nie hat der rote Bruder so gefroren, wie wir jetzt frieren, auch wenn der Höhlenboden mit Decken ausgelegt ist, Decken, die dem Geruch nach zwanzig Jahre auf den Rücken diverser Bergponys verbracht haben.
Vor der Höhle haben Bijmon, Gopi und ein paar andere Träger ein Feuer gemacht. Wo sie das Holz her haben ist mir ein Rätsel, wir sind fünfhundert Meter oberhalb der Baumgrenze. Bald kreisen die Joints, die von einem der Träger nach indischer Manier gefertigt werden. Dazu schüttet sich der Junge blitzschnell den Tabak einer Zigarette in die Hand, mischt sein *Bhang* darunter und

schiebt das gehaltvolle Gemisch elegant wieder in die Papierumhüllung hinein. Das dauert nur ein paar Minuten und schon wird gequalmt und gequatscht.
Christians Truppe verschwindet in der Höhle, und die jungen Garhwalis fragen mich wieder über das Leben im Westen, wo das Geld auf den Bäumen wächst. Es ist unmöglich, diesen jungen Männern die Illusionen zu rauben, denn wir erscheinen ihnen wie moderne Götter, die jederzeit auf das Dach der Welt fliegen können, um uns für zehn Euro pro Tag von ihnen die Schlafsäcke den Berg hinaufschleppen zu lassen.
Christian erzählt ein Urerlebnis, das ihn zutiefst geprägt und seine Neigung zum Spiritualismus geweckt hat. Zwei gute Freunde rammten im Rausch einen Straßenpfosten und wurden von einem Bauern in seinem Traktor verfolgt. Im Glauben, sie hätten sie Polizei hinter sich, fuhren sie ihr Auto in einen Graben und rannten davon. In der harten, bayrischen Winternacht verirrte sich einer der jungen Männer in einem Feld und erfror.
Und so habe ich mich schon nach ein paar Tagen an die abendlichen Anekdoten und Diskussionen über Indien, Philosophie und Spiritualität gewöhnt und freue mich auf die Geistesübungen in dieser Einöde.
Georges Gurdjeff, J. Krishnamurti, Mel Gibson und der deutsche Papst kommen dabei alle zum Zuge.
„Besonders die Beats mag ich gerne, vor allem Alan Ginsberg und sein Befreiungspathos."
Ich habe gerade Ginsbergs Benares-Tagebuch gelesen, in dem er beschreibt, wie er 1962 hinter den heiligen Ghats der heiligsten Hindustadt mit seinem Liebhaber schläft.
Was würde die BJP dazu wohl sagen?
„Die Beats habe ich über zwei verrückte Schriftsteller entdeckt, Robert Anton Wilson und Robert Anton Shea, die doch diese Illuminatus-Trilogie geschrieben haben."
Auch für mich waren diese brillant konzipierten Underground-Romane der zwei Playboyjournalisten über Verschwörungstheo-

rien und die Philosophen und Freimaurer des zwanzigsten Jahrhunderts literarische Meilensteine.

„In diesen Romanen kamen nämlich Burroughs und Ginsberg als Protagonisten vor. Als ich dann im Studium war und zum ersten Mal Probleme wegen meiner weltoffenen Ansichten bekommen hatte, kam Allen Ginsberg nach München, und ich habe seine Lesung im Radio gehört. Das hat mich ungeheuer beeindruckt, denn man darf nicht vergessen, dass hinter all der Befreiungsphilosophie Ginsbergs auch ein ganz tiefes spirituelles Denken stattfand."

Wir sitzen bis spät in die Nacht auf dem Dach der Welt und sprechen über die literarischen Helden unserer Jugend. Hier im endlosen, unbegreiflichen Indien unter einem klaren Sternenhimmel passen selbst die Ideen Ginsbergs, des kleinen, schwulen Dichters aus New Jersey, ins Bild.

Sind nicht auch die *Sadhus*, denen wir täglich begegnen, Außenseiter, genau wie Ginsberg, einem Leben in Ablehnung der gesellschaftlichen Konventionen verschrieben.

Im Gegensatz zu den Schriftstellern der Beatgeneration, die in den USA für ihre Auffassungen verfolgt wurden, vor Gericht standen und schließlich so schnell wie möglich an den intellektuellen Rand geschoben und vergessen wurden, haben die *Sadhus* in Indien ihren Platz in der Mitte gefunden. Kein Inder ist von einem nackten, mit Asche beschmierten *Naga-Sadhu* geschockt.

Außerdem schlafen wir unter einem Stein, der von einer Frau aus Kolkata als Hotel vermietet wird.

Als das Holz schließlich weg ist und alle Beteiligten gähnen, verschwinden auch wir in das Loch unter dem Felsen. In der Höhle ist es nicht so kalt wie draußen, wo die Temperaturen inzwischen unter dem Gefrierpunkt liegen. Ich hoffe, dass uns in der Nacht die Decke nicht auf den Kopf fällt.

Aroon hat ein paar Steine im Feuer gewärmt und legt diese unter die geruchsintensiven Pferdedecken. Darauf legen wir uns in un-

seren Hightech Schlafsäcken. Was natürlich nichts hilft.
Der kalte Atem des göttlichen Universums haucht uns an.
Die Träger husten ein paar Stunden – schließlich haben sie keine Schlafsäcke – und schnarchen endlich wie Bergziegen, aber ich komme nicht wirklich zur Ruhe und harre acht Stunden der Morgendämmerung entgegen. Aroon schnarcht auch nach einer Weile, deutlich dezenter als die Träger, aber in Christians Gruppe tut niemand ein Auge zu - außer Christian. Aber das erstaunt mich nicht. Je höher er seine Gruppe führt, desto mystischer wird seine Ausstrahlung, und als ich ihn am Nachmittag im Seminar mit seinen Anhängern beobachte, bin ich den Bergen dankbar dafür, diesen deutschen Gottesmann getroffen zu haben.

## Abstieg

Wir überleben die Nacht.
Im Morgengrauen klettert Aroon auf eine Bergkuppe oberhalb der Höhle und verschwindet.
Ich bin zu schlapp, und ich muss mal.
Mata Ji hat uns schon gesagt, dass für unsere privaten Bedürfnisse ganz Tapovan zur Verfügung steht, und so suche ich mir einen großen Felsen, hinter dem ich mich strategisch in der Morgensonne niederlasse, um direkt auf die Bhagirathi-Gipfel blicken zu können.
Indienreisende kommen immer wieder auf das Thema Körperfunktionen zurück, schon weil öffentliche Toiletten in Indien grundsätzlich unangenehm sind (*Shri Ram Babas* Konstruktion in Bhojbasa ist ein Ausnahme) und weil das ungewohnte, nicht immer saubere Essen auch nach Wochen im Land den Magen und die Gedärme furchtbar malträtieren kann.
Ich kann dem eigentlich nichts hinzufügen außer der Anmerkung, dass sich dies auch nach fünfzehn Besuchen nicht ändert. Eine Leselektüre habe ich nicht mit dabei. Ich baue einen kleinen Turm aus Steinen, denn der Boden ist zu hart, um - wie Gandhi einst riet

- ein Loch zu graben. In ein paar Jahren, wenn der Permafrost weiter zurückgegangen ist, wird das vielleicht möglich sein.
In der Zwischenzeit hat Aroon hinter der erklommenen Bergkuppe einen kleinen, türkisfarbenen See gefunden, den ich allerdings nur von Fotos und nach den Eindrücken meiner Frau beschreiben kann. Wunderschön.
Wir trinken einen Tee vor Mata Jis Tempelhöhle und machen uns an den Abstieg. Der ist deutlich schneller, aber genauso gefährlich wie der Aufstieg. Die Krähen warten vergeblich auf ihre Ration Shah Rukh Khans und nach kaum einer halben Stunde sind wir wieder auf dem Gangotri-Gletscher.
Heute sind wir alleine, es ist noch zu früh für Wanderer aus Bhojbasa, aber wir halten nicht an, bis wir den Gletscher überquert haben und von der Kuppe wieder auf Gaumukh, und - weiter unten im Tal - Bhojbasa herabschauen. Das milchige, aufgewirbelte Wasser unter uns schäumt, und ein kleiner Teil der Eiswand, die wir vor zwei Tagen noch so bestaunten, ist abgebrochen und vom Ganges für immer verschlungen.

Aus dem gesamten Himalaya-Gebiet kommen inzwischen Berichte über das Verschwinden der Gletscher.
Das Everest Basislager, von dem Edmond Hillary und der Sherpa Tenzing 1953 zum höchsten Gipfel der Welt aufbrachen, liegt heute vierzig Meter tiefer als vor fünfzig Jahren. Der Gletscher, auf dem sich das Basislager befindet, ist in den letzten zwanzig Jahren um fünf Kilometer geschrumpft.
Vierzig Prozent des frischen Trinkwassers der Welt entspringt im Himalaya.
Millionen Menschen in Indien und China sind direkt von diesem Wasser abhängig. Dazu kommt noch, dass viele der 9000 Seen, die im Himalaya liegen, aufgrund der Schneeschmelze am Überlaufen sind. Das Leben der Menschen, die unterhalb dieser Seen leben, wird jeden Tag gefährlicher.

„Die Inder werden sich schon irgendetwas einfallen lassen, wenn der Bhagirathi auf Grund des Klimawechsels einmal ganz versiegt. Schließlich wäre das ja nicht der erste mythische Fluss, der in Indien verschwindet und dann als Legende wieder auftaucht," meint Christian dazu trocken.

So mag der Bhagirathi oder Ganges eines Tages genau wie der Saraswati zu einem Mythos werden, womöglich eine Fußnote einer gigantischen Zivilisation. Aber das ist nicht so wichtig, denn in Indien ist alles möglich, die Katastrophe wird zum Segen der Götter und der Segen der Götter zum Fluch.

Nichts symbolisiert diese wunderbare Eigenheit Indiens besser als der Ganges – der den Menschen Indiens täglich mit seinen Fluten das Leben und den Glauben ermöglicht und gleichzeitig viele in den Tod reißt.

Der Tod der Quelle des großen heiligen Flusses durch den Klimawandel, durch den Dammbau und die Überbevölkerung liegt noch in sehr ferner Zukunft.

Sollte der Bhagirathi aber wirklich irgendwann versiegen, wird Indien gleichzeitig ärmer und reicher werden – ärmer, weil Hunderte von Millionen Menschen von den heiligen Fluten des Ganges heute wirtschaftlich abhängig sind, - reicher, weil Inder ihren versiegenden Fluss mythologisieren und in das hinduistische Glaubensbild als göttliche Erinnerung einbinden werden.

Ein kleiner Trost.

# Glossar

- Air – Französische Popgruppe, 1995 gegründet, Genre: Electronica
- Akhara – *Sanskrit*; Monastischer Orden der Hindus
- Amrita – *Sanskrit*; Nektar der Unsterblichkeit
- Ankush – *Hindi*; Langer Messinghaken, mit dem der Mahut seinen Elefanten lenkt
- Ayurveda – *Sanskrit*; wörtlich übersetzt: Wissenschaft vom langen Leben, Lebensweisheit; traditionelle indische Heilkunst
- Ashram – *Sanskrit, Hindi*; klosterähnliches Meditationszentrum für Hindus, bedeutet auch *Ort der Anstrengung*
- Atma – *Sanskrit*; das Innere Selbst, die Seele der Hindus
- Baba – *Indoeuropäische Sprachen*; Vater, in Indien werden auch *Sadhus* als Babas bezeichnet
- Bakshish – *Persisch*, Urdu; Schmiergeld
- Barbri Masjid – eine Moschee in Ayodhya, unter der sich angeblich ein Tempel des Gottes Ram befindet. Der umstrittene Abriss der Moschee (1992) durch radikale Hindus führte in weiten Teilen Indiens zu einem Blutbad, das von der damaligen nationalen Regierung der BJP (1998-2004) schweigend unterstützt wurde.
- Beat, Beat Generation - *Englisch*; Literaturrichtung aus den USA nach dem zweiten Weltkrieg. Wichtigste Autoren sind Allen Ginsberg (1926-1997), William S. Burroughs (1914-1997) und Jack Kerouac (1922-1969).
- Bharal – Blauschaf des Himalaya
- Bibi – *Persisch, Urdu, Hindi*; Ehefrau, aber auch Dame, ältere Schwester oder Schwägerin, je nach Zusammenhang
- Bidi (auch Beedi) – *Hi*ndi; Zigarettenähnliche Tabakware aus einem Tendublatt als Hüllblatt und Tabak als Füllung
- Bhagavad-Gita – Philosophischer Teil der Mahabharata, des wichtigsten indischen Epos

- Bhang – *Panjabi, Hindi*; Aus den Blättern der Cannabis sativa Hanfpflanze hergestellt, wird dieses milde Rauschmittel oft mit Milch als *Lassi* konsumiert und war bis in die 1920er Jahre ein wichtiges Exportgut der kolonialen Engländer in Indien.
- Bhajan – *Hindi*; religiöser Gesang
- Bharal - Blauschaf
- Bhindi – Okra, Abelmoschus esculentus
- Bhutta - *Hindi*; Maiskolben
- BJP - Bharatiya Janata Party, fundamentale hinduistische Partei Indiens
- Boxwallah – *Englisch, Hindi*; Abschätzige Bezeichnung der kolonialen Briten für indische Händler und Geschäftsleute
- Brahmane – Angehöriger der Varna, der obersten Kaste des indischen Kastensystems
- British Other Ranks - *Englisch;* die Fußsoldaten des Raj
- Brown Sugar – *Englisch, Hindi-Slang*; Heroin
- Cannabis sativa – *Latein;* Hanfgewächs
- Chai – *Hindi, Arabisch, Urdu, Russisch, Türkisch*; Milchtee
- Chana Masala - *Hindi*; nordindisches Gericht aus Kichererbsen und einer kräftigen Gewürzmischung
- Charas - Haschisch
- Char Dham – *Hindi*; Vier heilige Orte (im Himalaya)
- Chatti – *Hindi*; Kleine Unterkünfte für wandernde Pilger entlang der heiligen Flüsse im Himalaya
- Chilam – *Hindi*; Tonpfeife, mit der in Indien Haschisch konsumiert wird
- Dalit – Von Bhimrao Ramji Ambedkar (1891-1956) geprägter Ausdruck für die Unberührbaren (Scheduled Castes). Ambedkar war einer der ersten Angehörigen der Unberührbaren, dem es gelang, im Ausland zu studieren (unter anderem in Deutschland). Ambedkar wurde Rechtsanwalt und konvertierte aus Protest gegen das Kastensystem zum Buddhismus.

- Danda – Stock eines Sannyasi, mit dem Dreizack Shivas versehen
- Dal – *Hindi*; Linsenbrei, ein Hauptgericht in ganz Indien
- Dalit – *Sanskrit*; Selbstbezeichnung der Nachfahren der indischen Ureinwohner, der sogenannten Unberührbaren, die etwa ein Viertel der indischen Bevölkerung ausmachen. Der Begriff wurde von dem Rechtsanwalt Ambedkar geprägt, einem der ersten Unberührbaren, dem es gelang im Ausland, unter anderem in Deutschland zu studieren.
- Darshan – *Sanskrit*; Bedeutet die Versenkung beim Betrachten eines Bildnis eines Gottes, die Segnung durch eine Gottheit oder das Treffen zwischen Guru und Schüler.
- Deva-Bhumi - *Hindi*; Das Land der Götter
- Dhaba – *Hindi*, Kleines Straßenrestaurant
- Dharamshala – *Hindi*; Karawanserei, Unterkunft für Pilger
- Dhoti – *Hindi*; Auch Lungi genannt, traditionelles Beinkleid indischer Männer
- Doggy Bag – *Englisch*; Ein Behälter, in dem übrig gebliebene Essensreste eingepackt werden, die die Gäste nach einem Restaurantbesuch mit nach Hause nehmen
- Fab Four – *Englisch*; Spitzname für die Beatles
- Ganga Aarti – Hinduistische Zeremonie zu Ehren des heiligen Ganges
- Ganja – *Sankrit*; Getrockneter Hanf; das Wort Ganja wurde von indischen Immigranten in Jamaika eingeführt, wo es bis heute gebräuchlich ist
- Ghat – *Hindi*; Stufen, die zu Flussufern herabführen
- Ghi – *Hindi*, *Panjabi*, *Kashmiri*, *Urdu*, Aus dem *Sanskrit* abgeleitet; Butterschmalz
- Going native - *Englisch*; Ein abschätziger Ausdruck der kolonialen Briten für Weiße, die in den Kolonien wie ihre Untertanen lebten und deren Sprache, Kleidung und Gewohnheiten annahmen

- Grand Trunk Road – *Englisch*; Handelsstraße, die von Osten nach Westen, vom heutigen Bangladesh nach Pakistan quer über den indischen Subkontinent führt, weitgehend im 16. Jahrhundert gebaut.
- The Great Game – *Englisch*; Der Konflikt zwischen Großbritannien und Russland um die Vorherrschaft im Zentralasien des 19. Jahrhunderts
- Guna – *Sanskrit*; Eigenschaft, Qualität
- Gunda – *Hindi;* Halbstarker bezahlte Schläger, das englische Wort Goon hat hier wohl seinen Ursprung.
- Hanuman – *Sanskrit*; Ein wie ein Affe aussehender Gott, Sohn Shivas. Hanuman spielt in der Ramayana (siehe dort) eine wichtige Rolle – als General einer Affenarmee.
- Harijan – *Sanskrit, Hindi*; Gandhis Bezeichnung für die Unberührbaren, die untersten Kasten Indiens, bedeutet Kinder Gottes oder Vishnus Kinder
- Hill Station – *Englisch*; Von den Briten auf Bergrücken gebaute Städte, gegründet um der Sommerhitze zu entkommen
- Jaldi – *Hindi*; Schnell
- Jati – *Sanskrit*; Untergruppen der vier *Varnas*, der Hauptkasten der hinduistischen Gesellschaft
- Kafal - Kleine rote Beeren die im Garhwal wachsen, Myrica esculenta
- Kali Yug – *Sanskrit*; Zeitalter, das von Leid, Gier, Hass, Verwirrung und Krieg gekennzeichnet ist.
- Kamandalu - *Hindi*; Wassertopf aus Messing
- Kamasutra - *Sanskrit*; Verse des Verlangens. Von Mallanaga Vatsyanyana ca. 200 bis 300 nach Christus verfasstes erotisches Lehrbuch
- Kaste, Kastensystem – *Portugiesisch* (casta); Bedeutet ursprünglich Rasse. Im indischen Kontext gibt es vier *Varnas* oder Kasten. Das Kastensystem bestimmt bis heute weitgehend die Berufs- und Partnerwahl in Indien.

- Khadi – *Hindi*; handgesponnene Baumwolle
- Kitcheri - Ein Reisgericht der anglo-indischen Küche.
- Kumbh – *Hindi*; Kessel, Krug
- Kumbh Mela – *Hindi*; Das größte Fest der Welt findet alle drei Jahre an vier verschiedenen heiligen Orten in Indien statt und zieht bis zu 70 Millionen hinduistischer Pilger an jeweils an einem von vier verschiedenen heiligen Orten in Indien
- Kurtz – Charakter in Joseph Conrads Roman *Herz der Finsternis*
- Jawan – *Persisch, Urdu, Hindi, Panjabi*; Infantriesoldat
- Lassi- *Hindi*; Indisches Joghurtgetränk
- Lathi – *Hindi*; Bambusstock, Standardwaffe der indischen Polizei
- Lingam – *Sanskrit*; Phallussymbol, welches das männliche Schaffen Shivas repräsentiert
- Mahabharata – Indisches Epos, erstmals zwischen 400 v. Chr. bis 400 n. Chr. niedergeschrieben, beinhaltet die Bhagavad-Gita und ist mit über 100.000 Doppelversen eines der längsten literarischen Werke der Welt.
- Mahashunya – *Sanskrit*; die große Leere, aus der das Chaos des spontanen göttlichen Schaffens in die Welt hinaussprudelt.
- Mahut – *Hindi*; Elefantenführer
- Mandir – *Hindi, Sanskrit*; Tempel
- Mauni Amavasya – Hauptbadetag der Kumbh Mela
- Mein Kampf – *Deutsch*; 1925 und 1926 veröffentlichtes Werk Adolf Hitlers, später überarbeitet, dass die Grundlage für seine Weltanschauung und sein politisches Programm darstellt. Hitler erhielt zehn Prozent Tantiemen. In Deutschland bis 2015 verboten, in der Türkei derzeit ein Bestseller, in Indien und vielen anderen Ländern z.B. Israel erhältlich.
- Moksha (für Buddhisten und Hindus auch Mukti) – *Hindi*; Erlösung, Erleuchtung
- Monal – Glanzfasan

- Muntjac – Kleiner asiatischer Hirsch
- Nabob - Eine Ableitung des *arabischen* Wortes Nawab, bedeutet so viel wie Aristokrat
- Namaste – *Hindi, Sankrit*; Bedeutet wortwörtlich *Ich verbeuge mich vor Dir* und gilt als die allgemeine Grußgeste in Indien, vor allem unter Hindus.
- Ninja – *Japanisch*; Partisanenkämpfer der japanischen feudalen Kriegerkultur
- NRI - Englisch; Non Resident Indian, Inder, die ihren ersten Wohnsitz im Ausland haben
- Pakora – *Hindi*; In Kichererbsenmehl und Ghi gebratenes Gemüse, z.B. Zwiebeln, Chilis, Kartoffeln oder Blumenkohl
- Pan – Betelpfeffer, auch Betel, wird mit Kalk, Gewürzen und Betelnuss gekaut. Ein beliebter Snack in Südasien.
- Palki – *Hindi*; Sänfte, mit der unter anderem Pilger zu heiligen Quellen getragen werden.
- Pandit – Brahmanischer Priester, der auf den heiligen Ghats des Ganges Gebetszeremonien für Pilger absolviert
- Pika - Kleines Wühlmaus ähnliches Tier, das in den Höhenlagen des Himalaya zu finden ist.
- Pipal – *Hindi*; Bo oder Bodhi tree, Ficus religiosa
- Prasad – *Hindi*; Substanz, die den Göttern geschenkt und dann konsumiert wird.
- Prayag – alter *Hindi* Name für Allahabad, eine heilige Stadt in Uttar Pradesh am Zusammenfluss des Ganges, Yamuna und Saraswati. Prayag bedeutet auch generell „Opferplatz". Im Garhwal sind Devprayag, Rudraprayag, Karnaprayag und Nandprayag zu finden, alles Zusammenflüsse, die zum Ganges führen.
- Puja – *Sanskrit, Hindi*; Hinduistische Gebetszeremonie
- Pujaris – Brahmanische Priester, die hinduistische Gebetszeremonien durchführen

- Puranas – *Sanskrit*; Die *Puranas*, Schriften, die unter anderem die Rechte und Pflichten der Kasten Indiens festlegen, entstanden später als das *Ramayana* im 4. bis 10 Jahrhundert nach Christus und sind in drei Gruppen geteilt – Brahma-, Vishnu- und Shivapuranas. Im Gegensatz zu den *Veden* sind die *Puranas* nicht von den Angehörigen von Indiens höchster Kaste, den Brahmanen, verfasst und dienen lediglich der Vergebung von Sünden, nicht der Erleuchtung.
- Raj – Britisch-Indien (1877-1947)
- Rajma – *Hindi*; Bohnengericht
- Ramayana – *Sanskrit*; Nach der Mahabharata das zweitwichtigste indische Epos, vom Dichter Valmiki verfasst, zwischen dem zwischen dem 4.Jh. v.Chr. und dem 2.Jh. n. Chr entstanden.
- Rashtriya Swayamsewak Sangh - Kurz RSS, auf englisch *National Volunteers Union*, rechtsradikale hinduistische Organisation
- Reliance - *Englisch*; Indiens größtes Privatunternehmen. Petrochemie, Textilien, Telefunk.
- Reservations - *Englisch*; Quoten, die Arbeitsplätze oder Studienplätze für bestimmte Gesellschaftsgruppen garantieren.
- Rig Veda – Der älteste Teil der vier Veden
- Roti – *Hindi*; Indisches Fladenbrot aus Weizen-, Hirse- und Gerstenmehl
- Sadhu – *Sanskrit*; Hinduistischer Asket
- Sadhvi – Weiblicher Sannyasi
- Sambar – Pferdehirsch
- Samkhya – *Sanskrit*; Eines der ältesten indischen Glaubenssysteme
- Samosa – *Hindi*; Teigtaschen - meist mit Kartoffeln und Gewürzen gefüllt und in Ghi gebraten
- Sangam – *Sanskrit*; der Triveni Sangam in Allahabad ist der für Hindus heilige Zusammenfluss des Ganges, Yamuna und Saraswati. Sangama bedeutet soviel wie Zusammenfluss.
- Sannyasi – *Hindi, Sanskrit*; *Sadhu* der Shiva folgt

- Sanskrit - Die Sprache der Vedern, der ältesten indischen Literatur. Sanskrit ist die klassische Sprache der hinduistischen Brahmanen
- Scheduled Castes – *Englisch*; Angehörige der unberührbaren Kasten Indiens
- Scheduled Tribes - *Englisch*; Angehörige der Stammesbevölkerung Indiens
- Sexy Sadie – *Englisch*; Lied der Beatles, von John Lennon geschrieben, das den ursprünglichen Titel *Maharishi* hatte und mit den Worten beginnt, *Sexy Sadie, what have you done? You made a fool of everyone.*
- Salwar-Kamiz – Aus dem *Persischen* und *Arabischen* abgeleitet; weite Pyjamahosen, ein dazu passendes langes fließendes Hemd und ein Schal - von Frauen in Pakistan, Indien, Afghanistan, Nepal und Bangladesh getragen
- Shivling – *Sanskrit*; Phallussymbol, welches das männliche Schaffen Shivas repräsentiert
- Stupa – *Sanskrit*; Denkmal für den Buddhismus
- Swami – *Sanskrit*; Hinduistischer Titel, bedeutet so viel wie Meister
- Tapas, Tapasya – *Sanskrit*; Eine Form besonders strenger Askese
- Tapovan – *Sanskrit*; Ein von Menschen unberührter Ort, wo man wie ein Asket lebt.
- Tilak – *Sanskrit*; Ein dekoratives oder religiöses Zeichen, das Hindus normalerweise auf der Stirn tragen. Verheiratete Frauen tragen normalerweise einen roten Tilak am Scheitelansatz.
- Toy-Train – Englisch; auf schmalen Gleisen fahrende Züge der kolonialen Briten in Indien, Gleise für Toy-Trains wurden vor allem in Bergregionen gelegt.
- Trishula – *Sanskrit*; Der Dreizack, die Waffe Shivas, wird als Symbol Shivas von Sadhus getragen
- Varna – *Sanskrit*; Bedeutet Klasse oder Stand. Die vier Varnas bilden die Grundeinteilung des Kastensystems der Hindus

- Veda, Veden – wörtlich: Wissen. Die heiligen Schriften des Hinduismus, die aus dem 12. bis 5. Jahrhundert vor Christus stammen und lange Zeit mündlich überliefert wurden.
- Vishwa Hindu Parishad – Kurz VHP, auf englisch *World Hindu Council*, wurde 1964 gegründet. Radikale nationalistisch hinduistische Organisation.
- The White Album – *Englisch*; Allgemein geläufiger Name einer Doppel LP der Beatles, die ein weißes Cover hat und eigentlich einfach The Beatles heißt. Einige der Songs wurden in Rishikesh geschrieben.
- Wine Shop - *Englisch*; Sogenannte Weingeschäfte in Indien verkaufen sowohl Bier als auch Spirituosen, aber keinen Wein
- Yatra – *Sanskrit*; Pilgerfahrt oder religiöse Prozession
- Yogi – Jemand der Yoga praktiziert. Yoga-Meister.

# Bibliographie

## Englisch:

- A.K. Agarwala (Hrsg.) - Uttaranchal Encyclopedia; 2. Ausgabe, Nest & Wings, Delhi, 2004
- Bill Aitken – Seven Sacred Rivers; Penguin India, Delhi, 1992
- Stephen Alter – Sacred Waters; Penguin India, Delhi, 2001
- Ruskin Bond – The Best of Ruskin Bond; Penguin India, Delhi, 1994
- Hugh & Colleen Gantzer – The Year Before Sunset; Penguin India, Delhi, 2005
- James Hilton – The Lost Horizon, Simon & Schuster, New York, 1933
- Swarn Khandpur – The Ganga from Snows to Sea; Rathnabarati, Bombay, 1971
- D.C. Kala - Frederick Wilson, 'Hulson Sahib' of Garhwal; Ravi Dayal, Delhi, 2006
- Peter Matthiessen – The Snow Leopard; Chatto & Windus, UK, 1979
- Vinod Mehta (Hrsg.) – Uttarakhand; Outlook Traveller, Delhi, 2007
- Dorothy Mierow – Himalayan Animal Tales; Pilgrims, Kathmandu
- Pankaj Mishra (Hrsg.) – India in Mind; Picador, London, 2005
- Kirin Narayan – Storytellers, Saints and Scoundrels; Motilal Banarsidass, Delhi, 1992
- Eric Newby – Slowly Down the Ganges; Hodder and Stoughton, London, 1966
- Ganesh Saili (Hrsg.) – Glorious Garhwal; Roli Books, Delhi, 1995
- Ganesh Saili - Char Dham; Indus, Delhi, 1996
- Mark Shand – River Dog; Abacus, London, 2003

- M.M. Singh (Hrsg.) - Call of Uttarkhand; Randhir Prakashan, Hardwar
- Vimlesh Kanti Verma – Ganga; Dreamland Publications, New Delhi, 2001

## Deutsch:

- Swami Abhishiktananda (Henri Le Saux) - Der Berg des Herrn
- Rainer Krack – Hinduismus erleben; Reise Know How Verlag, Bielefeld, 2001
- Rainer Krack – Kulturschock Indien; Reise Know How Verlag, Bielefeld, 1990

## Autorenvita

Tom Vater, Jahrgang 1967, lebt in Bangkok. Verheiratet mit der thailändischen Fotografin Aroon Thaewchatturat. Studium Englische Literatur und Verlagswesen in Oxford.
Arbeitet als freischaffender Journalist und Schriftsteller im südasiatischen Raum, vor allem in Thailand, Indien, Laos, Kambodscha und Nepal.
Schreibt sowohl auf Deutsch als auch auf Englisch für internationale Magazine und Zeitungen und hat Dokumentarfilmdrehbücher für das deutsche Fernsehen verfasst.
Ist vor allem an der Politik, Kultur, Umwelt, den Minderheiten und skurilen Gegebenheiten Südasiens interessiert.
Ein Roman und eine Sammlung von Essays sind auf Englisch bei Orchid Press erschienen. Seit 2006 Co-Autor des Thailand Handbuchs, sowie Autor des Kulturschock Thailands Bergvölker und Senomaden, beide Titel beim Reise-Know-How Verlag.
www.tomvater.com

## Fotografenvita

Aroon Thaewchatturat, Jahrgang 1975. Studium Ethnobotanik in Bangkok.
Arbeitet als freischaffende Fotojournalistin in Südasien.
Ihre Bilder sind bei GEO, dem Far Eastern Economic Review, im Wall Street Journal und anderen internationalen Publikationen erschienen. Hat einen Emmy als Associate Producer mit *CBS 60 Minutes* gewonnen und zu diversen europäischen Dokumentarfilmproduktionen beigetragen.
Zwei Fotobildbände sind derzeit vom Reise-Know-How Verlag erhältlich.
Aroon Thaewchatturat wird von der Agentur Onasia Images (www.onasia.com) repräsentiert.
www.aroonthaew.com

# Danksagung

Besten Dank vor allem meiner Weggefährtin, der Fotografin Aroon Thaewchatturat, und den zwei Lektoren, Uta Vater und Rainer Krack.

Danke auch an Ruskin Bond, Bill Aitken, Ganesh Saili, Colleen und Hugh Gantzer, Sanjeev Mehta, Balbir, Dr. Christian Hackbarth-Johnson, Frank Bienewald, Marc Eberle, Chris Frape, Rafael, Tim und Veronique Stanley, WelcomeHeritage und dem Kasmanda Palace in Mussoorie.